Killer/Culture
Serienmord in der populären Kultur

Medien/Kultur 1

**Die Reihe *Medien/Kultur* wird herausgegeben
von Marcus Stiglegger**

Stefan Höltgen / Michael Wetzel (Hg.)

Killer/Culture
Serienmord in der populären Kultur

BERTZ+FISCHER

Bibliografische Information der Deutschen Nationalbibliothek
Die Deutsche Nationalbliothek verzeichnet diese Publikation in der
Deutschen Nationalbibliografie; detaillierte bibliografische Daten
sind im Internet über <http://dnb.d-nb.de> abrufbar.

Gefördert mit Mitteln der
Fritz Thyssen Stiftung für Wissenschaftsförderung

Redaktion:
Miriam-Maleika Höltgen, M.A.

Redaktionelle Mitarbeit:
Marietta Bertz, Marco Heiter, Barbara Heitkämper,
Miriam Hutter, Matthias Weiß

Fotonachweis:
Umschlag vorne: Dexter
Umschlag hinten: *Dexter,* THE TEXAS CHAINSAW MASSACRE,
Manhunt (Videospiel), PEEPING TOM
Innenteil: DVD-Screenshots, Archiv des Verlages,
Archiv der Autor/innen, Internet
© Photographs: original copyright holders

Alle Rechte vorbehalten
© 2010 by Bertz + Fischer GbR, Berlin
Wrangelstr. 67, 10997 Berlin
Druck und Bindung: druckhaus köthen, Köthen
Printed in Germany
ISBN 978-3-86505-399-2

Inhalt

Einleitung — 7
Von Stefan Höltgen und Michael Wetzel

M.O.R.D. — 12
Die unberechenbare Größe
Von Michael Wetzel

Männer, die morden — 18
Zu zwei Romanen von Andrea Maria Schenkel
Von Joachim Linder

Wenn Blicke töten — 39
Anmerkungen zu Michael Powells PEEPING TOM
Von Manfred Riepe

Sehen – Töten – Ordnen — 50
Der Serienkiller in der Funktion des Herrensignifikanten
Von Michaela Wünsch

Der dunkle Souverän — 61
Zur Faszination des allmächtigen Serial Killers
im zeitgenössischen Thriller und Horrorfilm
Von Marcus Stiglegger

Wie entkommt man einem Serienmörder? — 71
Von Stephan Harbort

Die Serialität des Tötens — 78
Zur Homologie zwischen Serienmord und
Fernsehserie am Beispiel *Dexter*
Von Hendrik Seither

Hip to Be Square — 90
Serienmörder in der Pop-Musik
Von Ivo Ritzer

Eine Poetik der Liste — 99
Serienmord und Apokalypse in David Finchers SE7EN
Von Arno Meteling

Krankheit und Heilmittel 110
Der Serienmörder im Actionfilm der 1980er Jahre
Von Oliver Nöding

Zum Tod lachen? 122
Von Christian Hoffstadt

Schnitt-Stellen 130
Die Zensurgeschichte des Serienmörderfilms
in Deutschland am Beispiel von
THE TEXAS CHAINSAW MASSACRE
Von Roland Seim

Killer-Spiele 139
Serienmord und Serienmörder im Videospiel
Von Stefan Höltgen

Über die Autorinnen und Autoren 153
Index 155

Einleitung

Von Stefan Höltgen und Michael Wetzel

In der ganzen Geschichte des Menschen ist kein Kapitel unterrichtender für Herz und Geist als die Annalen der Verirrungen. Bei jedem großen Verbrechen war eine verhältnismäßig große Kraft in Bewegung. Wenn sich das geheime Spiel der Begehrungskraft bei dem matteren Licht gewöhnlicher Affekte versteckt, so wird es im Zustand gewaltsamer Leidenschaft desto hervorspringender, kolossalischer, lauter; der feinere Menschenforscher [...] wird manche Erfahrung aus diesem Gebiete in seine Seelenlehre herübertragen und für das sittliche Leben verarbeiten.«

So die Worte des großen Schiller, der im Verbrechen die *ultima ratio* gerade des Menschlichen erkannte, nämlich die Freiheit zur Freiheit einer selbst bestimmten Verfügung über die eigenen Kräfte. Im Ausnahmezustand der Übertretung des Gesetzes und im gesteigerten Ernstfall des Mordes als Vernichtung des Anderen, ja gar in der wiederholten Anmaßung dieses nicht anders als durch Gewalt zu rechtfertigenden Unrechts über Leben und Tod äußert sich eine ursprüngliche Kraft, die dem Subjekt im Namen der Leidenschaft eine letztlich sexuelle Souveränität verleiht. Daher bei allem Schaudern auch die stille Faszination für all die Monster, die mit Hans Mayers Sichtweise des Außenseiters doch als »Ernstfall der Humanität« zu verstehen sind. Aller Aufklärung wohnt so eine Dialektik inne, die das abscheulichste Verbrechen aus höchsten Vernunftgründen abzuleiten weiß und wie der spitzfindige Dolmance der »Philosophie im Boudoir« des Marquis de Sade noch den Mord im Einklang mit dem Naturgesetz des steten Wandels sieht: »Der Mord ist keine Vernichtung; der, der ihn begeht, wandelt nur die Formen; er gibt der Natur Elemente zurück, deren sich die Hand dieser kundigen Natur sogleich bedient, um andere Wesen zu bilden.«

Der Serienmörder im Auftrag des natürlichen Kreislaufes von Werden und Vergehen? Nur die Exzesse eines Autismus der Subjektivität konnten sich zu solch einer Verwechslung von individuellem Tun und allgemeinen Gesetzen versteigen. Aber was ist dann am Serienmord *ästhetisch*? So die Frage, die im Vorfeld der Tagung, deren Ergebnisse der vorliegende Sammelband vorstellt, am häufigsten gestellt wurde. Dass Verbrechen, Gewalt und Tod Gegenstände ästhetischer Betrachtung sein können, scheint für viele zunächst undenkbar. Und dennoch – so die ebenso häufig gegebene Antwort auf jene Frage – begegnen uns diese Themen (glücklicherweise) ja fast ausschließlich in ästhetisierter Form. Zu erinnern wäre hier, dass ›ästhetisch‹ überhaupt bis ins 18. Jahrhundert hinein die Bedeutung von ›sinnlich‹ hatte und die Wahrnehmung betraf. Das Affektive des Themas wird aber durch die Verarbeitung des Reizes oder besser Choks medial gefiltert, mit Nietzsche gesprochen unter eine Oberfläche wie hinter einen Bildschirm gebannt. Oder, um ein Luhmann-Zitat abzuwandeln: *Was wir über Serienmord wissen, wissen wir zumeist aus den Massenmedien.* Die Medialisierung dieses wie auch aller anderen Phänomene folgt ästhetischen Strategien. Sowohl Informationen wie Nachrichten, Fallhistorien oder Dokumentationen aktueller Fälle als auch Fiktionalisierungen in der Kriminalliteratur, im Film und den darstellenden und bildenden Künsten bedienen sich solcher Strategien, um das kriminalistische Phänomen für die Rezeption durch die Massen aufzubereiten.

Diese Erkenntnis erscheint zunächst trivial, birgt jedoch vor einem diskursanalytischen und medien-konstruktivistischen Hintergrund betrachtet, vielfältige Möglichkeiten zur Auseinandersetzung. Zunächst lässt sich feststellen, dass dieses mediatisierte Wissen über Serienmord häufig das einzige Zeugnis ist, auf was wir noch zurückgreifen können, wenn die Fälle schon längere Zeit zurückliegen und in die Annalen der Kriminalgeschichtsschreibung eingegangen sind. Markante Beispiele hierfür sind die heute immer noch populären Fälle der Serienmörder Jack the Ripper, Fritz Haarmann oder Peter Kürten, die bis an den Anfang des letzten bzw. das

Stefan Höltgen, Michael Wetzel

Ende des vorletzten Jahrhunderts zurückreichen. Schon die Quellenstudie zu diesen drei Fällen und allein beschränkt auf dokumentarische Medien ist angesichts der Fülle an Material kaum zu leisten. Überdies fließen Meinungen, Interpretationen und sich dabei ständig reproduzierende und erweiternde Fehler in die Beiträge ein. So erscheint es lohnenswerter, den Hintergrund der Medienentstehung zu klären, als sich vermeintlich mit dem *Fall selbst* zu befassen. Was wir heute, vor zehn Jahren oder noch früher über Jack the Ripper schreiben, so könnte man formulieren, sagt mehr über uns und die Zeit in der wir dies geschrieben haben, als über das irgendwie historisch unterstellte Subjekt mit dem zudem erst nachträglich verliehenen Namen Jack the Ripper.

Was wir über Serienmord wissen, das wissen wir zumeist aus den Medien – das meint auch: Unser Wissen über Serienmord ist ein durch Medien konstruiertes. Die Genese von Textsorten-Regeln, etwa beim Entwerfen eines Kriminalroman-Plots, oder Genre-Regeln, beim Entwickeln seines Serienmörderfilm-Drehbuchs, bildet ein über die Jahrzehnte gewachsenes Gerüst, über das sich die einzelnen Fall-Narrationen spannen. Allein die Tatsache, dass Mediatisierung auch *Vergegenständlichung* beinhaltet, dass Bücher *beschreiben* und Filme *zeigen*, was sich oft ohne Zeugen im Verborgenen abgespielt hat, forciert diesen Prozess. Zu zeigen ist dies abermals am Jack-the-Ripper-Fall: Wenn wir uns eine Vorstellung vom Londoner East End des Jahres 1888 – der Wirkstätte des Serienmörders – machen wollen, dann kann es sein, dass dabei die überall durchs Internet kursierenden Fotos, die in den Comics von Alan Moore nachgezeichnet und in Filme wie FROM HELL (2001; R: Albert & Allen Hughes) wieder ins filmisch-fotografische Bild rückübersetzt wurden, vor unserem geistigen Auge auftauchen. Welches dieser Bilder vertritt aber nun den Anspruch größtmöglicher *Authentizität*? Das körnige, kaum noch zu erkennende Schwarzweiß-Foto oder das audiovisuelle Bewegungsbild des Films? Ist es das, was ›am nächsten‹ an der Fallgeschichte ist oder das, was die meisten Affekte im Betrachter auslöst? Kaum mehr in Erinnerung ist die etymologische Bedeutung der dabei beschworenen Authentizität, die ursprünglich ein ›von eigener Hand Gemachtes‹ bezeichnet und auf die Spur des Täters verweist. Und mit dieser Spurensicherung soll der Thrill-Effekt, die *Angstlust* beim Leser oder Zuschauer geweckt werden, der eine scheinbare Präsenz des Subjekts als Ursache des Verbrechens schaudernd empfinden will. Die Dimension des *Ästhetischen* berührt so im doppelten Sinne des Wortes die Frage der Verantwortung, der Suche nach dem abwesenden Autor des ungeheuerlichen Werkes, das aus der kriminellen Natur seines Urhebers erklärt werden soll. Im Französischen ist diese Doppeldeutigkeit des Begriffs Autor noch lebendig, insofern der Täter auch als »auteur d'une crime« bezeichnet wird. Aber wie in der Literatur oder im Film ist alles, was über diesen »Schöpfer« des Ungeheuerlichen gewusst werden kann, nur in den medialen Spuren seiner Taten als Entäußerungen einer so auch wieder generalisierbaren »Logik der Übertretung« (Georges Bataille) als prinzipieller Tabuverletzung lesbar. Im Medium des Entsetzens fühlt auch jeder sich rezeptiv in die Rolle des Täters versetzt und genießt im umgekehrten Sinne eines Ernstfalls der Humanität die Abgründe seiner eigenen Existenz.

Die Aufarbeitung der Kulturgeschichte des Serienmordes durch die Medien und durch die Wissenschaften ist also nicht nur hochproduktiv, sondern liefert auch einen perspektiv- und facettenreichen Zugang zu dieser Geschichte und seinen einzelnen *Historemen*. Sie aufzubereiten, das heißt, sich abermals mit den Fakten, den Fiktionen und den daraus wieder entstandenen Paratexten zu beschäftigen, war Gegenstand einer 2009 an der Universität Bonn entstandenen Dissertation.[1] Der Autor und Mitherausgeber dieses Sammelbandes, Stefan Höltgen, hat sich darin zentral mit der filmisch-fiktionalen Darstellung des Serienmordes beschäftigt und Spielfilme vom Kino der Weimarer Republik (Paul Lenis DAS WACHSFIGURENKABINETT; 1924) bis hin zu internationalen Produktionen der jüngeren Vergangenheit (der aktuellste in der Dissertation untersuchte Film ist THE LAST HORROR MOVIE; 2003; R: Julian Richards) detailliert untersucht. Die Fokusse richteten sich dabei neben den Filmen auf die Analyse der Paratexte, vor allem Filmkritiken, Produktionsnotizen, Zensurgutachten, akademische Abhandlungen usw.

Einleitung

Während der Arbeit an der Dissertation haben sich vielfältige Kontakte zu Wissenschaftlern der verschiedensten Disziplinen ergeben. Die Bandbreite reicht von Juristen, Kriminalisten und Kriminologen über Psychologen und Soziologen, Kunst- und Kulturhistoriker, Medien-, Film- und Fernsehwissenschaftler, bis hin zu Literaturwissenschaftlern – die Arbeit entstand an einem literaturwissenschaftlichen Institut. Die Tatsache, dass all diese Disziplinen sich mit demselben Gegenstand befassen und jeweils unterschiedliche Perspektiven auf das Thema »Ästhetisierung des Serienmordes« haben, war der erste Anreiz dazu, die Kontakte dazu zu nutzen, möglichst viele Disziplinen an einen Tisch bzw. zu einer Tagung zu bekommen und so eine im besten (pluralsten) Sinne *kulturwissenschaftliche* Annäherung an das Phänomen Serienmord zu versuchen. So fand am 19. April 2008 im Hauptgebäude der Universität Bonn die Kurz-Tagung »Serienmord als ästhetisches Phänomen« statt, an der sich fünf Wissenschaftler und ein Künstler beteiligten. Da von vornherein geplant war, dieses kulturwissenschaftliche Auseinandersetzung in Form eines Sammelbandes auszuweiten, wurden weitere Beiträger für die vorliegenden Publikation eingeladen, die sich mit Themen, die auf der Tagung leider nicht oder nur am Rande angesprochen werden konnte, beschäftigen.

Kultur/Literatur/Sichtung: Insgesamt repräsentiert der vorliegende Band also einen methodisch möglichst breiten und disziplinär vielfältigen Zugang zum Thema Serienmord mit einem Schwerpunkt auf der fiktionalen Serienmordliteratur und dem Serienmörderfilm – den wohl produktivsten ästhetischen Verarbeitungen dieses Verbrechenstypus. Michael Wetzel untersucht im ersten Text des Bandes den Nexus zwischen Kriminalität und Autorschaft. Ausgehend von einer Definition des Akronyms M.O.R.D. als *Moral Order Regular Destruction* zeichnet er die Umrisse einer Kulturgeschichte des Regelbruchs in seinem gleichermaßen destruktiven wie konstruktiven Potenzial. Von den homerischen Epen über die Bibel bis hin zu Marquis de Sade und Jürgen Bartsch stellt M.O.R.D. den Motor dar, der Kultur und Wissenschaften antreibt. Joachim Linder betrachtet die Verbindung zwischen Kriminalistik und Literatur am Beispiel der populären Kriminalromane *Tannöd* (2006) und *Kalteis* (2007) der Regensburger Autorin Andrea Maria Schenkel. In ihnen wird Linder zufolge klar, dass Darstellungen des Verbrechens nicht entweder im faktischen oder im fiktionalen Bereich operieren, sondern stets auf der Grenze zwischen Faktizität und Fiktionalität; die Zurechnungen zum einen oder anderen Bereich sind einzig den Genre- bzw. den Formatkonventionen geschuldet. Manfred Riepe, der sich bereits ausführlich mit den strukturalpsychoanalytischen Implikationen des Horrorfilms (am Beispiel David Cronenbergs) beschäftigt hat, nimmt sich in seinem Beitrag die Blickstrukturen des frühen modernen Serienmörderfilms PEEPING TOM (Augen der Angst; 1960; R: Michael Powell) vor, um an ihnen den Mehrwert psychoanalytischer Filmwissenschaft nach Lacan zu erörtern. Ausgehend von der in den gendertheoretischen Filmwissenschaften konstatierten Phallizität des Blicks versucht Riepe herauszufinden, worin die enorme Attraktivität von PEEPING TOM gerade für die akademische Rezeption liegt.

Männer/Täter/Opfer: Michaela Wünsch untersucht in ihrem Essay das Phänomen W/weißer Männlichkeit im seit den späten 1970er Jahren populären *Slasherfilm* – einer Variante des Serienmörderfilms. Sie wendet die Kombination aus Gender-Theorie und Whiteness-Studies erstmals auf ein Gebiet an, in dem sich diese Phänomene nur symbolisch kodifiziert niederschlagen, jedoch in ihrer Struktur die heteronormative Kultur, der sie entstammen, nachzeichnen. Marcus Stiglegger, greift das Thema Michaela Wünschs wieder auf, wenn er den (zumeist männlichen) Serienmörder als »dunklen Souverän« charakterisiert. Dieser stehe seit Beginn der Filmgeschichte für eine Verkörperung des Bösen mit all ihren ambivalenten Aspekten: Verführungskraft und Amoralität. In dieser Potenz sei er auch als Kinoheld zu sehen: Eine Verführung durch das ›Böse‹ oder den Bösen ist in diesem Sinne also zugleich die Verführung zum ›Bösen‹ – die Verführung zur Umwertung der moralischen Werte, die Einladung zur Identifikation mit dem Bösen. Dass dieses Kinobild des Serienmörders stark von der außerfilmischen Wirklichkeit des Serienmordes abweicht, darauf weist der Kriminalist Stephan Harbort hin: Serienmörder sind nicht die genialischen, verfüh-

Stefan Höltgen, Michael Wetzel

rerischen Wesen, als die sie die Kulturproduktion definiert. Sie sind zumeist gequälte Seelen, die einem unbeherrschbaren, inneren Zwang folgen, der sie zu den Taten treibt. In einer seiner Monografien untersucht er die Frage, wie man zum Opfer dieser Mörder wird und liefert in seinem Beitrag eine schon beinahe drehbuchreife Kurz-Anleitung dazu, wie man einem Serienmörder entkommt.

Fernsehen/Popmusik/Bibliothek: Hendrik Seither unternimmt eine fernsehwissenschaftliche Analyse der Serienmörder-Serie *Dexter* (USA 2006ff.), die seit kurzem auch im deutschen Fernsehen für Aufmerksamkeit sorgt. Der Autor stellt in seinem Beitrag die Strukturähnlichkeit des (fiktionalen) Tattypus und des Serienfernseh-Formates heraus und untersucht hierzu detailliert die sich in jeder Folge (man könnte beinahe sagen: zwanghaft) wiederholende Einleitungssequenz. »Psycho Killer – Qu'est-ce que c'est?« sang die Band Talking Heads im Jahre 1978. Sie waren weder die ersten noch die einzigen, die den Serienmörder zum Liedmotiv erhoben. Der Mainzer Medienwissenschaftler Ivo Ritzer stellt in seinem Beitrag einige Songs der Popmusik-Geschichte vor und analysiert die Text-Musik-Synthese vor dem Hintergrund des Sujets: In den Songs findet sich eine Lust auf Abweichung und Überschreitung von (künstlerischen) Grenzen – abermals eine Homologie zwischen Ästhetik und Tattypus. Das Prinzip von Ordnung und Sammlung bildet eine Agenda der Serie. Arno Meteling hat es sich am Beispiel von David Finchers Serienmörderfilm SE7EN (Sieben; 1995) zur Aufgabe gemacht, die Figuren des Täters und des Ermittlers als Konkretisierungen der Archiv-Metapher zu lesen. Lesen bildet in SE7EN dabei die zentrale Zugangsweise zum Archiv und kennzeichnet den ›alteuropäischen‹ *modus operandi* von Serienmörder und Profiler.

Action/Comedy/Zensur: Oliver Nödings Beitrag ist der Tatsache verpflichtet, dass der Serienmörderfilm nie ein eigenständiges Filmgenre gebildet hat, sondern sich stets als Motivkomplex durch unterschiedliche Genres zog. Am Beispiel des Actionfilms der 1980er Jahre zeigt er, wie sich Pro- und Antagonisten-Konstellationen auf Basis der Serienmörder-Figur entwickeln lassen. Die von ihm untersuchten Action-Filme, denen von der zeitgenössischen Kritik häufig Eindimensionalität vorgeworfen wurde, offenbaren gerade in dieser Figurenkonstellation aber auch ein schon beinahe mentalitätsgeschichtliches Bild der *Eighties*. Ob Serienmord nicht nur ästhetisch, sondern darüber hinaus auch noch komisch sein kann – dieser Frage widmet sich der Medien-Ethiker Christian Hoffstadt. In seinem Beitrag greift er sich eine Handvoll Film-Persiflagen, aber auch auf den ersten Blick ernste Serienmörderfilme heraus und stellt die Frage, ob Serienmord denn überhaupt komisch sein *darf*? Gerade vor dem Hintergrund der sich zyklisch wiederholenden Medien-Gewalt-Debatte bildet der Standpunkt des Autors, die *comic relief* ästhetisierter Gewalt angesichts realer Grausamkeiten als kulturelle Verarbeitungsleistung zu lesen, einen Ansatz, die Fakultätsgrenzen von Geistes- und Sozialwissenschaften auf Basis einer ästhetischen Debatte zu überwinden. Der Kunsthistoriker und Soziologe Roland Seim hat diesen Übertritt bereits mehrfach getan und gilt als einer der maßgeblichen deutschen Zensurhistoriker des Films. In seinem Beitrag skizziert er die Zensurgeschichte eines der bekanntesten und filmhistorisch einflussreichsten Serienmörderfilme, THE TEXAS CHAINSAW MASSACRE (Blutgericht in Texas; 1974; R: Tobe Hooper), stellt die Geschichte und Struktur bundesdeutscher Zensurinstitutionen vor und relativiert durch seine kunstgeschichtliche ›long range‹-Perspektive die jeweiligen zensorischen Bestrebungen als Ausdruck temporärer und unbewusster kultureller Ängste. Auch in Stefan Höltgens Schlussbeitrag geht es um die Zensur von Serienmord-Ästhetisierungen – allerdings im noch recht jungen Medium *Videospiel*. Zu den ›Killer-Spielen‹, wie Höltgen Spiele mit Serienmord-Motiven mit augenzwinkerndem Verweis auf die ›Killerspiele‹-Debatte nennt, existiert noch keine systematische Auseinandersetzung. Daher stellt der Autor diese Spiele zunächst in einer Chronologie vor, bevor er die Rhetorik bei der Verbotspraxis deutscher Amtsgerichte, in denen sich vor allem eine Angst gegenüber dem neuen, interaktiven Medium Videospiel ausdrückt, untersucht.

Die Tagung und der daraus entstandene Sammelband wären ohne die Hilfe zahlreicher Freunde und Förderer nicht möglich gewesen. Unser Dank gilt zunächst dem *Institut für Germanistik, Vergleichende Literatur- und Kulturwissenschaft* der

Einleitung

Rheinischen Friedrich-Wilhelms-Universität Bonn, namentlich dem Kustos Prof. Dr. Rainer Kolk und dem damaligen Institutsdirektor Prof. Dr. Helmut Schneider, in deren Räumen und mit deren organisatorischer Unterstützung die Tagung durchgeführt werden konnte. Den studentischen Hilfskräften Julia Brommer, Felix Zimmer, Pascal Küpper sowie der damaligen Sekretärin Michael Wetzels, Beate Bongart, die grundlegende organisatorische Arbeiten übernommen haben, sei an dieser Stelle ebenso gedankt. Für die Finanzierung der Tagung sowie des Sammelbandes danken wir überdies der *Fritz-Thyssen-Stiftung*, für die Möglichkeit zur Publikation dem Bertz+Fischer Verlag. Miriam-Maleika Höltgen, die für die Redaktion dieses Bandes die Verantwortung übernommen hat, sich aber auch schon bei der Tagung tatkräftig eingebracht hatte, gilt unser besonderer Dank.

Bonn & Berlin im Frühjahr 2010

Anmerkungen

1   Stefan Höltgen (2010): *Schnittstellen. Serienmord im Film.* Marburg: Schüren.

Michael Wetzel

M.O.R.D.
Die unberechenbare Größe

Von Michael Wetzel

Hartnäckig verfolgt der Historiker immer wieder sein Ziel, dem Gang der Menschheitsgeschichte auf die Spur zu kommen. Für ihn muss sie einen Sinn haben, denn er will Einsicht im Dienste der Vorsicht betreiben, und dazu braucht er ein gewisses, zuverlässiges Maß an Berechenbarkeit. Nichts schlägt aber dieser mehr ins Gesicht als der alltägliche Gang der Dinge: Wer die Zeitung aufschlägt oder die Nachrichten verfolgt, setzt sich einem Wechselbad von Katastrophenmeldungen aus. Was im Skandal des Tages triumphiert, ist nicht gerade das Einsehen, sondern eher das Absehen von aller Ordnung. Mord und Totschlag regieren die Welt, immer geht es geradewegs auf den Untergang zu, jedoch – und hier kippt die Vorstellung von Ordnung eigenwillig um – mit einer Stetigkeit, die an einen regelmäßigen Verstoß gegen die Regel, die Regel des Regellosen, an Anomalie als Normalfall denken lässt.

Längst ist daher die Überzeugung von einem vernünftigen Gesetz des Fortschreitens aufgegeben worden. Zurück bleibt allein die Obsession des Gesetzhaften, aber als Gesetzmäßigkeit von Katastrophen, von Wenden, Brechungen, von Verbrechen. Wer solchermaßen auf die Karte des Bösen setzt, sieht sich in der vergleichsweise besseren Position dessen, der noch im Sinnlosen oder Widersinnigen von Zerstörungen eine verborgene Notwendigkeit sieht. Zynische Geschichtsschreibung ist das entsprechende Verfahren und M.O.R.D. (*Moral Order Regular Destruction*) ihr Gesetz. Der Mord im engeren Sinne stellt diesbezüglich nur einen Grenzwert auf einer Skala dar, die u. a. die Stadien der sexuellen Verirrung, der Blasphemie, des Diebstahls etc. durchläuft und sich im jenseitigen Bereich der posthumen Schändung noch überbieten lässt. Immer geht es mit infernalischer Regelmäßigkeit um die Zerstörung moralischer Ordnung, ja um die Zerstörung der Idee einer von und mit Vernunft errichteten Ordnung, um die *Übertretung* des Gesetzes, die dennoch so gesetzhaft ist, weil das Gesetz sie im Verbot schon mit angelegt hat.

Aber dennoch bleibt ein entscheidendes Unterscheidungsmerkmal zwischen Befolgung und Übertretung des Gesetzes zu berücksichtigen: die *Unberechenbarkeit*. Während die Gesetzestreue den idealtypischen Fall darstellt, in dem das Notwendige auch wirklich sein soll, realisiert sich der Regelverstoß als eine Notwendigkeit, die nicht sein soll, aber dennoch plötzlich, abrupt, unvorhergesehen, unerwartet, schockhaft da ist. Die Differenz ist eine solche der Zeitlichkeit: M.O.R.D. ist das *reine Ereignis*, sein Eintreten notwendig, aber unberechenbar. Schlagartig wird die Grenze übertreten, fällt die von der moralischen Ordnung aufrecht erhaltene Trennwand zwischen dem Ich und dem anderen, zwischen Leben und Tod, liegt einer tot am Boden, hat ein Messer aufgeblitzt oder ein Schuss sich gelöst. Deshalb erfreut sich der Mord auch in einer Welt, in der die Lebensführung zunehmend zur abstrakten Planung verkommt, einer steigenden Beliebtheit. Man weiß, dass er aller Verurteilung und Überwachung zum Trotz passieren muss, aber man weiß nicht, wann und wo: Das *Einmalige* seiner Außer- und Ungewöhnlichkeit verbürgt seine Qualität. Deshalb ist auch aller organisierter Mord ebenso wenig M.O.R.D. wie der archaische Totschlag auf freier Wildbahn. Was so für jede Mord-Story gilt, hat seine Wurzel im realhistorischen Ablauf: Das Eintreten des Ereignisses muss die Erwartung erfüllen und zugleich täuschen. Nur wo man über das Zuschlagen des Mörders bis zuletzt im Unklaren belassen wird, stellt sich der erforderliche *thrill*-Effekt ein, der den Hunger nach Wiederholung wachruft. Ja im juristischen Sinne gilt diese Unberechenbarkeit und gleichsam Unabsichtlichkeit des Mordes gar als mildernder Umstand, während der kalkuliert vorgehende Verbrecher eine Bestie ist, die doppelte Bestrafung verdient.

M.O.R.D. ist das große Paradox der Menschheitsgeschichte: der *notwendige Zufall*. Aber lässt sich angesichts dieser Kette von Zufällen noch von M.O.R.D. als Struktur, also als einer regelmäßigen

Destruktion sprechen, bzw. gibt es *den* Mord als das sich wiederholende Ereignis? Ja und nein, denn natürlich unterliegt, wie bereits gesagt, der Verstoß gegen das Gebot einer zwangsläufigen Wiederkehr, die aber unter immer anderen, unvorherbestimmbaren Umständen und Praktiken erfolgt und, im Sinne des ästhetischen Reizes, erfolgen muss. Die Kunst der Wiederholung, die von der vorgelebten Möglichkeit der Überschreitung zehrt, um ihr dennoch eine einzigartige, unerwartete Wendung zu geben, muss derjenige beherrschen, der Mord-Stories schreibt. Je größer bei aller Wahrscheinlichkeit die Differenz zu allen anderen Mordtaten, umso größer der Erfolg. Typisch und zugleich individuell, so könnte man das Gattungsgesetz umschreiben, das zugleich das der *Eigennamen* ist. Und an Eigennamen – wie Kain, Ödipus, Gilles de Rais, Jack the Ripper, der Hannoveraner Fritz Haarmann und der Düsseldorfer Peter Kürten, um nur einige hier zu nennen – ist die Geschichte der Mordfälle festgemacht. Für die Entstehung der Namen ist es dabei unbedeutend, ob es die des Täters, des Opfers oder des Tatortes sind. Entscheidend bleibt, dass die Verschmelzung aller drei Momente zu einer singulären Einheit als solche gekennzeichnet wird. Dann enthält das einmalige, unwiederholbare Ereignis einen typologischen Wert, schreibt es sich ein ins Archiv der Immoralität. Und wir betreten das Museum der Untaten mit der geheimen Lust der Ersatzbefriedigung, die uns im Nennen der verruchten Namen unsere eigenen, nicht zur Ausführung gelangten Morde nacherleben lässt.

Zwischen den beiden Momenten: der für das – kriminalistisch gesprochen – Motiv zuständigen *Struktur* und dem im Eigennamen festgehaltenen *Ereignis*, wölbt sich der Spannungsbogen des Zu- bzw. Vorfalls. Denn so wie ein Motiv noch keinen Mord macht – wären wir sonst nicht alle Mörder? –, so ist der Eigenname eines Mordfalls noch kein Dokument menschlicher Unzulänglichkeit. In ihm schwingt immer noch mehr mit, eben das Unberechenbare der Tat. Deshalb bewirkt die Lektüre gerichtspsychiatrischer ›Erklärungen‹, anders als die von Mord-Stories, keinen kathartischen Effekt, das heißt weder Erleichterung noch Vergnügen. Es wäre zu billig, aus der bloßen Kombination der beiden Basis-Signifikanten *Liebe* und *Macht* eine Logarithmentafel des Mordes ableiten zu wollen. Die Ordnung der Familie mit ihrem Konfliktpotenzial von Rivalität, Eifersucht und purem Hass, ja weiter noch die Ordnung der Gesellschaft mit ihrer unheilvollen Verknüpfung von Geld und Geltung, geben genug Anlässe zu jenem Typus zwischenmenschlicher Begegnung, bei dem immer einer zuviel ist. Zum Ambiente des Ereignisses wird man so nie kommen, dazu bedarf es jener ›umgekehrten‹ Heldentaten, in denen der Schritt über die Grenze zwischen Wunsch und Wirklichkeit tatsächlich gewagt worden ist. In ihren Eigennamen wird das historische Prinzip der Ausnahme greifbar und schiebt sich die virtuelle Bereitschaft zum Ausbrechen auf; denn für das Schreiben und Lesen von Mord-Stories gilt genauso das Gesetz der Schrift: Man schreibt und liest, was man nicht tut.

Die pädagogische Konsequenz kann dann nur lauten: mehr *Mord-Stories!* Mehr Eigennamen im M.O.R.D.-Register schaffen, statt selbst zu einem zu werden, kann so zugleich zur Überlebensstra-

Jacopo Tintoretto (1518–1594): *Kain und Abel*

Michael Wetzel

tegie werden, geht doch in jedem Namen das Benannte selbst zugrunde. In der Galerie der großen und kleinen Morde hingegen kann man sich getrost dem Schauder des Schicksals überlassen, ohne sich in ihm zu verlieren. Und im Übrigen bestätigen all diese Ausnahmen nur wieder die Regel.

Aber man muss sorgfältig mit dem historischen Material umgehen. Nicht jeder Totschlag genügt schon gleich den hohen Ansprüchen von M.O.R.D. Als allerdings immer noch zweifellos reichhaltigste und unverfälschteste Quelle darf die Bibel gelten. Hier kommen alle Möglichkeiten der Übertretung zu ihrem Recht, und schon auf den ersten Seiten begegnen wir dem gleichsam Stifter des verruchten Handwerks: *Kain*. In seinem Namen überlebt die Erinnerung an den Urmord schlechthin, der Höhepunkt und Ende eines geschwisterlichen Eifersuchtsdramas war. Die wider den Bruder erhobene Hand drückt nicht nur das jähe und jähzornige Überspringen eines Affekts aus: Sie legt überdeutlich Hand an die in der göttlichen Schöpfung eingerichtete Differenz zwischen Leben und Tod, zwischen dem einen und dem anderen, eine Differenz, die dann im Kainszeichen mit Blut wieder eingeschrieben wird. Im Mord wird Kain Gott seines Bruders, verfügt er über dessen Leben und Tod.

Aber man kann noch weiter gehen. Im archetypischen Brudermord wird zugleich – anders als etwa in den späteren, missglückten Anschlägen der Brüder auf Joseph – ein durchaus archaisches Moment ›tätlich‹: Die Vernichtung des anderen impliziert zugleich – wie alte Quellen noch zu berichten wissen – seine Einverleibung. Kain ist der Kannibale par excellence, bei ihm wird der ›asoziale‹ Charakter des Mordes zu Ende gedacht als nicht bloß Mittel zum Zweck (Bereicherung, Machtzuwachs etc.), sondern restlose Vernichtung/Verzehrung des anderen. Natürlich geht dadurch totemistisch die geneidete Macht auf den Mörder über, aber es ist kein funktionaler Zusammenhang, was zubeißen lässt. Das später im Zusammenhang der Indizienaufnahme zur Bedeutung gelangende Motiv der restlosen Beseitigung des Leichnams stellt bis hin zu technischen Raffinessen, wie chemischen Lösungen, nur eine Sublimation der kannibalistischen Urlösung dar.

Eine vergleichbar deutliche Sprache spricht auch ein anderes Mordparadigma der Bibel, *Judiths* Rache am anderen Geschlecht. Man halte sich nicht am erzählerischen Zierrat auf, der von politischem Sendungsbewusstsein zu berichten weiß. Die unzähligen Darstellungen in den abendländischen Galerien haben sie als das darzustellen gewusst, was sie ist: Droh- oder Vorbild des Männermords. Es ging ihr nicht um die bloße Tötung des Opfers, sie wollte es vernichten und zwar vernichten in seiner Männlichkeit. Deshalb muss es der Kopf sein, Zentrum und Zeichen der Männlichkeit in eins. Mord war für Judith primär *Kastration*, die Wiedergutmachung der schandhaften Unterwerfung im Opfer und zugleich auch eine kannibalistische Einverleibung des anderen *pars pro toto*. Nicht von ungefähr haben gerade Malerinnen dem Akt des Abschneidens einen besonderen Stellenwert noch vor der Zurschaustellung des abgetrennten Körperteils eingeräumt!

Drastisches ließe sich so noch vieles anhäufen. Im Alten Testament gärt zuviel Spannung, als dass nicht ständig der Funke überspränge. Aber auch das Neue Testament hat, seiner Liebesbotschaft ungeachtet, Exempel statuiert. Man denke hier

Tizian (ca. 1490–1576): *Judith*

nicht gleich an eine neue Lesart von Golgatha, dafür war der welterschütternde Gottesmord zu sehr durchdacht. Aber am Anfang der Geschichte bietet sich eine Gelegenheit für einen weiteren Exzess der Gewalt. Im *Kindermord von Bethlehem* tobte sich unter der Maske tyrannischer Politik der fundamentalere Hass des Alters auf die Jugend der nachwachsenden Generation aus, und auch hier war die ausschweifende Phantasie der malerischen Darstellung jener archaischen Motive des Kannibalismus sowie der Kastration oft geständiger als die Textüberlieferung. Genüsslich wird die Zerstückelung der Kindskörper in Szene gesetzt, um zugleich das Widernatürliche dieser nur von tiefster Amoralität diktierten Tat zu veranschaulichen.

Nicolas Poussin (1594–1665): *Bethlehemitischer Kindermord*

Überhaupt zeigt sich in dieser Palette der biblischen Mordfälle etwas Rohes am Werk, wie andererseits ein Vergleich mit der griechisch-römischen Antike zeigt. Hier stehen die Übergriffe bei aller mythologischen Vorgeschichtlichkeit schon wesentlich mehr im Zeichen *familiärer Kodifikation*. Die Entfesselung nackter Gewalt im Gegenüber der Kontrahenten erweist sich gleichsam überdeterminiert durch Sozialverhältnisse. So wird der basale Brudermord der Bibel bei den Griechen zum *Vatermord*, das heißt zum Generationskonflikt. Und darüber hinaus kommt gerade im Beispiel des vielzitierten Ödipus der mildernde Umstand einer Unbewusstheit mit ins Spiel, wird hier der Vatermörder doch gerade zum Täter, indem er vor der Prophezeiung seines Mordwunsches flieht. Oder nimmt man das mythologische Vorbild, Zeus selbst, so legitimiert sich der Mord am Vater durch dessen mörderische Absichten, und Ödipus kann, wie Zeus seinem Vater Kronos gegenüber, in Anbetracht der Mordanschläge seitens seiner Eltern durchaus auf Notwehr plädieren.

Das gleiche Verhältnis einer Ersetzung von Mordlust durch familiäre Konfliktmodelle findet sich auch im Geschlechtsverhältnis. Hier wird der Männermord zum *Gattenmord*, und das berühmte Beispiel der Klythemnästra hebt sich ab vor dem ganzen Hintergrund ehelicher Spannungen. Opfer des Mordes ist nicht der Mann als solcher, sondern der Ehemann, der zudem in den Fallstricken der Verschwörung mit dem Geliebten gefangen wird. So richtet sich der Mordwunsch immer an den anderen in seiner – global gesprochen – sozialen Funktion und nicht als bloßes Gegenüber. Der Aktionsradius wurde dadurch zwangsläufig kleiner, was sich noch daran ablesen lässt, dass selbst der antike Kindermord sich auf die Sprösslinge im eigenen Haus oder, wie bei den Atriden, die der näheren *Verwandtschaft* beschränkte. Nicht dass dadurch M.O.R.D. als Prinzip an Geltung verlöre, kommt vielmehr dadurch deutlicher der ›Ursprung‹ im moralischen Gebot selbst zum Ausdruck. Das allzeit wache Aggressionspotenzial wird durch den zivilisatorischen Prozess keineswegs in seine Schranken verwiesen, sondern verfeinert sich nur methodisch. Und einen besonderen Triumph darf es dort feiern, wo es ihm gelingt, seinen Widersacher Vernunft auf seine Seite zu ziehen.

Michael Wetzel

Baron Pierre-Narcisse Guérin (1774–1833): *Clytemnestre hésitant avant de frapper Agamemnon endormi*

Gedacht ist an den Spezialfall des *politischen Mordes*, in der Antike bekannt unter dem Stichwort *Tyrannenmord*. Wer kennt sie nicht, die Dichterworte: »Was willst du mit dem Dolche, sprich!«, und wer empfindet nicht mit den unschuldigen Mördern, die Mörder fällen? Die einmal zugelassene Gewaltanwendung dann aber wieder zu begrenzen, fällt schwer. Das hat noch jede politische Theorie erfahren, die Mord als legitimes Entscheidungsmittel ansehen wollte: Das Paradox einer begrenzten Gewaltanwendung läuft in der geschichtlichen Wirklichkeit auf eine Eskalation der destruktiven Kräfte hinaus. Und was will man machen, wenn noch andere Bestimmungsmomente mit hineinspielen, wie z. B. der Vatermord, den Caesar in seinem berühmten Ausspruch »Auch du mein Sohn Brutus« beschwört. Installiert man andererseits den Mord einfach als Fortsetzung der Politik mit anderen Mitteln, so geht natürlich das Grundprinzip M.O.R.D. verloren. Nicht umsonst unterscheidet man heute zwischen Mördern und Killern, denn bei Letzteren kann man von einer plötzlichen und einmaligen Übertretung wohl kaum reden. Desgleichen wird die Tat hier gesichtslos, gleichsam zum grauen Alltag. Bereits im Mittelalter ist diese Entwicklung zu beobachten. Bei aller Häufigkeit von Fürsten- und Königsmorden ist die persönliche Obsession der Vernichtung als solche recht selten. Von daher die *Anonymität* der Täter und Taten: Im christlichen Zeitalter wurde nur im Namen des Einen gemordet und damit die Ausnahmesituation schon wieder ›heim ins Reich‹ der moral-theologischen Ordnung geholt. Wie ganz anders stellt sich da der politische Mord in der Moderne dar, wo – man betrachte etwa die ereignisreiche Geschichte der amerikanischen Präsidentenmorde – neben die Ebene der machtpolitischen Verschwörung immer notwendigerweise der irre, einzelgängerische Fanatiker tritt, der dann auch dank seiner Unberechenbarkeit meist Erfolg hat.

Für das Mittelalter bedurfte es erst des schon modern getönten Rückblicks des Kriminal-Großmeisters Shakespeare, um Mord zu M.O.R.D. wieder werden zu lassen, also zu einer nicht dirigierbaren und kontrollierbaren, einer *unberechenbaren Größe*. Diese Erfahrung machen die Mörder in Shakespeares Dramen zumeist am eigenen Leibe. Die politische oder heilsgeschichtliche Legitimationsfolie wird porös und lässt unerwartet und ungewollt das Grinsen des nackten Grauens durchscheinen. Die urtümliche Lust am Vernichten steigt aus diabolischen Tiefenschichten wieder an die Oberfläche des Geschehens empor und verschlingt Täter wie Opfer, nur den unheimlichen Klang eines Schicksalssignifikanten zurücklassend. Und neben die Hamlets, Macbeths und wie sie noch alle heißen, treten historische und legendäre Namen: der

Ritter Blaubart oder der Chevalier Gilles de Rais. Sie beleben auf ihre Weise die antike Tradition: den Geschlechterkampf im Doppelmord des anderen und des jüngeren Geschlechts.

Gleichviel ob Gilles de Rais nun mehr oder weniger als 140 Kinder abgeschlachtet hat: Er schuf jener – wie bereits erwähnt – in Bethlehem geborenen Praktik ihre unsichtbare Kirche, zu deren Mitgliedern u.a. der Marquis de Sade, der Metzgermeister Haarmann oder auch die traurige Figur des Jürgen Bartsch zählten. Mord wurde hier als reine Kunst betrieben, und man verkenne nicht die sexualpathologische Komponente als eigentlich treibendes Motiv. Die bloße Befriedigung unzüchtiger Gelüste wäre etwa dem Ritter des 15. Jahrhunderts auf weitaus weniger spektakuläre Weise möglich gewesen. Nein, die Lust erfüllte sich im Morden, im Vernichten des Opfers. Es ist die *misanthrope* Grundhaltung, die hierin zur Erfüllung kommt, indem sie, wie de Sade dann offen aussprach, die moralisch aufgeblähte Essenz des Menschlichen auf ein materielles Maß zurückfallen lässt. Anders und unmissverständlicher ausgedrückt: Mord ist nichts anderes als die Umwandlung des Aggregatzustandes organischer Materie. Der Kreislauf der Natur nimmt alles wieder auf, verwandelt Leichen in hochwertigen Humus und lässt neue Triebe an der Stelle der abgeschlagenen entstehen. Doch man sieht auch hier, in der *Apologie des Mordes*, schon wieder eine Reduktion entstehen. Der radikale Immoralismus eines de Sade und seiner Anhängerschaft in der schwarzen Romantik neigt dazu, eine bloße Verkehrung der Fronten vorzunehmen, an deren Ende der Mord schließlich zum ebenso strengen Gebot wird wie einst seine Vermeidung. So sieht das 19. Jahrhundert einen neuen Typus des Mörders entstehen, den *Ennuyant*. Tödlich gelangweilt und müde steht er vor den Leichenbergen, um immer wieder feststellen zu müssen: »Das war schon alles!« Von de Quinceys Mörderclub über Baudelaires Villiers de l'Isle-Adam und Lautréamonts grausame Geschichten bis hin zu Wildes und Huysmans' Fin-de-siecle-Dekadenz sucht man verzweifelt nach neuen Raffinessen und entwickelt eine geradezu perverse Verehrung für Repression, die noch ein bisschen den Kitzel des Verbotenen zu schenken vermag. Weder Leidenschaft noch Berufung bringen diese professionellen Außenseiter aus dem trägen Trott des alltäglichen Lasters. Ein Jack the Ripper etwa verrichtet seine Abschlachtungen wie eine schwere Bürde, wie die von einem ehernen, unabänderlichen Gesetz befohlene Aufgabe. Kein Wunder, dass damit die Tat zunehmend an Reiz verliert, das ganze Interesse sich vielmehr dem Hintergrund der Motivgeschichte und Verbrechensaufklärung zuwendet. Die Todesstunde des Mörders aber schlägt endgültig mit dem Auftreten des *Detektivs*, der nunmehr die zentrale Rolle einnimmt und der unberechenbaren Größe mit einer höheren Logik der Berechnung zu Leibe rückt. Aber er tritt nur das Erbe des Mörders an, wird selbst auf der Jagd nach dem Täter zu einem Unberechenbaren und hat schließlich auch nur Erfolg, wo er sich vom Stetigen und Gewöhnlichen der Verhältnisse abwendet. Die Mord-Stories unserer Zeit, einer Zeit, in der die *Medien* millionenfach Morde auf Papier und Zelluloid produzieren, sind so die Stories ihrer Detektion geworden, und Gipfelpunkte des Genres finden sich dort, wo Morde aufgedeckt werden, die nie begangen wurden.

Was bleibt dann aber für das Prinzip M.O.R.D. an Möglichkeit noch zurück, dieser angewandten Logik des notwendigen Zufalls zu begegnen? Nur der *zufällige Zufall* bzw. Mord als surrealistischer Akt. Bereits André Gide dachte in diese Richtung, als er sein Prinzip des *acte gratuite* entwickelte. André Breton hat es dann als Handlungsanweisung formuliert und Buñuel als ›diskreten Charme der Bourgeoisie‹ inszeniert: Man mache es sich in möglichst einer der oberen Etagen eines Hochhauses bequem, bringe ein Gewehr in Anschlag und feuere in unregelmäßigen Abständen in die über die Straßen flutende Passantenmenge. Das Prinzip des Mordes ist damit auf seinen reinsten Nenner gebracht, seine *Unberechenbarkeit*, und ist damit, wie Jean Genet nicht müde wird zu besingen, zu seiner ursprünglichen Schönheit zurückgekehrt. Immer wieder hat man versucht, Erklärungen psychologischer, biologischer, soziologischer etc. Natur heranzuziehen, um hinter das Geheimnis zu kommen. Aber M.O.R.D. lässt sich nicht erklären, sondern nur beschreiben: Mord ist eine Story und kein System. ❑

Joachim Linder

Männer, die morden

Zu zwei Romanen von Andrea Maria Schenkel

Von Joachim Linder

Kriminalliterarische Bestseller: Innovation und Ressourcennutzung

Als im Frühjahr 2006 Andrea Maria Schenkels *Tannöd* mit der Genrebezeichnung ›Kriminalroman‹ ausgeliefert wurde[1], begann eine für den deutschen Buchmarkt und das deutschsprachige ›Krimigenre‹[2] bemerkenswerte Erfolgsgeschichte. Der Erstlingstext wurde in den Print- und in den audiovisuellen Medien meist lobend besprochen, er wurde auf die monatliche ›Krimi-Bestenliste‹ einer Kritikergruppe gewählt, um dann auch in deren Jahresbestenliste aufgenommen zu werden. Der Text erhielt den ›Deutschen Krimi-Preis‹ für das Jahr 2007[3] sowie den Friedrich-Glauser-Preis für das beste Debüt im Genrebereich; zudem wurde er mehrere Monate auf der Bestsellerliste des *Spiegel* geführt.[4] Schenkel stand für umfassende Medienberichterstattung mit *Homestories* und Interviews zur Verfügung und trat in zahlreichen Talkshows auf. Sie wurde als ›spätberufene‹ Autorin stilisiert, als Arztgattin und Mutter, die sich in ihrer knappen freien Zeit einem Kriminalfall der Vergangenheit zugewandt hatte, um ihn zu ihrer literarischen Sache zu machen.[5]

Es hat dem Erfolg von *Tannöd* keineswegs geschadet, dass Verlag und Autorin in einen Urheberrechtsstreit verwickelt wurden, der im Lauf des Jahres 2008 zu ihren Gunsten entschieden wurde. Schenkels Text wurde als Fiktionalisierung eines »authentischen Falles« (Klappentext) platziert, bei dem 1922 alle Bewohner eines Einödhofs ums Leben gebracht worden waren und der als ›Fall Hinterkaifeck‹ zur bayerischen Kriminalitätsfolklore gehört. Im Fall Hinterkaifeck war die kriminalistische Lösung unterblieben, auch deshalb wurde er in den unterschiedlichsten Medien immer wieder re-aktualisiert. Dabei hat sich insbesondere der Münchner Journalist Peter Leuschner mit Artikelserien und Sach- bzw. *True-Crime*-Büchern hervorgetan.[6] Leuschners Klage richtete sich nun gegen Passagen in Schenkels Text, die deshalb rechtswidrig aus seinen Darstellungen entnommen worden seien, weil sie dort schon fiktionale Elemente und ›Erfindungen‹ enthielten. Damit war Leuschners Klagebegründung zwar dicht am literaturwissenschaftlichen Problem der Repräsentation und Tradition von Kriminalfällen, doch sie wurde schon in der Berichterstattung zum Konflikt zwischen ›Kunst und Kolportage‹ stilisiert.[7] Die Urheberrechtskammer am Münchner Landgericht folgte auf ihre Weise dieser Sicht und stellte fest, dass der eigenschöpferische Gesamtkontext in Schenkels ›Kriminalroman‹ überwiege, auch wenn einzelne fiktionale Stellen aus anderen Werken übernommen bzw. ohne Quellenangabe zitiert worden seien.

Noch während *Tannöd* auf der Bestsellerliste geführt wurde, kam mit *Kalteis* Schenkels zweiter Text in die Buchhandlungen.[8] Obwohl als ›Roman‹ bezeichnet, wurde er wieder dem kriminalliterarischen Genre zugerechnet und stand dem Vorgänger, was den Erfolg bei Kritikern und Lesern anging, kaum nach. Wiederum handelt es sich um die Fiktionalisierung eines Falles aus der Kriminalitätsgeschichte, diesmal allerdings aus der Zeit des ›Dritten Reiches‹. Dessen Polizei hatte den historischen Täter Johann Eichhorn jedoch fassen und der Justiz und damit der Verurteilung und der Hinrichtung zuführen können. Die Tradition dieses Falles verlief anders als die des Falles Hinterkaifeck, da die Behörden des ›Dritten Reiches‹ eine umfängliche Berichterstattung über die Polizeiarbeit und das Verfahren gegen Eichhorn nicht zuließen. Auf den ›Schrecken des Münchner Westens‹ wurde die weitere Öffentlichkeit erst wieder aufmerksam im Zuge des Serienkiller-Hypes im letzten Drittel des 20. Jahrhunderts.[9]

Keiner der beiden Texte von Schenkel erfüllt alle Erwartungen, die gängigerweise an einen kriminalliterarischen Genretext gerichtet werden: *Tannöd* weist zwar mit ›Verbrechen und seiner Aufklärung‹

das genrekonstitutive Sujet auf, doch wird die Position der Ermittlerfigur auf eine einzige Passage am Beginn des Textes reduziert, in der sich ein Ich als Rechercheur präsentiert. Trotzdem zeichnet sich die grundlegende Struktur des detektorischen Erzählens ab, nämlich die Produktion zweier voneinander abhängiger Geschichten – die eines Verbrechens und die seiner Aufklärung. In dieser Struktur kann die ›Wahrheit‹ über das Verbrechen vermittelt und gegenüber den Rezipienten versichert werden. Die Spuren, die von der Tat hinterlassen werden, bezeichnen eine Störung, die in der Welt des Textes als unerträglich empfunden wird. Deshalb werden Ermittlungen in Gang gesetzt, die Zurechnung und Strafverfolgung ermöglichen sollen. Ermittlung kann insofern als eine Arbeit verstanden werden[10], an deren Ende die Ersetzung des Signifikats ›Störung‹ durch das Signifikat ›Täter‹ steht.[11] Mit dieser Doppelstruktur bleiben die detektorischen Genretexte der Kriminalliteratur unwandelbar auf die Tätigkeit von Strafverfolgungsbehörden bezogen[12]. Denn auch deren Aktenproduktion, mit der im Erfolgsfall ein Anfangsverdacht durch Zuschreibung und Urteil ersetzt wird, dokumentiert die Ergebnisse einer Ermittlung gemeinsam mit den Arbeitsschritten, die zu ihnen geführt haben.

In *Kalteis* wird die Distanz zu den Schemata der Genrewahrnehmung noch vergrößert, der Anschluss an die Textsorte der ›authentischen Fallgeschichten‹ erscheint betonter.[13] So beginnt *Kalteis* mit einer Dokumentenfiktion, in der die ›zuständige‹ staatliche Instanz dem verurteilten Täter den Gnadenerweis versagt und seine Hinrichtung bestimmt. Im Anschluss daran werden die Sachverhalte rekonstruiert, die zu diesem Ende führten. Der Täter wird gleichsam aus den Akten an die Orte und die Zeiten seiner Taten zurückprojiziert, sodass die Handlungen, die schon als verbrecherisch bezeichnet sind, dem Leser vor die Augen gerückt werden können. Die Ermittlungsgeschichte tritt zugunsten der Vergegenwärtigung zurück, mit der die Literatur – und speziell alle Formate der Darstellung ›authentischer Fälle‹ – ein anderes, womöglich besseres ›Verstehen‹ ermöglichen will, als dies der Justiz zugetraut wird. Damit wird in der Tradition des 19. Jahrhunderts eine allgemeine Defiziterfahrung aufgenommen. Die strafjuristische Perspektivenreduktion soll überwunden werden, sodass jenseits von Recht und Unrecht die Zeichenhaftigkeit von Verbrechen hervorgebracht werden kann: Das Verbrechen, das schon Produkt eines Signifikationsprozesses ist, kann wiederum zum Signifikanten werden.[14]

True Crime

Schenkels Texte sind aufmerksamkeitsökonomisch vor allem deswegen so erfolgreich, weil sie selbst als ›Grenzübertretungen‹ gelesen werden können. Sie positionieren sich zwischen der ›allgemeinen Literatur‹ und der kriminalliterarischen Genreliteratur, sie werden zwar als Kriminalromane annonciert und rezipiert, doch ist unübersehbar, dass sie sich von den Unterhaltungsfunktionen des ›Krimi‹ distanzieren möchten. Sie rücken die Problematik der Unterscheidung zwischen fiktionalen und faktualen Darstellungen von Verbrechen und Strafverfolgung in den Blick. Sie bedienen sich aber auch, insofern lag der Kläger Peter Leuschner so falsch nicht, freizügig an den ›Speichern‹ der symbolisch repräsentierten Kriminalität. Die innovatorisch erscheinende Abweichung erweist sich bei Schenkel wie so oft in den Genre- und in den Diskursgeschichten der Kriminalität als Re-Kombination von Ressourcen. So können sich Schenkels Texte von der engen Genrebindung befreien, ohne deshalb gleich den Genrebezirk und die damit verbundene Marktplazierung zu verlassen.

Sowohl in *Tannöd* als auch in *Kalteis* werden monströse Gewaltverbrechen und Täter inszeniert, die zur Standardausstattung medialer Kriminalitätsdarstellung, aber auch der Kriminalitätsdiskurse des 20. Jahrhunderts gehören. Im Sinne der zeitgenössischen *True-Crime*-Literatur implizieren beide Texte, dass die dargestellten Verbrechen zwar einzigartig, aber doch dem ›Verstehen‹ zugänglich sind.[15] Auch indem sie die Unterscheidungen von Fiktion und Faktizität bzw. Authentizität missachten, nehmen Schenkels Texte keine Sonderstellung ein. Sie sind Teil des Kontinuums der Kriminalitätsdarstellung, das Mark Seltzer seinen Beobachtungen medialer Repräsentationen von Gewalt und Verbrechen zugrunde legt und das er quer zu den formatspezifischen Unterscheidungen unter das Motto stellt: »True crime is crime fact that looks like fiction«.[16]

Joachim Linder

Davon ausgehend, schreibt er ihnen insgesamt Vergemeinschaftungsfunktionen zu, die auch den nachhaltigen Erfolg der Romane Schenkels erklären können – und die im Übrigen bei Schenkel auch textintern thematisiert werden. Die zwar vereinzelte, aber doch mit vielen geteilte Rezeption der medialen Gewalt produziere, so Seltzer, das Erlebnis der »referred commiseration« angesichts des dargestellten und anderen von anderen zugefügten Leids. Das ist der Kern der »Wound Culture«, die durch die massenhafte Zurschaustellung von zerrissenen und/oder geöffneten Körpern gekennzeichnet ist.[17] Durch die dargestellten Wunden wird das Leiden, das mit ihnen verbunden ist, zur Evidenz gebracht und seine mediale Vermitteltheit gleichsam aufgehoben. Das ›Zeigen‹ der verwundeten Körper bestätigt die Zugänglichkeit der Wirklichkeit, die mit den Zeitgenossen und Co-Rezipienten geteilt wird. Seltzer lässt sich insofern sowohl von Baudrillards ›perfektem Verbrechen‹, dem spurlosen Verschwinden der Realität, inspirieren[18] als auch von Luhmanns Theorie der Massenmedien.[19] Die Wunde als Spur verweist auf die vergangene Realität, in der sie geschlagen wurde. Indem sie unausweichlich das Leid thematisieren, das von den Wunden repräsentiert wird, überwinden die Darstellungen von Gewalt und Verbrechen die Differenz von Fiktionalität und Faktizität. Sie nähern sich, was bei Seltzer unbemerkt bleibt, damit nur noch mehr den allgemeinen Prinzipien der gesellschaftlichen Produktion von Verbrechen an. Schon wenn das Verbrechen im Medium Strafverfahren zur Repräsentation kommt, ist es Produkt komplexer semiotischer Prozesse, die der Tat ihre Bedeutung zuweisen und sie erst damit an den ›Anfang‹ rücken und zum sozialen Ereignis machen.[20]

Verbrechen als Produkt semiotischer Prozesse wird erst in seinen medialen Repräsentationen sichtbar und wirksam, und zwar in aller Regel im Rahmen narrativer (Re-)Konstruktionen und (Re-)Enactments. Diese müssen weder zwangsläufig noch ausschließlich an der juristischen Leitdifferenz Recht/Unrecht ausgerichtet sein, sie können z. B. auch medizinisch, religiös, ökonomisch und/oder moralisch determiniert sein. Schon das Verfahren der Strafverfolgung bietet Raum für diskursive Interferenzen und schafft Deutungsmöglichkeiten, in denen das Verbrechen seinerseits als Signifikant fungiert, etwa im Hinblick auf die ›Persönlichkeit des Täters‹ oder die ›Pathologie der Gesellschaft‹. Verbrechen bleibt insofern nicht singuläres Ereignis, das lediglich für Täter, Opfer und die befassten Institutionen Bedeutung hat. Es wird, da es gesellschaftlich definiert ist, auch in seinen destruktiven wie produktiven Bedeutungen für die Gesellschaft erfassbar.[21] Verbrechen entsteht demzufolge in Narrationen und produziert solche, und es operiert stets auf der Grenze von Faktizität und Fiktionalität. Schon die gesetzlichen Tatbestände beruhen auf Imaginationen und Typisierungen der ›Realität‹, von denen wiederum die Konstruktionen der Sachverhalte bestimmt werden.[22]

Das Interesse an der Literarisierung authentischer und tradierter Kriminalfälle begleitet die moderne Strafjustiz, die sich auf die jeweilige Tatschuld konzentriert und die Exploration der ›Zeichenhaftigkeit‹ von Verbrechen weithin den Anschlussverarbeitungen überlässt oder überlassen muss. Wissenschaftliche und populäre Deutungen des Verbrechens antworten eher auf gesellschaftliche Verstehensbedürfnisse als auf strafjuristische Verfahrensanforderungen. Die Diskussionen über die »Belangbarkeit«[23] von Tätern, in denen möglichst das ganze Ensemble der persönlich-psychologischen und der sozialen Voraussetzungen ihrer Taten berücksichtigt werden sollte, finden außerhalb der Justiz statt. Diese liefert sozusagen das Material und rezipiert die Ergebnisse, wo es z. B. um graduelle Unterschiede der Zurechnungsfähigkeit oder um die Ausschöpfung der Spielräume bei der Strafzumessung geht. Die kriminologischen Wissenschaften entwickeln in den Bereichen der Anschlussverarbeitungen ihre ätiologischen Paradigmata, und noch das Labeling-Konzept der ›kritischen Kriminologie‹ wurzelt zu einem guten Teil in der Selbstreflexivität kriminalliterarischer Verbrechens- und Strafverfolgungsdarstellungen.[24] Das medialisierte Wissen über Verbrechen und Verbrecher wird für den Zugriff je späterer Bearbeitungen bereitgestellt: Während ständig ›neue Fälle‹ in den Aktualitätsmedien dargestellt und kontextualisiert werden, greifen wir auf die Traditionsbestände der Deutungs-, Konflikt-, Erzählmuster, auf die vertrauten ›Criminalbilder‹[25]

zurück, die in variablen Kombinationen zwischen den Medienformaten ausgetauscht werden.

Vor diesem Hintergrund ist es wenig überraschend, aber doch bemerkenswert, dass Schenkel ihren beiden Romane die Strafverfolgung von ›Multicides‹ zugrunde legt[26] und sich damit dem Typus von Gewaltverbrechen zuwendet, der in den öffentlichen Diskussionen und den medialen Repräsentationen weit jenseits seiner statistischen Relevanz präsent ist: Im ersten Text geht es um die Ausrottung einer ganzen Familie im Rahmen eines einzigen Tatvorgangs, im zweiten um die über lange Zeit sich hinziehenden Gewalttaten eines Mannes, bei denen er eine ganze Reihe von Frauen schwer verletzt und mehrere tötet. Man kann beide Fälle in den Taxonomien der neueren Massenmorddiskussionen verorten. Während in *Tannöd* ein ›Spree-Killer‹ am Werke ist, hat man es in *Kalteis* mit einem ›Serial Killer‹ in der traditionsreichen Variante des Lustmörders zu tun. Beide gehören zum Typenspeicher populärer Gewaltdarstellung, in dem sie je eigene Risikovorstellungen bezeichnen: Einerseits die Gefahr, der die Familie ausgesetzt ist, die der Gewalt gleichsam ein vorbereitetes Terrain bietet, andererseits die Möglichkeiten, die der unüberwachte Raum der Städte und ihrer Umgebungen dem Gewalttäter bietet, der auch hier auf Opfer trifft, die ihm seine Sache in mehrfacher Hinsicht leicht machen. Für die Tätertypen, die so ihre ›Gelegenheiten‹ suchen und finden, hat sich hauptsächlich im US-amerikanischen Sprachgebrauch die Bezeichnung des ›Predators‹ eingebürgert, und zwar nicht mehr nur im Bereich der populären Medien, sondern auch in Bereichen der Kriminalpolitik und der ›Forensic Sciences‹.[27] Diese Bezeichnung geht einerseits auf Vorstellungen zurück, denen zufolge ein wesentlicher Teil der Gewaltkriminalität in modernen, mobilen Gesellschaften auf zufällig erscheinende Begegnungen zwischen Tätern und Opfern zurückzuführen sei, andererseits schließt sie an die traditionsreiche Tier- und Jagdmetaphorik an, die traditionsgemäß mit Gewaltverbrechen und ihrer Verfolgung verbunden wird. Mit dieser Metaphorik hängt aber auch zusammen, dass die ›Beute‹ dieser Raubtier-Verbrecher kaum je zufällig, ohne eigene Schuld oder Fahrlässigkeit, in deren Zugriffsbereich gerät.

Tannöd: Die Säuberung eines Ansteckungsherdes

Bei den sechs Leichen, die Anfang April 1922 auf dem Einödhof Hinterkaifeck in Oberbayern gefunden wurden, handelte es sich um das Altbauernpaar des Hofes, dessen verwitwete Tochter mit ihren beiden Kindern sowie um die Magd auf dem Hof. Während die Ermittlungen der Polizei keinen Täter produzierten, scheint doch eine Vorgeschichte zur Sprache gekommen zu sein, mit der die Spekulationen über Täter und Tatmotiv verbunden werden mussten. Vater und Tochter waren wegen eines zwischen ihnen bestehenden Inzestverhältnisses noch von der königlich-bayerischen Justiz zu unterschiedlich langen Freiheitsstrafen verurteilt worden.[28] Inwieweit diese Verurteilungen die innerfamiliären Verhältnisse und den Status der Familie in ihrer Umwelt abgebildet haben, kann hier nicht entschieden werden. Fraglos erscheint jedoch, dass sie den Blick von außen auf die Familie beeinflusst haben und schon insofern Teil der Überlieferung des Falles geworden sind, die von Schenkel aufgenommen wird. Die unmittelbaren Einzelheiten des Ursprungs-Falles bleiben bei Schenkel unangetastet, doch werden die Namen verändert und die Tatzeit wird in die zweite Nachkriegsära des 20. Jahrhunderts verschoben. Damit werden Konstanz und Wandel der sozialen Verhältnisse, aber auch die Einübung von Gewalt und deren womöglich affektuelle Auslöser zu zentralen Themen, an denen die Lektüre nicht vorbeigehen kann. Vor- und Nachkriegszeiten und das ›Dritte Reich‹ bilden die ›historischen Folien‹ für beide Romane Schenkels.

Schon mit dem Fall Hinterkaifeck verbinden sich die Anmutungsqualitäten, die in *Tannöd* ausgespielt werden und die traditionell die literarischen Anschlussverarbeitungen von Strafverfahren und Kriminalfällen antreiben.[29] An erster Stelle steht das ›Täterrätsel‹, das mit der Frage nach der Motivation für die Tat verbunden ist und bei einem ungelösten ›Multicide‹ noch an Dringlichkeit gewinnt. Die ›Zeichenhaftigkeit‹ der Tat tritt angesichts des kriminalistischen Versagens in den Vordergrund und lässt das ›Verstehen‹ mit Blick auf die Unterscheidungen von Gut und Böse, Gesund und Krank, Arm und Reich schon als Grundlage für die Tätersuche erscheinen.

Joachim Linder

Buchcover *Tannöd*

Die Reihenfolge von Ermittlung, Deutung und Anschlussdeutung kehrt sich in der Textkonstruktion um, als ob die Kontextualisierung der Tat zum Täter führen müsste: Wie können die persönlichen, wie die sozialen Bedingungen beschrieben werden, dass sie gleichsam als Folie den Täter produzieren? Ermittlung kann als Aufgabe begriffen werden, die auf Erfahrung, Hermeneutik und Divinatorik zurückgreifen muss.

Discours und Histoire

Tannöd präsentiert sich in 42 Kapiteln, deren Umfang zwischen knapp einer Seite und etwa fünf Seiten variiert. Sechs dieser Kapitel sowie der letzte Abschnitt des 42. Kapitels bestehen aus kursiv gesetzten Zitaten aus der »Litanei zum Troste der armen Seelen«, die Teil der katholischen Begräbnis- bzw. Allerseelenliturgie (2. November) ist und die (imaginäre) Gemeinschaft aller Gläubigen im Angesicht des Todes zusammenführt. Von Anfang an ist also die Vergemeinschaftungsfunktion, die Seltzer der Gewaltdarstellung zuschreibt, in Schenkels Text vorhanden. Er setzt sich mit seiner diesseitigen Rekonstruktion an die Stelle des Gebets, in dem der toten Opfer gedacht wird. Mit dem Text wird die Gemeinschaft, die sich in Gebet und Gedenken und mit Blick auf das ›Jenseits‹ organisiert, abgelöst durch die der Leser, die sich virtuell versammelt. Deren Aufmerksamkeit wird auf das Diesseits der Opferproduktion gerichtet, sodass die ›Realität‹ der Gewalt in der Rezeption erfahrbar wird.

Ein einziges, nämlich das erste Kapitel, ist einem Ich-Erzähler zugeordnet, ohne doch als Zitat ausgewiesen zu sein. Damit wird die Recherche- bzw. Ermittlungssituation (*Tannöd*, S. 5) begründet: Das Ich berichtet davon, schon den ersten Nachkriegssommer im Dorf verbracht zu haben, das ihm als einer der wenigen Orte erschienen sei, der »nach dem großen Sturm« heil und eine »Insel des Friedens« geblieben war. Erst in den Jahren, in denen das Leben sich wieder »normalisiert« hatte, kam der Ort als »Morddorf« in die »Zeitung«. Der Gegensatz zwischen ›glücklicher Erinnerung‹ und aktuellem, schon medial produziertem Schauer wird zum Recherche-, aber offenkundig auch zum Schreibimpuls. Der Ich-Erzähler positioniert sich zur Dorfgesellschaft in genau der Distanz, die von ihm zwischen der Dorfgesellschaft und den Mordopfern auf dem Einödhof konstituiert wird, er stellt sich zugleich als fremd und vertraut dar. Aus dieser Position und scheinbar ohne Interessen bringt dieses Ich die Mitglieder der Dorfgesellschaft zum Sprechen und dazu, sich selbst preiszugeben, sich zu Zeugen zu machen, um damit jeweils als Medien für die Vergangenheit ausgestellt zu werden.[30]

Im Hauptteil des Textes wird zwischen 17 ›Aussagen‹ bzw. ›Interviewprotokollen‹ einerseits, und 18 erzählenden Passagen andererseits unterschieden, die durch unterschiedliche personale Perspektiven den im Prinzip auktorialen Zugriff der Erzählinstanz betonen und vor allem deren divinatorische Leistung konstituieren. Die Protokollkapitel tragen Namen, Alter und Stellung der ›aussagenden‹ Personen als Überschriften, während bei den Erzählsequenzen jeweils die ersten zwei oder drei Wörter in Fettsatz anstelle einer Kapitelüberschrift hervorgehoben sind. Die drei strukturbildenden Erzählsituationen (Litaneizitat, Aussageprotokoll, Erzählsequenz) sind darüber hinaus noch durch unterschiedlich gesättigte senkrechte Balken am Kapitelbeginn hierarchisiert: hellgrau für die Zitate, dunkleres Grau für die Protokolle, schwarz schließlich für die Erzählereinschaltungen bzw. die Ich-Passage des ersten Abschnitts. Schon durch diese Art der typografischen Präsentation vermittelt der Text den Eindruck eines ausgeprägten Ordnungsverlangens, das durch die halbrahmende Anbindung an den Ich-Erzähler personalisiert erscheint und auf die ›Normalisierung‹ nach dem ›großen Sturm‹ zu beziehen ist. Die Konfrontation des ›Morddorfs‹ mit sich selbst nimmt in diesem Kontext Züge eines fast zwanghaften Aufräumens an, in dessen Zusammenhang auch der Suizid des Täters steht, der am Ende, wenn schon nicht gezeigt, so doch angedeutet wird: Nachdem er selbst die abweichende Familie des Einödhofs mit Kind und Kegel ausgerottet hat, wird diesem Täter nur noch die Selbstvernichtung zugestanden, die zwar auch als Sühne und Geständnisbekräftigung zu verstehen ist, vor allem aber als logischer Schlusspunkt des Austilgens eines Ansteckungsherdes. In der Präsentation zeigt sich, dass die erzählerische Vergegenwärtigung der Gewalttaten auf Deutung beruht und zu einer Deutung zwingt; Ordnung wird in ihrer Gewaltdimension sichtbar und erzählerisch monopolisiert.

Die Zeitspanne erzählter Ereignisse reicht in *Tannöd* von der Wende zum 20. Jahrhundert bis zur Tatzeit in der Mitte der fünfziger Jahre.[31] Die Recherche scheint kurz nach der Tat einzusetzen, der Zeitpunkt des Erzählens bzw. Verschriftens wird nicht thematisiert. Mit der Verschiebung der Tatzeit in die Nachkriegszeit des Zweiten Weltkriegs und damit, bezogen auf ›Hinterkaifeck‹, um etwa dreißig Jahre näher an das Publikationsdatum kommt in *Tannöd* fast das gesamte 20. Jahrhundert in den Blick, sodass die ›Bilder‹ abrufbar werden, zu denen die Vergegenwärtigungen der Katastrophen der beiden Weltkriege gerinnen, wobei vor allem das Verhalten und die Leiden der ›kleinen Leute‹ thematisiert werden. Und dies verbindet sich mit den unterschiedlichen Vorstellungen von ›Multicides‹, die ebenfalls Produkt der erzählten Zeitspanne sind.

Den Einödhof von *Tannöd* bewohnen zur Zeit der Tat drei Generationen, die sich von der Dorfgesellschaft weitgehend zurückgezogen haben, bei der sie, freundlich ausgedrückt, als ›Eigenbrötler‹ gelten, was wesentlich auf das Verhalten des Altbauern zurückgeführt wird. Er und die Altbäuerin sind in der Zeit vor der Wende zum 20. Jahrhundert geboren, ihre Heirat fand kurz nach dem Ersten Weltkrieg statt. Danner hatte als Knecht auf dem Hof gearbeitet, dessen ›Herr‹ er nach der Heirat mit der Erbin wurde. Gleich nach der Hochzeit zeigte er sein »wahres Gesicht«, seine Bösartigkeit und seine Gewalttätigkeit steigerten sich noch während der Schwangerschaft und hatten einen Höhepunkt, als sie ihr Kind während der Feldarbeit zur Welt bringen musste. (*Tannöd*, S. 60 f.) Auf dem Hof herrscht eine ›asoziale‹ Macht, die sich in Gewaltausübung, aber auch in deren Hinnahme äußert. Die Konfliktkonstruktionen aktivieren insofern den Vorrat, der schon in der realistischen und naturalistischen Dorfliteratur angelegt ist. So werden die Abweichungen hervorgebracht, die ›von außen‹ zwar vermutet, aber erst literarisch zur Evidenz gebracht werden können. Im Rückgriff auf die Bild- und Sprachspeicher macht sich die Unzulänglichkeit der Selbstdeutungen bemerkbar, etwa wenn es aus der Perspektive der Altbäuerin heißt: »Sie war ihm verfallen, ihm untertan, ihm hörig«. Die Erzählinstanz stellt Distanz her zur generationenübergreifenden bäuerlichen Lebensweise, deren mediale Überlieferung offenkundig ist: »Sie wuchs in einer kalten, bigotten Umgebung auf. Keine Zärtlichkeit, keine sanfte Umarmung, in der ihre Seele sich hätte wärmen können, kein mildes Wort. Das Leben, das sie führte, war geprägt vom Rhythmus der Jahreszeiten und der damit verbundenen Verrichtungen auf dem Hof, sowie vom im strengen Glauben umgrenzten Leben ihrer Eltern.« (ebd.)

Das Herrschaftsverhältnis des Altbauern zu seiner Ehefrau setzt sich fort in dem zu seiner Tochter, doch es wandelt sich auch und führt zur Zerstörung der ganzen Familie. Barbara fürchtet sich zunächst vor der Gewalt, entwickelt dann Ekel und glaubt schließlich, den Vater von sich abhängig, das Machtverhältnis umgekehrt zu haben. »Ihr Abscheu vor ihrem Vater und Männern insgesamt nahm immer mehr zu.« (*Tannöd*, S. 115) Die Wendung gegen die herkömmlichen Ordnungen ist in der Dorfgeschichtenliteratur präformiert, und zwar auch insofern, als mit dem Aufstieg des Knechts zum Herrn auf dem Hof die Zerstörung der familiären, sozialen, aber auch der symbolischen Ordnungen verbunden wird. Von dieser Zerstörung sind an erster Stelle die Frauen betroffen, und zwar in den Eigenschaften der Zärtlichkeit und Wärme, die ihnen in diesen Ordnungen zugeschrieben werden.[32] Wenn sich der Leser auf diese Weise ›im Kopf der Opfer‹ findet, dann so, wie er es aus der *True-Crime*-Literatur kennt, die ihn ›in the mind of the killer‹ zu versetzten behauptet: Er wird mit den populären Vorstellungen und Bildern dorthin projiziert.[33]

Beobachtung

Die Ordnung der 17 ›Aussagen‹ folgt in *Tannöd* einem Ermittlungsmuster, das die Bewohner des Dorfs als Beobachter des exzentrischen Einödhofs in den Blick rückt. Doch hat diese Beobachtung allenfalls indirekt präventive Funktionen. Über den Missbrauch der Tochter durch den Vater wurde möglicherweise gesprochen, doch wurde der Inzest offenkundig nicht als eine Störung wahrgenommen, die ein Eingreifen der staatlichen oder kirchlichen Instanzen verlangt hätte. Er führte allenfalls zur weiteren Distanzierung, die den ›alten Danner‹ nicht daran hindern konnte, seine Herren- und Vatermacht uneingeschränkt auszuüben, sobald er sie einmal durch die Heirat mit der Hoferbin usurpiert hatte. Durch den Blick der Beobachter werden Raumgestaltung und soziale Binnendifferenzierungen mit den Anmutungen des Schauers und des *Gothic* ausgestattet, die das Krimigenre wesentlich beeinflusst haben.[34] Der Einödhof wird von diesem Standort aus zur ›verbotenen Zone‹ eines bösen Herrschers. Wie die Opfer erscheinen auch die Beobachter in einem ›Bann‹ gefangen, der handlungsunfähig macht und nur Gewährenlassen und allenfalls das Reden hinter vorgehaltener Hand zulässt. Und selbst dieses unterbleibt, wenn in der Beichte Barbaras der Beichtvater ›offiziell‹ von den Vorgängen auf dem Hof Kenntnis erlangen könnte. Statt die Beichte zu vollziehen, redet sich die Tochter ein, »ihr eigener Herr, ihr Herr« durch die Überschreibung des Hofes geworden zu sein. (*Tannöd*, S. 112 f.) Erst nachdem die Kinder des Hofes von der Schule fernbleiben und nachdem auch das Ausbleiben ›normaler‹ Tätigkeiten auf dem Hof den Nachbarn bewusst wird, und nachdem schließlich auch noch das Verhalten des Viehs auf dem Hof anzeigt, dass Arbeit unterbleibt, nachdem also klar sein muss, dass die gewohnte ›Herrschaft‹ auf dem Hof durchbrochen ist – erst danach betreten die Nachbarn den Hof und werden mit dem Ende des Schreckens konfrontiert.

Verbrecherische Gewalt wird dem ›Verstehen‹ zugänglich, wenn sie in ihren Entstehungsbedingungen, ihren Erscheinungsformen und ihren Motivationen zur Sprache gebracht werden kann, wenn also Handlung und Beobachtung aufeinander bezogen werden können. Darauf beruht die Konstruktion von *Tannöd*: Die Beobachtung von Gewalt wird in einem Rahmen inszeniert, der durch Nicht-Wissen-Wollen bestimmt ist, und in dem vor allem Gewährenlassen und Eingriffsverweigerung thematisiert werden. So könnte *Tannöd* auch für eine allegorische Lektüre im Hinblick auf die Naziherrschaft bereitstehen, die den ›Sturm‹ des Krieges herbeigeführt hat. Doch gerät eine derartige Lektüre schnell an die Grenzen, die durch die schauerromantische Ausgestaltung der Konflikte in der Familie gezogen werden. Die asoziale Gewalt des Vaters, der als Machthaber auf dem Einödhof die ganze Familie in den Untergang zieht, und die Figur des Mörders, der diesen Untergang herbeiführt, lassen sich nicht einspannen für politisch-historische Aufklärung. Sie bleiben den traditionellen Mustern der Selbstzerstörung durch und von Gewalt verhaftet.

Vergegenwärtigung

> »Die Tür steht leicht offen. Marie will sie schließen. Da bemerkt sie, wie sich die Tür langsam, knarrend immer weiter öffnet. Ungläubig staunend blickt sie auf den größer werdenden Spalt. / Marie ist unschlüssig, sie weiß nicht was sie tun soll. Steif und starr bleibt sie einfach stehen. Den Blick auf die Tür gerichtet. Bis sie ohne ein Wort, ohne eine Silbe von der Wucht des Schlages zu Boden fällt.« (*Tannöd*, S. 30)

Männer, die morden

Die Magd, deren Tötung als frühzeitig vergegenwärtigt wird, ist, folgt man der späteren ›Geständnis‹-Passage, das fünfte und vorletzte Opfer. (vgl. S. 124) Vom ›Blutrausch‹ (S. 123), in den sich der Täter im Stadel hineingesteigert hat, ist für den Leser nichts zu spüren. Er wird auch erst am Ende erfahren, dass der Täter zunächst Barbara, deren Tochter und das Altbauernpaar im Stadel erschlagen hat. Doch die erste Tatschilderung ist durch die Überraschung und die Handlungsunfähigkeit des Opfers charakterisiert. Der Text produziert Spannung und Schauer, indem er auch den Ablauf der Massentötung fragmentiert und verändert. Dabei wird die Magd zum ›Kollateralopfer‹, das im *Discours* die Hierarchie des Hofes stumm und wehrlos abzubilden hat. Auch Barbaras Sohn, der jüngste Hofbewohner, wird ›für sich‹ getötet. Josef wird gleichsam die Gegenposition zur Magd zugeschrieben. Er ist im Inzest zwischen Barbara und dem Altbauern erzeugt worden und der Täter hat für ihn die rechtliche Vaterstelle eingenommen. Er ist in mehrfacher Hinsicht der ›Erbe‹ und erscheint deshalb auch als Ziel der ganzen Ausrottungsaktion. Sein Leichnam wird von denen, die den Tatort durchsuchen, als letzter gefunden: »Im Schlafzimmer fanden wir schließlich den kleinen Josef in seinem Bettchen liegen. Auch er war tot.« (*Tannöd*, S. 73, als Beschluss des Berichtes von Johann Sterzer, S. 70–73)

Die übrigen vier Opfer finden sich, eins nach dem anderen, im Stadel ein[35] und werden an Ort und Stelle erschlagen, ohne dass von irgend einer Gegenwehr die Rede wäre (lediglich das erste Opfer, Barbara, wehrt sich zunächst gegen den Würgegriff des Täters). Das Bild von den Lämmern, die nicht einmal zur Schlachtbank geführt werden müssen, drängt sich auf, aber man kann auch, angesichts des maschinenhaften Nacheinanders an Schlachthöfe denken[36], sodass sich die Assoziation zur industriellen Menschenvernichtung während des ›Dritten Reiches‹ ebenfalls einstellt. Der Text erreicht diese Wirkung, indem er unterdrückt, was unmittelbar in den Sinn kommen muss, wenn man sich diese Tötungsvorgänge mit den üblichen medialen Erfahrungen vor Augen zu führen versucht, nämlich Lärm und Schreien der Opfer und das Blutvergießen. Hierher gehört auch, dass die Erzählinstanz die Tatvorgänge ›aus zweiter Hand‹ zu berichten scheint, indem sie einen speziellen Zeugen einführt. Dessen Reaktionen auf die Tatvorgänge werden geschildert; der Zeuge steht, oder liegt vielmehr, zwischen der Tat und ihrer unmittelbaren Anschauung, die unerträglich sein müsste: »Noch am Boden liegend, lässt der Mörder nicht von seinen Opfern ab, wütet, rast. / Auf dem Rücken liegend, muss Mich die Tat nicht mit eigenen Augen sehen.« (*Tannöd*, S. 119)

Der Kontext lässt keinen Zweifel: Es ist der Mörder, der im Stehen wütet und rast, während seine Opfer, und zwar eines nach dem anderen, am Boden liegen und totgeschlagen werden. Der erste Satz ist ungrammatisch, der Folgesatz inszeniert den Schrecken der Zeugenschaft. Und auf derselben Seite heißt es dann noch vom Täter: »Blind für alles in seinem Rausch, schlägt dieser zu, immer und immer wieder«. In diesen Passagen erweist sich die ganze dokumentarische Anlage des Textes als Kulisse, in der eine Deutungsinstanz ihren Auftritt vorbereitet und schließlich auch hat, und zwar als einzige ›sehende‹ Instanz des Textes. Darauf verweisen nicht nur diese ›schrägen‹ Passagen, sondern vor allem die Figur des Beobachters, des direkt-indirekten Tatzeugen in Gestalt des Hausierers, Gelegenheitsarbeiters und *Con Man* Michael Baumgartner, der im 20. Kapitel erstmals in einer Erzählpassage auftaucht, und zwar als »Mich, wie er von allen gerufen wurde.« (*Tannöd*, S. 52) »Mich« repräsentiert eine Erweiterung des recherchierenden Ichs aus dem ersten Kapitel. Er bewegt sich durch das Land als jemand, der die Leute zum Reden bringen kann (nicht zuletzt den Bauer auf dem Einödhof, der »›alte Depp‹ hatte ihm sogar von seinem Geld erzählt«, S. 55), und lebt nicht, »wie jeder glaubt«, von »Gelegenheitsarbeiten«, sondern »meist von Diebstählen, Einbrüchen und dem Ausbaldowern kleiner Straftaten«. Und so wird er zum Zeugen einer ›großen‹ Straftat gemacht, der, sobald der Weg frei ist, fortläuft, »in wilder Panik. Immer weiter weg von dem Haus, dem Hof, dem Grauen.« (S. 120) Versteckt auf dem Dachboden des Stadels wird er ein Zeuge, der zur Aussage nicht zur Verfügung steht. Er überlasst das Feld der Erzählinstanz, die sich im Dorf wie er selbst zu bewegen scheint und die Leute zum Reden bringt, damit sie ihm ihre Geheimnisse offenbaren, mit denen er dann sein Spiel treiben kann. Schenkels Text produziert eine bemerkenswerte Variante der Teichoskopie: Man bekommt keinen Zeugenbericht zu lesen, der sich in die fragmentarische und perspektivengebundene Wirklichkeitsproduktion der Interviewprotokolle einfügen ließe. »Mich«, der versteckte Beobachter, ist die Camouflage einer auktorialen Textinstanz, die das Geschehen scheinbar durch seine Augen und Ohren wahrnehmen kann, obwohl sie es erfinden muss.

Doch die Figur des Hausierers hat noch eine zweite Dimension: »Das Diebesgut bringt sein Schwager unter die Leute. Seine Schwester und ihr Mann haben einen kleinen Hof in Unterwald. Das Haus liegt geradezu ideal. Abseits, schwer einsehbar.« (*Tannöd*, S. 53) Die Beziehung zwischen den beiden Männern wird von der Frau gestiftet, Mich wird wie ein Lehrling in das zwielichtige Geschäft des Hausierens, Ausbaldowerns und in den kleinen »Ring aus Hehlern, Händlern und Handlangern« (ebd.) eingeführt, den der Schwager in den Zeiten des Schwarzhandels unmittelbar nach Kriegsende aufbauen konnte. Die Hausiererei hatte er schon vor und noch während des Krieges ausgeübt, denn wegen »einer Beinverletzung wurde er als Invalide vom Kriegsdienst befreit. ›Der Adolf brauchte Männer, keine Krüppel. Zum Krüppel machen konnte er sie ja selbst‹, lachte er immer.« (ebd.) Schon beim Altbauern und Mordopfer Danner wird die Kontinuität abweichender Lebensentwürfe angedeutet. Das ›Dritte Reich‹ wird nicht als Einschnitt verstanden, weder im Hinblick auf das Verständnis von Kriminalität und ihren Ursachen noch im Hinblick auf den Wandel des polizeilichen Verfolgungsdrucks auf die Kriminalität. Dabei sind die Erinnerungen an Massenliquidierungen und Menschenvernichtungen unübersehbar, ›der Krieg‹ ist noch allgegenwärtig, doch nicht umsonst als der ›große Sturm‹, als ein unbeeinflussbares Ereignis, das auf die prinzipiellen sozialen Regeln, auf Einhalten, Abweichen und Verfolgen bzw. Gewährenlassen keinen Einfluss zu haben scheint.

Der Täter und der Dämon

Das Geständnis Hauers, des Täters, wird doppelt hervorgehoben: Es steht unmittelbar am Ende des Textes, und gleichzeitig scheint die auktoriale Erzählinstanz wieder hinter eine unmittelbare Beobachterin zurückzutreten. Doch wie »Mich«, der die Tat beobachtet, tritt auch die Geständnisadressatin Anna im Text nicht als befragte Figur auf. Wie »Mich« ist auch Anna, Hauers Schwägerin, nicht Zeugin, sondern eine Erweiterung der Erzählinstanz, mit deren Hilfe jetzt die Deutung, die Herstellung der Täterfigur zu beobachten ist. Das Geständnis als Ich-Rede des Täters richtet sich an ein unmittelbares Gegenüber und wird als Interaktionsergebnis beobachtbar: ›Authentizität‹ kann auf diese Weise in Frage gestellt werden. (*Tannöd*, S. 121–125)

Anna war auf Hauers Hof gekommen, als dessen Frau, ihre Schwester, an Krebs erkrankt war. Sie hatte deren Pflege, aber auch den Haushalt und die Erziehung des Sohnes Hans übernommen – sozusagen die eine Hälfte der hausfraulichen Pflichten. (S. 96–98) Hauer konnte das Sterben seiner Frau nicht ertragen, er konnte die »Enge nicht spüren, die Begrenztheit des Lebens.« (S. 97) Er empfindet den Tod seiner Frau als Befreiung und wendet sich noch im »Trauermonat« Barbara zu: »Er zeigte keinerlei Scham und Schuldgefühl«. Doch mit der Geburt Josefs und Hauers Anerkenntnis der Vaterschaft änderte sich Barbaras Verhalten ihm gegenüber: »Sie verweigerte sich ihm immer öfter. Ihre Leidenschaft für ihn wich einer immer unverhohleneren Verachtung.« (S. 98)

Hauer war Kriegsteilnehmer und er ist offenkundig einer jener Krüppel, die Hitler zu verantworten hat. Das zeigt sich in seiner Unfähigkeit, die Sterbende in seiner Nähe zu ertragen, mindestens so sehr aber auch in der Aufspaltung der Rollen, die er den lebenden Frauen in seiner Umgebung zuweist und die ihn als defizitären Mann erscheinen lassen. Anna, von der Hauer die »Absolution« erhofft (S. 123), wird in dem Dreieck zwischen Hauer, ihr und Barbara, auf das Mütterliche und das Heilige festgelegt, sie wird zur Beichtmutter und lässt dies mit sich geschehen: »Anna hat ihren Arm um ihn gelegt und nur gefragt: ›Warum?‹ / ›Warum?‹ / Warum er in jener Nacht auf den Hof gegangen ist?« (S. 122) In dieser entrechtlichten Situation bricht sich der ›Geständniszwang‹ Bahn; der Gestehende will nicht verstanden werden, sondern Verständnis:³⁷ »Er erzählt weiter, die ganze Geschichte muss er ihr erzählen. Beichten muss er. Nicht nur die Mordnacht, nein, alles muss er loswerden. Wie ein reißender Strom bricht es aus ihm heraus.« (S. 123)

Hauer bezeichnet das ›Fremde‹, das ihn in der Mordnacht gesteuert habe, die »Hölle« in seinem Kopf, die etwas Allgemeines sei: »Der Dämon sitzt in jedem und jeder kann seinen Dämon jederzeit herauslassen.« (S. 125) Der Gestehende ist Teil der Welt, in der er lebt. Die Deutung seiner eigenen Gewalttat, seiner eigenen Verbrechen unterscheidet sich nicht von den Deutungen, die in dieser Welt im Umlauf sind. Der Täter hat keinen privilegierten Zugang zu ›seinen‹ Motiven, er spricht in der Sprache und den Bildern seiner Welt.³⁸ Hauers Selbstdeutung enthält nichts anderes als das, was die Pfarrersköchin sagt: Der Teufel hat die ganze Sippschaft geholt, sie ausgerottet, unschädlich gemacht. (S. 105–107) Und doch findet sich im Kontext der Geständnispassage auch ein Erzählerhinweis auf den Mechanismus der Ausbreitung von Gewalt: »Dabei war doch der Alte der Hund, das Vieh, nicht er.« (S. 123)

Barbara hatte ihn mit dem Hinweis auf den Vater abgewiesen: »Ihr Vater sei ihr tausendmal lieber gewesen als er, dieser nach Alkohol stinkende Waschlappen.« (S. 122) So wie Barbara das Opfer ihres Vaters ist, so wird Hauer zum Opfer Barbaras: Zwei Mal hintereinander erscheinen Täter als Opfer. Barbara missbraucht Hauer, fingiert Leidenschaft und Liebe, um Hauer zum Scheinvater zu machen. Sobald das gelungen ist, weist sie ihn ab, beschimpft ihn, um ihn loszuwerden, zeigt ihm ihre Verachtung. Sie hat ihn sich hörig gemacht, so handlungsunfähig, wie sie und ihre Mutter es dem Vater und Missbraucher gegenüber waren. Die missbrauchte Tochter sorgt, indem sie selbst zur Missbrauchstäterin wird, für die Fortsetzung der männlichen Gewalt. Darauf beruht die Logik der Ausrottung: Zwischen Tätern und Opfern besteht kein grundsätzlicher Unterschied mehr. Die Traumatisierung setzt sich fort, und mit ihr die Gewalt. Dieser Fortsetzungszusammenhang wird durch die Ausrottung angehalten, der noch das Kleinkind zum Opfer fallen muss, ehe es selbst zum Täter werden kann.

Fiktionalisierungsstrategien bei Poe, Schenkel und Schiller

Für diese Lösung, für diese Zurechnung der Massentötung, gibt es im Tatverlauf und am Tatort keine Indizien, die beim Lesen überprüft werden könnten; die Ermittlung in *Tannöd* besteht im Zuhören sowie in der Deutung und Ordnung des Gehörten, das schließlich in einen neuen Text überführt wird. Der Rechercheur ist Rezipient und Autor zugleich – und er ist auch insofern Täter, als seine Imaginationskraft die Tat der Vergangenheit vergegenwärtigt und die Gewaltursache noch gegen die Täterrede plausibilisiert. Die Lektüre wird schon durch den Hinweis auf den historischen Fall in die Fiktionalisierungsstrategie hineingezogen. Wo das Handeln des Täters zur Anschauung, wo seine Rede zu Gehör gebracht wird, geschieht dies distanziert und vermittelt, doch die Vermittlungsinstanzen bleiben unüberprüfbar. Die entscheidende Referenz für diese erzählerische Konstruktion ist in Edgar Allan Poes Dupin-Trilogie (1841/45) zu sehen, auch wenn diese vielfach literar- und medienhistorisch vermittelt ist.³⁹

Schon in Poes erster Dupin-Erzählung *The Murders in the Rue Morgue*⁴⁰ wird nach dem Täter eines *Multicides* gefahndet, der sich als wildes Tier, als der vom Furor des Imitierens getriebene Orang Utan erweist. Insofern ist die Abbildung der Gewalt in der Gewalt archethematisch für die Kriminal- und speziell die Detektivliteratur, die vom Bekannten auf das Unbekannte schließt. Für die Richtigkeit solcher Schlüsse steht am Ende nicht der Beweis, sondern die Evidenz, etwa im Geständnis des Täters. Dupins zweiter Fall – *The Mystery of Marie Rogêt* – beruht explizit auf dem realen Tod der Mary Rogers, der zur Zeit der Erstveröffentlichung offiziell noch nicht aufgeklärt war.⁴¹ Wie nach ihm Schenkel, verlegt Poe den Tatort (vom New Yorker in den Pariser Stadtraum) und verändert die Namen der Beteiligten. Freilich deckt Poe diese Veränderungen auf und identifiziert sie als Medienbeobachtungen: »The extraordinary details which I am now called upon to make public, will be found to form, as regards sequence of time, the primary branch of a series of scarcely intelligible coincidences, whose secondary or concluding branch will be recognized by all readers in the late murder of MARY CECILIA ROGERS, at New York.«[42]

Die fiktionale Rekonstruktion soll zur Lösung des Falles in New York führen und bildet einen Anwendungsfall der *Ratiocination*. Das fiktionale Konstrukt der Verbrechensgeschichte ist demnach ebenso ›real‹ wie die Rekonstruktion des Verbrechens im Ermittlungs- oder Strafverfahren. Und in beiden Bereichen produzieren sich ›Lösung‹ und ›Geschichte‹ gegenseitig: Kennt man den Täter, dann kann man ihm eine Geschichte anhängen; kennt man die Geschichte, dann findet man den Täter. Folgerichtig bewegt sich Dupin in der Marie-Rogêt-Erzählung Poes kaum aus dem Lehnstuhl. Er konstruiert die Geschichte des Verbrechens aus den Texten, die ihm vorliegen. Er stellt die Überlegenheit seiner Verbrechenshermeneutik unter Beweis, die auf der Kenntnis sozialer Mechanismen und ihrer spezifischen Wahrscheinlichkeiten einerseits beruht, die andererseits aber auch mit den Regeln und Interessen der medialen Repräsentation von Verbrechen rechnet.[43] Dieser selbstreflexiven Perspektive ist es geschuldet, dass Poes Text seine Leser nicht gänzlich mit den Schlüssen und den Spekulationen des Detektivs allein lässt, sondern deren Richtigkeit schon in der ersten Fassung durch die Fiktion einer Herausgebereinschaltung versichert: »[For reasons which we shall not specify but which to many readers will appear obvious, we have taken the liberty of here omitting, from the MSS. placed in our hands, such portion as details the following up of the [page 167:] apparently slight clew obtained by Dupin. We feel it advisable only to state, in brief, that the result desired was brought to pass; and that an individual assassin was convicted, upon his own confession, of the murder of Marie Rogêt, and that the Prefect fulfilled punctually, although with reluctance, the terms of his compact with the Chevalier. Mr. Poe's article concludes with the following words. Eds.]«

In Poes Erzählung wird der endgültige Wahrheitsbeweis gewissermaßen prozedural erbracht – im extradiegetischen Zeugnis darüber, dass die vertraglich zugesicherte Belohnung für den Ermittlungserfolg geflossen ist. Im Grunde dementiert Poes Text damit den Anspruch, den Fall der Realität mithilfe der Fiktionalisierung zu lösen. Die ›Wahrheitsfindung‹ und ihre Bindung an die Ermittlerfigur werden problematisiert, der indizienlose Ermittlungsplot kommt schon im ersten Versuch an sein Ende, weil die vollständige Bindung an die Erzählerphantasie keine ›Realität‹ hervorbringen kann. Wenn dann auch noch deren extradiegetische Versicherung ausbleibt, dann reduziert sich die Textfunktion auf die Vergemeinschaftung angesichts der Opferbilder.[44] Durch das Erzählen und die Verschriftung (die ihrerseits nicht ausdrücklich motiviert ist) wird das mediale, nicht unmittelbar beteiligte ›Publikum‹ in die Dorfgemeinschaft zwar nicht hineingezogen, aber zu ihrem (und nicht nur des Verbrechens) Beobachter gemacht: Gegenstand der Beobachtung ist demnach das Morddorf, das den Mord beobachtet. So wird der Beobachter dann aber auch zum Zeugen dafür, dass die ganze Familie und der Täter am Ende ausgerottet sind. Damit wird eine Erwartung erfüllt – die Literatur siegt über das Böse.

Das Morddorf wird insofern zum Exempel. Seine Bewohner geben Auskunft, doch sie werden nicht in Diskussionen verwickelt, sondern im dokumentarischen Gestus stillgestellt. Sie repräsentieren die Unbelehrbarkeit, die der Gewalt erst die Möglichkeiten verschafft. Das Dorf verliert unter der Zudringlichkeit des Recherchierens die Eigenschaften eines geschlossenen, auf sich selbst bezogenen Raumes. Ihm wird gleichsam die ›vierte Wand‹ weggenommen. Unter diesem autoritär-detektorischen Zugriff durch die Erzählinstanz werden die Täter-Opfer-Grenzen geradezu programmatisch aufgehoben, und zwar zugunsten einer Ordnung des Erzählens, die beim Leser keine Zweifel über die jeweiligen hierarchischen Erzählerpositionen lässt.[45] Man kann Schillers *Verbrecher aus verlorener Ehre* als weiteren literarhistorischen Referenztext für diese Präsentation nehmen und mit dessen Einleitung davon sprechen, dass sich in dieser »Manier« die »Usurpation des Schriftstellers« zeigt, der die »republikanische Freiheit des lesenden Publikums« nicht so sehr »beleidigt«, als vielmehr suspendiert. In Schillers Text werden die Deutungsperspektiven vorgeführt, aber doch offengehalten, und wo der Täter als Ich-Erzähler oder als Briefschreiber zu Wort kommt, positioniert er sich auf gleicher Höhe mit dem Erzähler, der ihm – »hören wir ihn selbst« – das Wort erteilt. Bei Schiller hat der Täter das letzte Wort: »Ich bin der Sonnenwirt«, was als Überwindung der Aktenbindung durch die Fiktion zu verstehen ist.[46] Schenkels Text endet mit dem »Amen« aus der Litanei für die Armen Seelen. In Schillers Fiktion ›behauptet‹ sich der Täter, bei Schenkel wird er abgeräumt und zum Gegenstand der Fürbitte.

Kalteis: Der Psychopath und die Literarisierung der Nazijustiz

Mit *Kalteis* wird die Großstadt in den Blick gerückt und mit ihr die Gewalt, die scheinbar zufällig jede Frau zum Opfer machen kann. Auch hier wird durch die fragmentierte Präsentation in wechselnden Formaten und Perspektiven (Erzählpassagen, Aussagen, Zitate) die ›Grenzständigkeit‹ des Textes zwischen Faktizität und Fiktionalität hervorgehoben, ohne dass Zweifel darüber aufkommen kann, dass die namen-, ort- und zeitlose Erzählinstanz die Herrschaft über den Text ausübt. Im zweiten Roman Schenkels verfügt die Erzählinstanz über einen ›bekannten‹, schon dingfest gemachten Täter, das ›Täterrätsel‹ wird auf die Motivationsebene verschoben, während die Strafverfolgungsinstitution noch bei ihrer Arbeit beobachtet werden kann. In *Kalteis* stellt sich demnach drängender als in *Tannöd* die Gerechtigkeitsfrage, denn beide, der Täter wie seine Ermittler, repräsentieren auf je eigener Ebene Gewalt und Terror. Damit stellt sich aber auch die Frage nach der Legitimität der Fiktionalisierung des ›authentischen Falles‹, der in den Akten und den Anschlussverarbeitungen aus der Zeit des ›Dritten Reiches‹ überliefert ist.

Kalteis umfasst 23 Kapitel[47], bei denen durch die Überschriften oder durch Kursivierung die jeweilige Erzählsituation kenntlich gemacht wird: Das erste Kapitel enthält im ersten Teil eine ›Aktennotiz‹, in der die Begnadigung des verurteilten Täters abgelehnt und sein Hinrichtungszeitpunkt bestimmt wird. Im zweiten Teil des Kapitels erlebt der Leser mit dem Verurteilten die letzte Nacht vor der Hinrichtung und diese selbst. Der etwa einseitige Text der Aktennotiz entspricht dem ersten Kapitel von *Tannöd*, in dem die Recherchesituation festgelegt und einem Ich-Erzähler zugeordnet wird. Wiederum kann man von einer halben Rahmung sprechen, mit der dem Erzählen die historische Folie und die Perspektive gegeben wird. Der in Frage stehende Kriminalfall wird zeitlich und örtlich situiert und zudem auf das nationalsozialistische Rechtssystem festgelegt (das sich z. B. seit dem 5. September 1939 auf die »Volksschädlingsverordnung« berufen konnte).[48] Gleichzeitig deutet der Verfasser der Aktennotiz den Fall Kalteis im Rahmen nationalsozialistischer Rechts- und Kriminalitätsvorstellungen und verfügt aus dieser Sicht die Geheimhaltung des gesamten Verfahrens. Tatsächlich zeigt seine Argumentation, dass die nationalsozialistische Strafverfolgung über lange Zeit versagt hat, denn die »Taten«, die »nur auf dem Nährboden der Weimarer Republik gedeihen« konnten, haben »selbst nach der Machtergreifung« nicht abgenommen. Die »treuen Volksgenossen« sollen keinesfalls durch Berichterstattung beunruhigt und verunsichert werden. »Die Deutsche Volksgemeinschaft ist gesund und soll weiterhin gesund bleiben. Volksschädlinge wie dieser sind deshalb aus ihr zu entfernen.« (*Kalteis*, S. 5)

Die Schwadronage dieser »Aktennotiz« setzt sich aus den Signalbegriffen der Nazikritik an der ›Systemjustiz‹ zusammen. Der Blick auf das eigene Versagen wird durch die Volksschädlingsrhetorik verstellt, obwohl der Vollzug der Todesstrafe zu diesem Zeitpunkt eine Selbstverständlichkeit ist, die keiner Begründung bedürfte. Man kann sich die Funktion dieser Aktennotiz literarhistorisch verdeutlichen, indem man auch sie auf die Fiktionalisierung des Kriminalfalles in Schillers *Verbrecher aus verlorener Ehre* bezieht: Dort appelliert die halb-rahmende Einleitung an den ›Geist der Duldung‹, der sich ebenfalls auf einen schon hingerichteten Verbrecher beziehen muss, aber einem Publikum gilt, das in seiner ›republikanischen Freiheit‹ selbst zu Gericht sitzen soll, und zwar über die Institutionen, die die Hinrichtung zu verantworten haben. An das schon ergangene und vollzogene Urteil wird ein Gerechtigkeitsmaßstab angelegt. Das heutige Publikum des Schenkel'schen Textes sieht sich unter verschärften Bedingungen den Fragen ausgesetzt, die Schiller schon stellte. Es muss Kalteis' Hinrichtung (und implizit die des Vorbildes Eichhorn, das in den Quellenangaben, o. p., aufgehoben ist) ebenfalls einer Gerechtigkeitsprüfung unterziehen. Dabei muss es sowohl

Joachim Linder

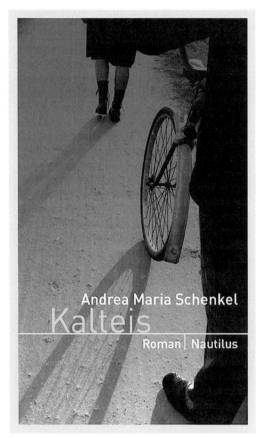

Buchcover *Kalteis*

das Rechts- und Gerechtigkeitsempfinden des damaligen Publikums berücksichtigen als auch die Tatsache, dass dieses Rechtsempfinden von der nationalsozialistischen Justiz bedient wurde. Zugespitzt: Kann Gerechtigkeit im Einzelfall auch in einem Rechtssystem produziert werden, das sich prinzipiell als Unrechtssystem darstellt?

Darauf liefert Schenkels Text keine explizite Antwort. Doch er eröffnet seinen Lesern aus dieser Frage einen Ausweg, indem er sich der Empathie überlässt: Gleich im zweiten Teil des ersten Kapitels öffnet die auktoriale Instanz das Innere des Verurteilten in der letzten Nacht vor seiner Hinrichtung: »Nichts, nichts ist geblieben, ein endloser Raum aus Nichts, nur Leere.« (*Kalteis*, S. 6) Nicht nur, dass damit der Anschluss an das jahrhundertealte Genre der ›Hinrichtungsberichte‹ gefunden wird, die der Erbauung angesichts des Justiztheaters genau so dienten, wie sie den Verurteilten zum Exempel für die Abschreckung machten. Vielmehr fällt damit auch eine Entscheidung für das Interesse des Textes, der Täter und Opfer kontrastieren wird und in der Justiz lediglich die Institution der Ermittlung, der Aufklärung des Falles und der Produktion von Texten sehen wird – von Texten, aus denen der neue Text, derjenige der Deutung, entsteht. Gleichzeitig zeigt sich der verurteilte Täter in seiner ganzen Armseligkeit: Ist der Serienkiller einmal dingfest gemacht und verurteilt, dann verliert er alle seine Macht, und die Empathie stößt nicht etwa an ihre Grenzen, sie zeigt vielmehr die seinigen. Sie ermächtigt sich an ihm, um sich dann den Opfern zuzuwenden.[49] Dem Leser wird im ersten Kapitel die traditionelle Erbauungsgeschichte als Rahmen für die Kriminalitätsdeutung angeboten, sodass er sich den Fragen der deutschen Justizgeschichte gar nicht erst aussetzen muss. Auch die professionelle Literaturkritik, so weit ich sie überblicken kann, ist mit keinem Wort auf das Rechtssystem eingegangen ist, dem der Fall Kalteis/Eichhorn entnommen ist. *Kalteis* überlässt sich an keiner Stelle der Reflexion des medialen Zugriffs, den schon die Justiz auf ihre Fälle hat. Angesichts der Monstrosität der Verbrechen, die der Text darstellt, scheint sich jede Kritik an der Justiz und selbst an der Todesstrafe zu verbieten.

Mit dem zweiten Kapitel beginnt unter der Überschrift »Samstag« (*Kalteis*, S. 9) der Erzählstrang, mit dem »Kathie«, das letzte Opfer des Hingerichteten, fokussiert wird. Dieser Teil umfasst sieben Kapitel (2, 5, 11, 14, 17, 19, 21) und einen Zeitraum von acht Tagen. Dagegen konstituieren die Kapitel 3, 12, 15, 18, 20 und 22 unter den Vornamen früherer Opfer den Zeitraum, in dem Josef Kalteis ungestört seine Gewalttaten begehen konnte. Dieser Handlungsbereich wird biografisch vervollständigt durch die Kapitel 6, 8 und 10, in denen unter der Überschrift »Walburga« die Ehe Kalteis' aus der Perspektive seiner Frau rekonstruiert wird. Schließlich enthalten die Kapitel 4, 7, 9, 13, 16 und 23 das (selbstverständlich fiktionale) Protokoll der Vernehmung des Täters durch den »ersten Staatsan-

Das Tätertier, sein Raum und seine Beute

Kalteis konstituiert die Stadt und ihre unmittelbare Umgebung als Raum, in dem sich Täter und Opfer bewegen und so zusammentreffen, dass sich die Dynamik des gewalttätigen Geschehens wie eine Beutejagd entfalten kann. Kalteis streift durch München und die Umgebung, wenn möglich mit dem Fahrrad und ist stets ›auf der Jagd‹: Der Teufel, als der er auf dem Klappentext angekündigt ist, geriert sich als Raubtier, das seinem Trieb folgt wie der Mörder in *Tannöd* seinem »Dämon«. Und er trifft stets auf eine ›Beute‹, die sich exponieren muss, weil es für sie und ihre Bedürfnisse keine geschützten Räume gibt. Entsprechend weist das München des Textes auch kaum historische Besonderheiten auf. Seine Bürger und Kleinbürger, seine Proletarier und Subproletarier finden sich an den Orten (Arbeitsplätzen, Wirtshäusern, Biergärten) ein, die mit München spätestens seit der Wende zum 20. Jahrhundert stereotyp verbunden werden. Die Stadt ist der ›Sehnsuchtsort‹ der Hauptfigur Kathie, sie hofft hier den unerquicklichen Familienverhältnissen in ihrem Heimatdorf zu entkommen – und trifft auf den »Teufel«, vor dem die Mutter sie gewarnt hatte. Die (Mit-)Schuld der Opfer ist insofern von Anfang an Thema. Die Mutter hatte Kathies Sehnsucht Vorschub geleistet, als sie ihr einen »Perlenkragen aus München« mitgebracht hatte, gleichzeitig hatte sie ihre Tochter gewarnt, als sie deren Phantasien wachsen sah: »Du schaust so lange in den Spiegel, bis dir der Teufel selbst entgegenschaut.«[50] (*Kalteis*, S. 11) Die Mutter kennt die Entkommenswünsche und kann sie im Rahmen ihrer Arbeit ausagieren. Doch dieses Vorbild kann die Tochter nicht retten: Kathie flieht, rennt in ihr Unglück und erfüllt damit eines der Konfliktmuster der Stadt-Land-Literatur. Wo aber beispielsweise Lena Christs »Rumplhanni«[51] der ausweglos erscheinenden Situation auf dem Land Handlungsfähigkeit abgewinnen kann, bleibt Kathie naiv dem Traum von einem Glück verhaftet, das sich rückwärtsgewandt in familiärer Geborgenheit erfüllen müsste. (vgl. *Kalteis*, S. 52 f.: der Traum von der Großmutter) Für die Tour, mit der sich die Rumplhanni nach oben arbeitet, ist Kathie nicht zu haben, sie lehnt gleich am Montag ihres Aufenthalts die Anstellung als ›Kuchelmensch‹ ab – und entscheidet sich damit für die andere Variante der Geschichte von einer, die auszog, um entweder das Glück oder den Tod zu finden.

In *Tannöd* gibt es Beobachtung und Verdacht: Der Einödhof bleibt exzentrisch, seine Mauern verdecken, seine zurückgezogenen Bewohner machen misstrauisch, doch es rührt sich in der Umgebung keine Hand für die Familienmitglieder, die ihrem Vater-Herrn ausgeliefert bleiben, bis sie als Leichen aufgefunden werden und man sie als Opfer des Teufels (ihres eigenen Fehlverhaltens, dessen sie immer verdächtigt wurden) unter feierlichem Gepränge und in Anwesenheit der Medien auf dem Friedhof entsorgen kann. (s. *Tannöd*, S. 103 f.) Anders die Münchner in *Kalteis*, die nicht nur ein waches Auge auf ihre Nachbarn zu haben scheinen, sondern sich auch für sie einsetzen. Gleich »Gerda«, dem ersten Opfer, das noch lebend davon kommt (*Kalteis*, S. 15–21), wird nachbarlicher Zuspruch zuteil, während andere Frauen den Angreifer verfolgen und dingfest machen wollen, obwohl sie seine körperliche Überlegenheit erkennen. Doch der Mann, der seinem Trieb in aller Öffentlichkeit (»vor unserem Gartenzaun«, S. 16 f.) nachgegeben hatte, ist nicht nur zu stark, sondern auch zu schlau und zu wendig, um sich einfach fangen zu lassen. In den ›Aussagen‹, die in die Opferkapitel integriert sind, finden sich immer wieder Hinweise auf eine Grundhaltung der Solidarität, mit der das Risiko kompensiert werden soll, dem die Frauen in der Stadt ausgesetzt sind. Doch gegen diesen Täter hilft weder Solidarität noch generelle Aufmerksamkeit, die im Übrigen an der Wohnungstür aufhört. Den ›Herrn im Haus‹ hindert niemand an der Gewalt gegen die Ehefrau, die erst nach langem Leiden die Trennung einleitet.

Von Opfer zu Opfer steigert sich die Intensität der Tatdarstellungen in *Kalteis*, um bei »Marlies« (dem vorletzten Opfer) zum Höhepunkt zu gelangen: »Selbst von der Toten ließ er nicht ab. Schnitt mit seinem Messer in ihren Körper. Schnitt ihr die Scham heraus. Der Körper gehörte jetzt ihm, er konnte mit ihm machen, was immer er wollte. Jetzt, da sie tot war, gehörte sie ihm ganz und gar. Sie war sein Besitz. Seine Erregung ließ nicht nach, steigerte sich, als er ihre Scham in seinen Händen hielt, das Stück herausgeschnittenes Fleisch. Daran roch. Daran leckte. Daran kaute, sich die Scham über sein eigenes Glied stülpte, sich so vorstellte, nun endlich in sie eindringen zu können. Endlich in sie eindringen. Zuletzt legte er der Toten das Stück Fleisch auf das Gesicht. ›Da, leck an dir selbst, friss dich selbst, Schlampe!‹« (*Kalteis*, S. 121 f.)

Auch Marlies ist kein ›zufälliges‹ Opfer; die Ursache für ihr Zusammentreffen mit Kalteis wird in der ›Aussage‹ ihres Mannes (S. 114–119) ausführlich zur Sprache gebracht. Er hatte sie »am Mittwoch, den 30. Mai 1934 [sic!], zum letzten Mal gesehen« (S. 114), als sie ihn in seinem Friseursalon besuchte. Der Blick wird auf ein normal-kompliziertes Verhältnis zwischen den Generationen gelenkt. Marlies wohnte mit ihrem Mann noch nach der Hochzeit bei ihren Eltern. Dabei habe es ständig Streitigkeiten zwischen Vater und Tochter gegeben: »wie zwei kleine Kinder, die im Sandkasten um ein Spielzeug streiten«. Marlies hatte bis zur Eheschließung »ganz gerne [...] als Kanzleiassistentin« gearbeitet. (S. 115) Ein Streit mit dem Vater war auch der Grund, warum Marlies an diesem Mittwoch einen Ausflug nach Starnberg machen wollte, und zwar gegen den Willen ihres Mannes: »Mir wäre es lieber gewesen, sie wäre in der Stadt geblieben.« (S. 116) Doch sie hatte ihn davor gewarnt, wie ihr Vater zu werden: »Ich bin eine erwachsene Frau.«

Mit diesen Details zum Leben einer jungen, ›modernen‹ Frau fügt sich Schenkels Text ohne Schwierigkeiten in die populären Diskurse zum ›Serial Killing‹ ein und lässt Marlies' Mann – *avant la lettre* – bestätigen, was Ted Bundy als Aussage in einem seiner zahlreichen Gefängnisinterviews zugeschrieben wird: »Women's liberation is another extraordinarily interesting thing, because women have a great deal more freedom to move here and there. They are no longer stuck in their homes. They are not watched over. It seems that it is happening in a geometric fashion. The more they expose themselves as victims to this potential behavior.«[52]

Die ›Normalität‹ des ›Serial Killing‹ ist in einer Konfabulationstradition entstanden, an dem spätestens seit »Jack the Ripper« (1888) aus den unterschiedlichsten Perspektiven gearbeitet wird.[53] Zu dieser Normalität gehört, dass von Serien- und Lustmördern Frauen umgebracht werden, die von der Gesellschaft, in der sie lebten, als Störerinnen angesehen wurden und mindestens einer diskursiven Abwertung ausgesetzt waren: Prostituierte, Stromerinnen, unverheiratete oder verwitwete Frauen, aber auch Kinder, die von ihren Eltern nicht hinreichend beaufsichtigt werden können. Serienmörder erscheinen im *true crime* und in Genredarstellungen nicht selten als Vollstrecker eines allgemeinen Willens, der nicht zum Ausdruck gebracht werden darf. Dass dann der Vollstrecker seinerseits schnell (im ›Sondergerichtsverfahren‹) weg muss, versteht sich von selbst. Auch insofern sind die oft überdeutlichen und überdeterminierten Gewaltdarstellungen in Serienkillerdarstellungen mit all ihren Wunden und Tatortinszenierungen funktional: Sie betonen die angeblich ausschlaggebenden ›intrinsischen‹ Motive für das Morden und verdecken gleichzeitig dessen gesellschaftlichen Funktionalität. Nie kann also die Ambivalenz der populären Serienkillerfigur deutlicher werden, als in dem Moment, in dem sie in den Kontext eines staatlichen Gewaltmonopols gestellt wird, das sich Massen- und Serienmörder *en masse* dienstbar machte.

»Der Teufel scheint auf dem Fahrrad unterwegs zu sein«, so wird auf der vierten Umschlagseite von *Kalteis* rezeptionssteuernd zum Kauf animiert, wohl primär um die Differenz zum Vorgängerroman aufzuweisen, dessen Konstruktion den Lesern Zugang zu einem eng begrenzten Raum und seinen internen Konflikten verschaffte. Ob dabei dem Lektorat die Anspielung auf Kleists Kohlhaas-Erzählung von 1810 bewusst oder unbewusst in den Text geflossen ist, muss offen bleiben. Bei Kleist jedenfalls heißt es, dass der Teufel in Sachsen auf den beiden kohlhaasischen Rappen unterwegs sei. Der mobile Teufel ist bei Kleist derjenige, dem die Obrigkeit in Gestalt des Kämmerers von Tronka für das allgemeine Durcheinander im Staat die Verantwortung zuschieben möchte. Der Teufel ist der Sündenbock, und die Berufung auf ihn beweist nur, dass die Unordnung da ihre Ursache hat, wo man mit ihm von der eigenen Verantwortung ablenkt.[54] Doch diesem Fingerzeig des berühmten

Vorgängers folgt Schenkels *Kalteis* in keiner Weise. Er verstellt sich diese Perspektive durch die Tierhaftigkeit des Täters einerseits, aber andererseits auch dadurch, dass die Verhörprotokolle einen ausgesprochen zivilen Staatsanwalt zu erkennen geben, der keinerlei Affinität zu den Strafverfolgungsorganen des ›Dritten Reiches‹ zeigt. Insgesamt erfährt man in Schenkels Text nicht, wie Kalteis von der Polizei dingfest gemacht werden konnte. Die Spuren, die er mit seinen Handlungen setzte, werden insofern nicht instrumentalisiert. Sie sind, soweit sie thematisiert werden, allein Zeichen für seine Persönlichkeit und können deshalb auch sein Geständnis triggern (s. u.).

Der Volksschädling als Vorbild

1942 legte der Mediziner Anton Ernst seiner Fakultät an der Universität München eine Dissertation vor unter dem Titel *Der Fall Eichhorn / ein weitere Beitrag zur Kenntnis des Doppellebens schwerster Sittlichkeitsverbrecher*, in der er den Fall des Eisenbahnfacharbeiters Johann Eichhorn auf gut vierzig Schreibmaschinenseiten rekapituliert.[55] Ernst hatte Einblick in die Verfahrensakten der Staatsanwaltschaft und des Sondergerichts aus dem Jahr 1939 erhalten und stellte den Fall in die Tradition der Lust- und Mehrfachmörder, die er vor allem den Publikationen von Erich Wulffen entnahm.[56] Ernst legt – wie der Titel schon andeutet – Gewicht auf die Exkulpation der lange Zeit erfolglosen Polizei und übernimmt offenkundig die Aktendarstellungen zu Eichhorns Modus Operandi, die dann auch Eingang in Schenkels Text gefunden haben: »Auf einer solchen Fahrt begegnete Eichhorn am 30.5.34 in der Nähe von Baierbrunn gegen Abend der damals 26-Jährigen ihm unbekannten A.Oe, die erst drei Wochen verheiratet war. Diese war auf dem Heimweg begriffen. Sie hatte nachmittags einen Ausflug durch den Forstenrieder Park nach Wangen gemacht. Eichhorn machte sofort kehrt, fuhr der Frau nach, riss sie vom Rade, packte sie am Hals und würgte sie. Er brachte dann seinem Opfer, als es sich heftig wehrte und zu schreien anfing, einen wohlgezielten Schuss in den linken Hinterkopf bei, der sofort tödlich wirkte. Anschließend schleppte er sein totes Opfer waldeinwärts. Zu einem regulären Coitus kam es dabei nicht, weil es bei Eichhorn bereits beim Berühren der Genitalien zur vorzeitigen Ejakulation kam. Da er aber noch in seinem Sexualrausch ein heftiges Kitzeln verspürte, schnitt er seinem Opfer mit dem langen Tranchiermesser die Genitalien heraus und stülpte sie über sein Glied. Darauf nahm er diese Leichenteile in den Mund und kaute daran herum. Nachdem sich aber sein Sexualrausch noch zum Blutrausch steigerte, zerstückelte er die Leiche unter Zuhilfenahme des langen Tranchiermessers. Er schnitt ihr die Mammae heraus und trennte den Kopf und die unteren Extremitäten ab.«[57]

Die dramatisierende Vergegenwärtigung dieses Tatvorgangs bleibt auch in Ernsts Dissertation ein Einzelfall, der für das doppelte Erkenntnisinteresse folgenlos bleibt: Weder wird mit ihr aus medizinischer Sicht die Frage der Zurechnungsfähigkeit Eichhorns diskutiert (diese steht für Ernst außer Frage), noch spielt sie im Hinblick auf das ›Doppelleben‹ des Täters eine über die Illustration hinausgehende Rolle. Sie bringt Eichhorn als Volksschädling zur Evidenz, dessen unauffälliges öffentliches Alltagsleben ihn erst zu seinen monströsen Verbrechen befähigt. Der Sexualverbrecher Eichhorn repräsentiert eine Spielart der nationalsozialistischen Psychopathenvorstellung.[58] Und an diese knüpft Schenkels Text auch dort an, wo er im letzten Kapitel die Geständnissituation schildert, mit der das fiktive Protokoll seiner Vernehmung durch den Staatsanwalt abgeschlossen wird. (*Kalteis*, S. 149–154)

Das Geständnis wird durch den Vernehmenden getriggert: Er konfrontiert Kalteis zunächst mit Fotografien, die sein letztes Opfer zeigen, dann mit Zeitungsausschnitten, die vom Mord berichten, schließlich mit der mumifizierten Vulva, die Kalteis einem seiner Opfer herausgeschnitten hatte. Das Opfer und die Tat werden ihm symbolisch vor Augen geführt, in einer sich steigernden Inszenierung, deren erfolgreiche Logik sich an der Quasiteleologie orientiert, mit der durch die erzählerische Konstruktion die sich steigernde Brutalität des Täters suggeriert wird.[59] Befragt, warum er dem Mädchen die Vulva bei lebendigem Leib herausgeschnitten habe, antwortet Kalteis: »Das stimmt nicht! Das ist eine Lüge! Sie war tot! Tot! Hören Sie mich, sie war tot!«

Joachim Linder

Glaubt man der Darstellung des Eichhorn-Falles bei Kathrin Kompisch und Frank Otto,[60] dann gab es diese dramatische Verhörszene im Fall Eichhorn nicht. Sie soll in Schenkels Text aber zeigen, wie ein Geständnis hervorgebracht wird und wie Kalteis den Ton wechselt, sowie er erkennt, dass er in die Falle der Verhörinszenierung gegangen ist. Er zeigt sich dabei ganz als berechnender, eiskalter Verbrecher, der sich noch einen Vorteil ausrechnet, wenn er in aussichtsloser Situation seine Untaten zugibt (S. 152 f.): »Sagen Sie, werden Sie mir helfen, wenn ich Ihnen alles sage? Ich war es nicht, es ist der Trieb in mir. Ich kann nichts dagegen machen, es drängt mich, ich muss raus, ich muss mir was suchen Ich kann nicht anders. Werden Sie mir helfen?«

Auch wenn dieses Verhör in den Akten des Falles Eichhorn nicht aufgezeichnet sein sollte, so ist es doch nicht erfunden, und zwar weder als Inszenierung noch im Hinblick darauf, dass sich der Täter jetzt auf den Trieb beruft, gegen dessen Steuerungsenergie er sich als Person nicht wehren kann. Letzteres findet sich so eindrucksvoll wie wirkungsmächtig in der Schlusssequenz des Filmes M – EINE STADT SUCHT EINEN MÖRDER (1931) von Fritz Lang und Thea von Harbou.[61] Was aber die Verhörsituation angeht, so hat sie in wesentlichen Einzelheiten ihr Vorbild in den romanhaften Darstellungen des Falles Ogorzow, deren erste vom seinerzeitigen Geschäftsführer der Reichsschrifttumskammer Wilhelm Ihde unter Anleitung von Polizeibeamten des Reichssicherheitshauptamtes verfasst wurde. Die zweite veröffentlichte Horst Bosetzky 1995 unter dem Titel *Wie ein Tier*.[62] Ogorzow war ebenfalls Eisenbahnarbeiter und Nationalsozialist, er traf seine Opfer in S-Bahnzügen und in Laubenanlagen, auch nach ihm wurde jahrelang vergeblich gefahndet. Und auch er bittet den Verhörbeamten um Hilfe und erweist sich, als er sein Geständnis ablegt, als kleine »Ratte« (Bosetzky), für die der Beamte auch noch unpassendes Mitleid empfinden kann, sobald sie gefangen ist und unschädlich gemacht werden kann.

Kalteis verschließt sich nicht nur dem Blick auf den Serienmörder als Vollstrecker eines allgemeinen Willens im Terrorstaat, der Text nimmt auch die Ambivalenz zurück, mit der die Figur des intelligenten, kultivierten Mörders ausgestattet wurde, um den ›Profiler‹ zum Opponenten machen zu können. Die Figur des Josef Kalteis wird ganz auf das Tier reduziert, das mit allen Mitteln daran gehindert werden muss, weiter Beute zu machen. Die Polizeiarbeit muss, da sie in diesem Sinne erfolgreich ist, nicht weiter thematisiert werden. Darin steckt gleichwohl auch die Antwort auf die Frage, ob die Fiktionalisierung der Aktentexte aus dem ›Dritten Reich‹ legitim sein kann.

Der Blick auf die Gewalt

Sowohl *Tannöd* als auch *Kalteis* ermöglichen Blicke auf monströse Gewalttaten. Doch mit dieser Blickrichtung sollen keine Sensationsbedürfnisse befriedigt werden, es soll aber auch keine nachhaltige Beunruhigung hervorgerufen werden. Keiner der beiden Texte will die Ordnung stören, von der aus eine unerträgliche Störung betrachtet werden kann. Beide Texte führen Gewalt wie ein Bühnengeschehen vor, das ›Andere‹ hat seinen Ort jenseits der Rampe, vor der sich die Gemeinschaft der Zuschauer versammelt. Die Gewalt bezeichnet in dieser Aufführung nur sich selbst. Das erzählte Geschehen setzt sich aus vertrauten Einzelteilen zusammen, deren Re-Kombination und Deutung ganz der Erzählinstanz überlassen werden können oder überlassen werden müssen. Die Verantwortlichen für die Gewalt werden benannt, gezeigt und wieder zum Verschwinden gebracht. Doch damit werden weder unsere Vorstellungen von der ›Realität‹ der Gewalt noch die gängigen Strategien für ihre ›Bekämpfung‹ in Frage gestellt. Im Grunde lassen die beiden Texte alles beim Alten. Die Risikobereitschaft, die sich in der erzählerischen Präsentation auf genreuntypische Weise andeutet, findet in den Deutungsperspektiven keine Entsprechung. Darin mag man den Hauptgrund für ihren Erfolg sehen. ❑

Anmerkungen

1. Andrea Maria Schenkel (2006): *Tannöd*. Kriminalroman. Hamburg: Edition Nautilus, hier zitiert nach der 10. Aufl. aus dem März 2007, Zitatnachweise im fortlaufenden Text.
2. Es gibt, mindestens in der deutschen Literaturwissenschaft, keinen Konsens über eine Definition für das kriminalliterarische Genre, vgl. exemplarisch

Thomas Wörtche (2000): *Kriminalroman*. In: *Reallexikon der deutschen Literaturwissenschaft* (Neubearbeitung des Reallexikons der deutschen Literaturgeschichte). Gemeinsam mit Georg Braungart hg. von Harald Fricke. Bd. II H–O. Berlin und New York, S. 342–345; Nusser, Peter (2003): *Der Kriminalroman*. 3., aktualisierte und erweiterte Auflage. (Sammlung Metzler SM 191) Stuttgart. – Spezifisch am Krimigenre sind weder seine Sujets (Verbrechen und seine Aufklärung, Strafverfolgung) noch seine Ausdehnung über alle Wertungsebenen der Literatur. Spezifisch am Krimigenre ist auch nicht, dass es als Medium der Selbstbeschreibung einer Gesellschaft dient und unterschiedliche literarische und außerliterarische Konzeptionen von Verbrechen kombinieren kann, sodass im Rahmen eines Krimis auch unterschiedliche Diskurse interferieren können (nicht etwa müssen): vom Recht über die Medizin zur Moral und zur Ökonomie. Spezifisch am Krimigenre ist der Grad seiner Institutionalisierung, die Verfestigung der mit ihm verbundenen Erwartungen und Erwartungserwartungen. Im allgemeinen Literatursystem differenziert sich ein spezifisches Krimisystem aus, das alle Systemteile für sich noch einmal abbildet. Der Erfolg dieser Binnendifferenzierung kann nicht weiter verwundern. Man muss sich nur daran erinnern, dass die Selbstbeschreibung einer Gesellschaft immer dann (aber nicht nur dann) in Gang kommt, wenn gegen eine ihrer Regeln verstoßen wird. Das führt, wiederum mit hohem spezifischem Institutionalisierungsgrad, das Strafrecht ständig vor.

3   Vgl. die Website *Deutscher Krimi Preis*, hier URL: http://www.krimilexikon.de/dkp/07.html (1.12.2008); *Kalteis* erhielt dann prompt auch den ›Krimi Preis‹ für 2008 (URL: http://www.krimilexikon.de/dkp/08.html, 1.12.2008).

4   Für Januar 2008 gab der Verlag 550.000 verkaufte Exemplare von *Tannöd* an und inzwischen hat sich der Text auch in Hörbuch-, Hörspiel- und Dramenfassungen durchgesetzt, außerdem feierte die Verfilmung am 19. November 2009 Premiere (TANNÖD; R: Bettina Oberli). Vgl. im Übrigen die Websites der Autorin (URL: www.andreaschenkel.de/index.html [1.12.2008], des Verlags (URL: http://www.edition-nautilus.de/proc.php [1.12.2008]) sowie der *KrimiWelt* auf arte.tv (URL: http://www.arte.tv/de/Willkommen/Kultur-entdecken/Buchtipps/Krimiwelt/954304.html [1.12.2008]).

5   Schenkel versäumte es freilich auch nicht, mit einem einschlägigen Lektüreprogramm zu beeindrucken, vgl. *Wirtschaftswoche* vom 14.10.2007, URL: http://www.wiwo.de/lifestyle/zittern-mit-dem-moerder-225794/ (31.12.2008).

6   Peter Leuschner (1978): *Hinterkaifeck: Deutschlands geheimnisvollster Mordfall*. Pfaffenhofen. Ders. (1997 und erneut 2007): *Der Mordfall Hinterkaifeck. Spuren eines mysteriösen Verbrechens*. Hofstetten.

7   Vgl. Tobias Gohlis in der *Welt* am 25.8.2008: »Falls die juristische Entscheidung zuungunsten von Andrea Maria Schenkel ausfiele, wäre dies, ästhetisch betrachtet, der Sieg der Kolportage über die Literatur, der Stillosigkeit über den Stil, des Provinzialismus über die Aufklärung«, URL: http://www.welt.de/kultur/article1132780/Viel_zu_billig_der_Streit_um_Tannoed.html (1.12.2008).

8   Andrea Maria Schenkel (2007): *Kalteis*. Roman. Hamburg: Edition Nautilus, Zitatnachweise ebenfalls im fortlaufenden Text.

9   Vgl. Michael Farin (Hg.) (1999): *Polizeireport München.1799–1999*. Mit Beiträgen von Christoph Bachmann u. a. [Katalog zur gleichnamigen Ausstellung im Stadtmuseum München, 1999]. München, S. 288–311.

10 Zu Detektion als Arbeit vgl. Hans-Otto Hügel (1978): *Untersuchungsrichter, Diebsfänger, Detektive. Theorie und Geschichte der deutschen Detektiverzählung im 19. Jahrhundert*. Stuttgart.

11 Ich folge insofern Peter Hühn (1987): *Der Detektiv als Leser. Narrativität und Lesekonzepte in der Detektivliteratur*. In: *Der Kriminalroman. Poetik – Theorie – Geschichte*. Hg. von Jochen Vogt. (UTB für Wissenschaft, Große Reihe 8147) München 1998, S. 239–254; Hühn bezieht sich auf Tzvetan Todorov (1966): *Typologie des Kriminalromans*. Ebd., S. 208–215; vgl. auch Tzvetan Todorov (1971): *La poétique de la prose*. Paris.

12 Zu erinnern ist in diesem Zusammenhang daran, dass das detektorische Genre von Anfang an die Konkurrenz ›privater‹ und institutioneller (aktenproduzierender) Ermittler thematisiert.

13 Zur Theorie der kriminalliterarischen Fallgeschichten vgl. u. a. Arne Höcker (2007): ›*Die Lust am Text.‹ Lustmord und Lustmord-Motiv*. In: *Lustmord: Medialisierungen eines kulturellen Phantasmas um 1900*. Hg. von Susanne Komfort-Hein und Susanne Scholz. Königstein/Ts., S. 37–51; Scholz, Susanne (2007): *Jekyll und Hyde, oder: zwei Seiten der Fallstudie*. In: *Fallstudien: Theorie – Geschichte – Methode*. Hg. von Johannes Sußmann, Susanne Scholz und Gisela Engel. Berlin, S.181–194; Nicolas Pethes (2005): *Vom Einzelfall zur Menschheit. Die Fallgeschichte als Medium der Wissenspopularisierung in Recht, Medizin und Literatur*. In: *Popularisierung und Popularität*. Hg. von Gereon Blaseio, Hedwig Pompe und Jens Ruchatz. Köln, S. 63–92.

14 Vgl. dazu allgemein Joachim Linder / Claus-Michael Ort (1999): *Zur sozialen Konstruktion der Übertre-*

tung und zu ihrer Repräsentation im 20. Jahrhundert. In: Dies. (Hg. in Zusammenarbeit mit Jörg Schönert und Marianne Wünsch): *Verbrechen – Justiz – Medien. Konstellationen in Deutschland von 1900 bis zur Gegenwart.* (Studien und Texte zur Sozialgeschichte der Literatur, Bd. 70) Tübingen, S 3–80.

15 Vgl. dazu auch Jean Murley (2008): *The Rise of True Crime: 20th-century Murder and American Popular Culture.* Westport, Conn. Vgl. dazu aus kriminologiehistorischer Sicht Peter Becker (1995): *Der Verbrecher als ›monstruoser Typus‹. Zur kriminologischen Semiotik der Jahrhundertwende.* In: *Der falsche Körper. Beiträge zu einer Geschichte der Monstrositäten.* Hg. von Michael Hagner. Göttingen, S. 147–173.

16 Mark Seltzer (2007): *True Crime. Observations on Violence and Modernity.* New York, S. 16. Der Untersuchungszeitraum, also Seltzers ›Moderne‹, erstreckt sich im Wesentlichen von der Mitte des 19. Jahrhunderts (mit Poes folgenreicher Reflexion der Genremöglichkeiten in der Trilogie der Dupin-Erzählungen) bis zur Gegenwart. – Im Hinblick auf die Vitalisierung von Gemeinschaft durch das Verbrechen und seine Medialisierung ist auf Stuart O'Nans jüngsten Roman zu verweisen: *Songs for the Missing.* New York 2008.

17 Mark Seltzer: *Wound Culture: Trauma in the Pathological Public Sphere.* In: *October 80* (Spring 1997), S. 3–26, hier S. 3 f. Ders. (1998): *Serial Killers. Death and Life in America's Wound Culture*, New York and London. Seltzers Konzeption geht zu nicht geringen Teilen auf J.G. Ballards Romanproduktion zurück, vgl. insbes. *Crash.* New York 1985.

18 Vgl. Jean Baudrillard (1995, ersch. 1996): *Das perfekte Verbrechen.* Aus dem Französischen übersetzt von Riek Walther. München.

19 Niklas Luhmann (1996): *Die Realität der Massenmedien.* 2., erweiterte Auflage. Opladen.

20 Vgl. Martin Lindner (1999): *Der Mythos ›Lustmord‹. Serienmörder in der deutschen Literatur, dem Film und der bildenden Kunst zwischen 1892 und 1932.* In: *Verbrechen – Justiz – Medien. Konstellationen in Deutschland von 1900 bis zur Gegenwart.* Hg. von Joachim Linder und Claus-Michael Ort in Zusammenarbeit mit Jörg Schönert und Marianne Wünsch. (Studien und Texte zur Sozialgeschichte der Literatur, Bd. 70) Tübingen, S. 273–305.

21 Vgl. dazu schon Karl Marx' *Abschweifung (ueber produktive Arbeit)* in *Theorien über den Mehrwert.* (Vierter Band des *Kapitals*) *Erster Teil. Erstes bis siebentes Kapitel und Beilagen.* Hier zitiert nach der Online-Version, URL: http://www.marxists.org/deutsch/archiv/marx-engels/1863/tumw/compact/add1-11.htm (1.12.2008).

22 Vgl. dazu schon André Jolles (1930): *Einfache Formen. Legende, Sage, Mythe, Rätsel, Kasus, Memorabile, Märchen, Witz.* (Konzepte der Sprach- und Literaturwissenschaft, Bd. 15) 6., unveränd. Auflage. Tübingen 1982; hier insbes. die Ausführungen zu Rätsel/Detektivroman und Kasus/Novelle.

23 Vgl. Greiner zur Belangbarkeit, außerdem die Entwicklung der kriminologischen Wissenschaften aus Psychologie, Medizin, Soziologie etc. – die alle stets auch auf literarische Quellen zurückgreifen – in vielerlei Hinsicht.

24 Vgl. Peter Becker (2002): *Verderbnis und Entartung. Eine Geschichte der Kriminologie des 19. Jahrhunderts als Diskurs und Praxis.* (Veröffentlichungen des Max-Planck-Instituts für Geschichte, Bd. 176) Göttingen.

25 Vgl. im Anschluss an einen Vortrag von Karl Härter unter diesem Titel: Joachim Linder: *Die Verbrechen der Söhne. Zur literarischen Konstitution und Reflexion eines ›Criminal-Bildes‹ im 19. und frühen 20. Jahrhundert* (im Druck).

26 Vgl. zur Begriffsgeschichte David Schmid (2005): *Natural Born Celebrities: Serial Killers in American Culture.* Chicago, IL, S. 70 f.; zum Folgenden die einflussreiche Taxonomie der *Multicides* bei Ronald M. Holmes und Stephen T. Holmes (1998): *Serial murder.* 2nd ed. Thousand Oaks, Calif.

27 Vgl. Franziska Lamott und Friedemann Pfäfflin (2008): *Sind Straftäter Tiere? Neue Strategien der Ausgrenzung und Kontrolle.* In: *Paradigmenwechsel im Strafverfahren! Neurobiologie auf dem Vormarsch.* Hg. von Irmgard Rode, Heinz Kammeier und Matthias Leipert. (Schriftenreihe des Instituts für Konfliktforschung Köln, Bd. 30) Berlin, S. 99–125.

28 Bei Meißner steht dies – gemeinsam mit der Kriegsheimkehrerproblematik – im Zentrum der Darstellung, in der die Muster des Gothic aktiviert und reflektiert werden; Tobias O. Meißner (2002): *Hiobs Spiel 1: Frauenmörder.* Frankfurt/M., Kapitel *Hinterkaifeck oder der Heimkehrer*, S. 163–240. ›Meißner‹ ist auch der Name des Ortspfarrers, der in *Tannöd* mit einer Version der Prägung der Tochter durch den Vater zu Wort kommt: »Lange habe ich geglaubt, [Barbara] würde unter der Herrschaft ihres Vaters leiden. Aber ich bin mir nicht mehr sicher. Die Barbara war doch schon sehr von ihrem Vater geprägt. Ich glaube, die beiden hat eine Hassliebe verbunden.« (*Tannöd*, S. 109).

29 Vgl. dazu Joachim Linder (1994): *Les Images du Crime entre Littérature et Justice: Construction et Traitement dans les Recueils de Cas Allemands du XIXe Siècle.* In: *Déviance et Société 18*, S. 171–187; Konstantin Imm (1991): *Der Fall Chorinsky/Ebergenyi: Der Weg vom Geschehen zu den Geschichten.* In: *Erzählte Kriminalität. Zur Typologie und Funktion von narrativen Darstellungen in Strafrechtspflege, Publizis-*

tik und Literatur zwischen 1770 und 1920. Vorträge zu einem interdisziplinären Kolloquium. Hg. von Jörg Schönert. (Studien und Texte zur Sozialgeschichte der Literatur, Bd. 27) Tübingen, S. 375–411.

30 Zur Problematik der Zeugenschaft speziell in fiktionalen Darstellungen (hier im Film) s. Jessica A. Silbey (2009): *A Witness to Justice. In: Studies in Law, Politics, and Society: A Special Symposium Issue on Law and Film*. Ed. by Austin Sarat. Bingley, UK, pp. 61–91.

31 Die Datierung geht aus der Nennung des Endes des Koreakrieges (1953), der Karriere Chruschtschows in der UdSSR (KP-Vorsitzender ebenfalls ab 1953) und schließlich der Heimkehr der »letzten Kriegsgefangenen« (1955) hervor – wobei unsicher bleibt, zu welchem Zeitpunkt die Recherche vorgenommen wurde (*Tannöd*, S. 86).

32 Vgl. nur Berthold Auerbach: *Die Geschichte des Diethelm von Buchenberg*. 1852 als Teil der *Schwarzwälder Dorfgeschichten* erschienen.

33 Vgl. Joachim Linder (2004): *Der Serienkiller als Kunstproduzent. Zu den populären Repräsentationen multipler Tötungen*. In: *Serienmord. Kriminologische und kulturwissenschaftliche Skizzierungen eines ungeheuerlichen Phänomens*. Hg. von Frank Robertz und Alexandra Thomas in Zusammenarbeit mit Wolf-R. Kemper und Sebastian Scheerer. München, S. 445–470.

34 Vgl. dazu ausführlich Maurizio Ascari (2007): *A Counter-History of Crime Fiction: Supernatural, Gothic, Sensational*. New York; Shani D'Cruze: ›*The damned place was haunted‹: The Gothic, Middlebrow Culture and Inter-War ›Notable Trials‹*. In: *Literature & History* 15/1 (May 2006) S. 37–58; Ellen Schwarz (2001): *Der phantastische Kriminalroman: Untersuchungen zu Parallelen zwischen roman policier, conte fantastique und gothic novel*. Marburg; Karen Halttunen (1998): *Murder Most Foul: The Killer and the American Gothic Imagination*. Cambridge, Mass.

35 Sie werden jeweils in ihren ›letzten‹ Minuten gezeigt – Marianne, die Tochter Barbaras, kann nicht einschlafen und möchte zur Mutter; die Altbäuerin im Gebet; der Altbauer darüber erzürnt, dass sich im Haus noch etwas regt; Barbara selbst kurz vor ihrer letzten Begegnung mit Hauer.

36 »Es geschieht alles so rasch und ist so geschmeidig in den Produktionsvorgang eingegliedert, daß kein Gefühl aufkommt« (Siegfried Giedion [1987]: *Die Herrschaft der Mechanisierung. Ein Beitrag zur anonymen Geschichte*. Mit einem Nachwort von Stanislaus von Moos. Hg. von Henning Ritter. Frankfurt/M., S. 276 [O.-Titel: *Mechanization Takes Command*. Oxford 1948]).

37 Zum Geständniszwang in der traditionellen Fassung vgl. die einflussreiche Konzeption von Theodor Reik (1929): *Geständniszwang und Strafbedürfnis. Probleme der Psychoanalyse und der Kriminolgoie*. In: Ders. et al.: *Psychoanalyse und Justiz*. Mit einer Einleitung hg. von Tilmann Moser. (Suhrkamp Taschenbuch 167) Frankfurt/M. 1974, S. 29–223. Grundlegend zu Geständnis und Geständnissen in den unterschiedlichsten Medien Michael Niehaus (2003): *Das Verhör. Geschichte – Theorie – Fiktion*. (Literatur und Recht) München.

38 Vgl. dazu Michael Schetsche (2004): *Der Wille, der Trieb und das Deutungsmuster vom Lustmord*. In: *Serienmord. Kriminologische und kulturwissenschaftliche Skizzierungen eines ungeheuerlichen Phänomens*. Hg. von Frank Robertz und Alexandra Thomas in Zusammenarbeit mit Wolf-R. Kemper und Sebastian Scheerer. München, S. 346–364.

39 Vgl. zum ›classical detective‹ bei Poe und Conan Doyle Alexander N. Howe (2008): *It didn't mean anything: A Psychoanalytic Reading of American Detective Fiction*. Jefferson, N. C., S. 11–66.

40 (1841) *The Murders in the Rue Morgue*; (1842/43) *The Mystery of Mary Roget*; (1844) *The Purloined Letter*.

41 Vgl. dazu Amy Gilman Srebnick (1995): *The Mysterious Death of Mary Rogers: Sex and Culture in Nineteenth-Century New York*. New York.

42 Zitiert nach der Ausgabe der *Tales* von 1845, und zwar nach der Digitalisierung auf der Website der Baltimore Poe Society, URL: http://www.eapoe.org/works/tales/rogetb.htm (3.1.2009).

43 »The fictional story can solve a real crime because, for Poe, crime operates according to a calculus of probabilities; crime, that is, works like a system« (Seltzer: *True Crime* [Anm. 16], S. 61)

44 Vgl. literarhistorisch extrem reflektiert Stewart O'Nan (2008): *Songs for the Missing*. New York.

45 Diese Stillstellung, mit der die ehemaligen Beobachter zu den wehrlosen Opfern einer Abwertung gemacht werden, wurde in der Literaturkritik positiv vermerkt: »Trotzdem birgt dieses Buch eine ganz besondere Aktualität: Es belegt die Alpträume, die falsch verstandener fundamentalchristlicher Glauben, wie man ihn überall in Bayern findet, verursachen kann. Und damit setzt Andreas Maria Schenkel einen Akzent – gegen blinden Glauben, für klares Denken.« (Ulrich Noller, 13.2.2006, zit. nach der Schenkel-Website, URL: http://www.andreaschenkel.de/4_2_1.html, 10.12.2008)

46 Friedrich Schiller (1786/1792): *Der Verbrecher aus verlorener Ehre. Eine wahre Geschichte*. In: F. S.: *Sämtliche Werke*. Auf Grund der Originaldrucke hg. von Gerhard Fricke und Herbert G. Göpfert. 5. Band. Darmstadt 1993, S. 13–35. Schillers Text spricht die ›natürliche‹ Ausstattung des Täters ebenso an wie

seine desolate soziale Lage, er hat die ökonomischen Kreisläufe im Blick, aber auch die gesetzgeberische Willkür, die Verbrechen produziert, wie die Haftanstalten als Ausbildungsstätten des Lasters.

47   Die Nummerierung wurde um der Deutlichkeit willen von mir vorgenommen.

48   Die Aktennotiz ist auf den »29. Oktober 1939« datiert und mit ›Heil Hitler‹ gezeichnet (*Kalteis*, S. 8).

49   Das ist ein gängiges Erzählmuster, das vor allem in den Darstellungen von Polizisten verwendet wird: Der lange gejagte Täter wird zum armen Würstchen, während der lange Zeit erfolglose Polizist sich an ihm schadlos hält und stärkt. Ausführlich dazu Linder: *Serienkiller* (Anm. 33).

50   Dieser Teufel trägt den Vornamen ›Josef‹ wie der Sohn, der in *Tannöd* aus dem Vater-Tochter-Inzest hervorgegangen ist.

51   Lena Christ (1917): *Die Rumplhanni*. München.

52   Stephen G. Michaud / Hugh Aynesworth (2000): *Ted Bundy: Conversations with a Killer. The Death Row Interviews*. Updated Edition of the New York Times Bestseller with foreword by Robert H. Keppel, Ph. D. President, Institute of Forensics. Irving, TX, S. 120–122.

53   Man könnte auch an zwei Jahrhunderte denken, wenn man berücksichtigt, dass in Richard von Krafft-Ebings *Psychopathia Sexualis* seit 1886 in zahlreichen Auflagen P.J.A. von Feuerbachs Fallgeschichte *Andreas Bichel, der Mädchenschlächter* aus dem Jahr 1808 als frühes Beispiel für einen Lustmörder tradiert wurde (Merkwürdige Rechtsfälle vorgetragen und herausgegeben von Paul Joh. Anselm Feuerbach. 2 Bde. Giessen 1808/11, Bd. 2, S. 1–30.)

54   Siehe Joachim Linder (2000): Mobilisierung und Diabolisierung der Zeichen. Zu Heinrich von Kleists Erzählung ›Michael Kohlhaas‹. In: Heinrich von Kleist: Michael Kohlhaas (1810). Mit Kommentaren von Wolfgang Naucke und Joachim Linder (Juristische Zeitgeschichte, Abtlg. 6: Recht in der Kunst) Baden-Baden, S. 131–163.

55   Ernsts Text wird im Quellenverzeichnis zu *Kalteis* aufgeführt, s. dort, o. p., nach S. 154.

56   Vor allem aus Ernst Wulffen (1928): *Der Sexualverbrecher. Ein Handbuch für Juristen, Polizei- und Verwaltungsbeamte, Mediziner und Pädagogen. Mit zahlreichen kriminalistischen Originalaufnahmen (Encyklopädie der Kriminalistik. Sammlung von Einzelwerken berufener Fachmänner*. Hg. von Kurt Langenscheidt). 11. Aufl. Hamburg.

57   *Der Fall Eichhorn / ein weitere Beitrag zur Kenntnis des Doppel- / lebens schwerster Sittlichkeitsverbrecher*. / Inaugural-Dissertation / zur / Erlangung der Doktorwürde / in der gesamten Medizin / verfasst und einer / Hohen Medizinischen Fakultät / der / Ludwigs-Maximilians-Universität München / vorgelegt von Georg Ernst / aus Ratibor / ___ / 1942, (44 masch. Bl, hier Bl. 10 f.).

58   Vgl. dazu ausführlich Joachim Linder (2003): *Feinde im Inneren. Mehrfachtäter in deutschen Kriminalromanen der Jahre 1943/44 und der ›Mythos Serienkiller‹*. In: *Internationales Archiv für die Sozialgeschichte der deutschen Literatur 28*, S. 190–227.

59   Darin ist im Übrigen ein weiterer Schnittpunkt mit der populären *Multicide*-Diskussion zu erkennen.

60   Kathrin Kompisch / Frank Otto (2003): *Bestien des Boulevards. Die Deutschen und ihre Serienmörder*. Leipzig: Militzke, S. 156–175. Auch dieser Text ist in Schenkels Quellenverzeichnis enthalten.

61   In der schon zitierten Aussage des Ehemanns im Fall Marlies wird im Übrigen der »Film Dr. Mabuse« erwähnt.

62   Axel Alt (d. i. Wilhelm Ihde) (1944): *Der Tod fuhr im Zug. Den Akten der Kriminalpolizei nacherzählt. Neuzeitliche Kriminalromane*. Berlin, Leipzig; Horst Bosetzky (2002): *Wie ein Tier. Der S-Bahn-Mörder. Dokumentarischer Roman*. 6. Aufl. München. S. auch das dokumentarische Fernsehspiel *Verdunkelung*, das 1976 vom ZDF ausgestrahlt wurde (R: Peter Schulze-Rohr). S. Linder: *Feinde im Innern* (Anm. 58).

Wenn Blicke töten

Anmerkungen zu Michael Powells PEEPING TOM

Von Manfred Riepe

»Which magazines sell the most copies? Those with girls on the front cover and no front cover on the girls.« (PEEPING TOM)

»Der Frauenmörder fand an der Unterseite der Leiche einen Schlitz, dessen Bestimmung ihm unklar blieb.« (Joachim Veil, 1984)

Michael Powells PEEPING TOM (Augen der Angst; 1960) ist ein Klassiker und zugleich ein Solitär. Als Paradebeispiel für filmischen Voyeurismus zählt er zu den meistinterpretierten Filmen überhaupt. Dennoch hat er, so meine ich, bis heute einen Rest von Geheimnis bewahrt. Der Film erzählt die Geschichte eines Serien- bzw. Lustmörders, der Frauen tötet, um dabei ihren angstverzerrten Blick zu filmen. Aber was genau will Mark Lewis, so der Name des Killers, in den Augen seiner Opfer sehen? Auf dieser Frage gibt es kaum eine befriedigende Antwort – obwohl Darstellungen von und Reflexionen über Voyeurismus im Film längst zu den geläufigsten Motiven des Kinos zählen. Insbesondere die eigentümliche Apparatur, die Mark Lewis als Tötungsinstrument ersinnt, bleibt rätselhaft. Das zeigt ein Seitenblick auf zwei zeitgenössische Filme, die der Thematik von PEEPING TOM überraschend nahekommen, ohne dessen Radikalität zu erreichen: Kathryn Bigelows STRANGE DAYS (1995) und Tarsem Singhs THE CELL (2000).

Doch zunächst zur Hintergrundgeschichte von PEEPING TOM, die ich kurz resümieren möchte. Denn der Skandal, den der Film bei seinem Erscheinen auslöste, ist heute nicht mehr so recht nachvollziehbar. Der Film kam 1960 – kurze Zeit nach Hitchcocks PSYCHO – in die Kinos. Korrekter: Powells Film kam *nicht wirklich* in die Kinos. Er lief kaum länger als eine Woche und wurde dann abgesetzt. Der Film unterlag aber keiner Zensur; vielmehr wurde er von den ängstlich gewordenen Verleihern sofort wieder aus dem Programm genommen. Erst knapp 20 Jahre später – nachdem das voyeuristische Sujet, das er behandelt, zu einem Gemeinplatz der Filmsprache geworden ist – wurde PEEPING TOM 1979 von Martin Scorsese auf dem New Yorker Filmfestival als ›vergessenes‹ Kunstwerk präsentiert. Der Film erzielte dann immerhin noch einen beachtlichen Arthouse-Kinoerfolg.

1960 bewirkte PEEPING TOM jedoch einen erheblichen Karriereknick des namhaften Regisseurs Michael Powell, der erfolgreiche Technicolor-Ausstattungsfilme wie THE THIEF OF BAGDHAD (Der Dieb von Bagdad; 1940), THE RED SHOES (Die roten Schuhe; 1951) oder THE TALES OF HOFFMANN (Hoffmanns Erzählungen; 1951) gedreht hatte und nach PEEPING TOM fast nur noch fürs Fernsehen arbeiten sollte. Ähnliches gilt für Karlheinz Böhm, der an den internationalen Starruhm, den er als herziger Franzl aus den SISSI-Filmen erreichte, nicht mehr anknüpfen konnte.

Karlheinz Böhm erinnert sich an die Premiere, die im April 1960 im Londoner Plaza-Kino stattfand: »Während der Film lief, herrschte Totenstille im Kino. Kurz vor Schluss verließen wir den Saal. Strahlender Laune und in Erwartung der Ovationen, stellten wir uns am Fuße der Wendeltreppe auf, von der das illustre Publikum herabsteigen würde. Wir rückten ein wenig in eine Ecke, plauderten vergnügt und waren gespannt. Doch als der Film zu Ende war, hörten wir keinen Applaus. Es blieb totenstill. Die Türen gingen auf, und die Leute kamen heraus. Mit verstörten Gesichtern. All die geladenen Gäste, die Creme der englischen Gesellschaft und der Film- und Theaterszene, auch Journalisten und Kritiker natürlich, stiegen nun diese Treppe herunter. Ich sehe Michael Powell noch die Hand ausstrecken. Aber niemand erwiderte die Geste. Niemand gab ihm die Hand. Niemand ging auf uns zu. Wir standen da, und es wurde immer peinlicher. Niemand begrüßte uns auch nur, und sei es mit einem Kopfnicken. Die Leute gingen einfach wortlos hinaus.«[1]

Manfred Riepe

Die Filmkritiken waren verheerend: »Die einzig befriedigende Weise, PEEPING TOM zu beseitigen«, schrieb etwa die *Daily Tribune* nach der Londoner Premiere, »wäre, ihn zusammenzukehren und in der nächsten Toilette hinunterzuspülen. Selbst dann würde der Gestank zurückbleiben.«² Besonders die Auseinandersetzung des Films mit dem Thema Voyeurismus wurde von der Kritik als gefahrvoll eingestuft: »Was mir Sorgen macht«, schrieb der Kritiker des *New Statesman*, »ist die Tatsache, dass sich überhaupt jemand mit diesem Dreck beschäftigte und ihm eine kommerzielle Form gab.«³ PEEPING TOM ist ein Machwerk, so der katholische *filmdienst*, bei dem »unter all der formalen Politur der Schmutz nur zu Schauzwecken schwärt«. Und im *Mannheimer Morgen* war zu lesen: »Nur ein krankes Gehirn kann sich diese Handlung ausgedacht und geglaubt haben, man könne damit Geschäfte machen«. »Warum dieser große Könner [Michael Powell] seine oft erstaunlichen Fähigkeiten hier in den Dienst einer so übel beratenen Angelegenheit gestellt hat«, fragte sich der Kritiker der *Stuttgarter Nachrichten*, »ist ein [...] Mysterium. [...] Einen peinlicheren, schmierigeren, ekelhafteren Film als diesen jetzt in London uraufgeführten kann man sich kaum denken«.

Worum also geht es in PEEPING TOM? Der Film erzählt die Geschichte des ›Lustmörders‹ Mark Lewis. Doch Mark bringt seine weiblichen Opfer nicht einfach um – er filmt sie, während er sie ermordet. Zunächst schockiert er sie vor laufender Kamera mit einem Messer, das er in den Fuß des Kamerastativs eingebaut hat. Dennoch ist er mit Mördern aus heutigen Serienkiller-Filmen kaum vergleichbar, denn Karlheinz Böhm verkörpert ihn mit beinahe kindlicher Sanftmut, die zur Identifizierung und Anteilnahme einlädt. Fritz Lang hatte mit M – EINE STADT SUCHT EINEN MÖRDER zwar schon einen Film gedreht, in dem man auch Mitleid mit dem Serienmörder hatte. Und Hitchcocks REAR WINDOW (Fenster zum Hof; 1954) handelte unverhohlen von einem Voyeur, der mehrfach als solcher bezeichnet wird. Aber noch nie wurde *Filmen, Schauen und Töten* so direkt miteinander assoziiert wie in PEEPING TOM.

In dieser Assoziation bestand, so der Kritiker Peter Buchka bei der Wiederaufführung 1980 in der *Süddeutschen Zeitung*, die »Hauptsünde« des Films, der »sein Thema nicht hinter einer Parabel versteckte, sondern das gleißende Licht des Projektors auf den Zuschauer selber richtete«. Denn auch in Hitchcocks Thriller PSYCHO geht es um den Zusammenhang zwischen *Schauen und Stechen*: Auch Norman Bates ist ein Spanner, der Marion Crane durch ein Loch in der Wand voyeuristisch beobachtet. Unmittelbar danach steht Norman – in den Kleidern seiner Mutter – Marion gegenüber und sticht auf sie ein. Powell geht in PEEPING TOM einen Schritt weiter, indem er zeigt, dass dieses Tötungsritual ein genuin filmischer Prozess ist. Powells Film wirft einen neugierigen Blick sowohl hinter die Kulissen des Filmgeschäfts als auch hinter die Kulissen des guten Geschmacks. Die Hauptfigur Mark Lewis ist von Beruf Kameramann bzw. er arbeitet als ›focus puller‹ in einem Filmstudio. Nach Beendigung seiner täglichen Arbeit macht er aber auch noch Sexfotos im Hinterzimmer eines Tabak- und Schreibwarenladens. Durch diese Positionierung seiner Figur suggeriert der Film einen sozusagen fließenden Übergang zwischen Marks mörderischer Obsession, dem seriösen Filmgeschäft und dem schummerigen Hinterzimmer-Voyeurismus. In einer der nettesten Szenen betritt ein gediegener Herr im Mantel den Schreibwarenladen und fragt verschämt nach »some views« – »Ansichten«, wie es in der deutschen Fassung heißt.

Die explizite ›Erklärung‹, die der Film uns für Marks Mordlust anbietet, wirkt allerdings nicht sehr überzeugend, denn sie ist auf altbackene Weise ›psychologisch‹ im Sinne eines simplen Ursache-Wirkungs-Schemas. Marks verstorbener Vater, ein berühmter Verhaltensforscher, ängstigte seinen Sohn systematisch zu Forschungszwecken, indem er ihn zwang, sich eine eklige Eidechse, seine tote Mutter und sogar ein Liebespaar anzusehen. Anschließend drückt der Vater seinem Sohn als Vermächtnis eine Filmkamera in die Hand, mit welcher der sozusagen nach Pawlow konditionierte Junge später er seine skopophilen Morde begehen wird.

Mit dieser ›Erziehung zum Voyeurismus‹, die wir in einem Rückblende in Form von alten Familienfilmen effektvoll präsentiert bekommen, bleibt PEEPING TOM hinter seinem eigentlichen Sujet zurück. Doch neben dieser expliziten Erklärung bietet

Wenn Blicke töten

der Film aber auch noch eine *implizite Analyse* der Leidenschaft des Sehens an. Diese implizite Analyse hängt damit zusammen, dass Mark Lewis seine Opfer nicht nur filmt, während er sie tötet – er zwingt sie auch, sich selbst dabei zuzusehen, während sie sterben. Diese ›Rückkopplung‹ des Opferblicks ist für Mark wichtiger als das Töten selbst, das ihm ja nur Mittel zum Zweck ist. Denn wie wir im Lauf des Films erfahren, tötet Mark nicht um des Tötens willen, sondern allein wegen dieser speziellen *Blicke*, die er dabei evoziert.

Mark hat hierfür einen speziellen Mechanismus ersonnen, den wir erst ganz am Ende des Films komplett kennen lernen. Mit einem Hohlspiegel, den er über seiner Kamera angebracht hat, nötigt der Mörder seine Opfer dazu, ihren eigenen, vor Angst verzerrten Blick *in momentum mori* zu sehen. Mit Mark Lewis' eigenen Worten: »I did something very simple [...] I made them watch their own death«. Aber so simple wie sie erscheint, ist diese Situation nicht. Denn das Projekt scheitert. »The light was fading too soon«, klagt Mark. Das Lebenslicht der gepeinigten Opfer erlischt zu früh. Dieses Scheitern lässt Mark beinahe verzweifeln. Wenn wir ihn sehen, wie er in seiner ›Dunkelkammer‹ mit großen Erwartungen die gerade entwickelten Filme ansieht, dann sehen wir, dass er zutiefst enttäuscht ist, dass gerade das, was er auf Zelluloid bannen wollte, nicht zu sehen ist. Genau deshalb muss er das Ritual wiederholen: Das ›Gesetz der Serie‹ resultiert aus eben jenem Scheitern: Sichten. Töten. Wiederholen. Aber was genau will Mark denn auf seinem Film eigentlich sehen?

In einer ersten Annäherung können wir sagen, dass das gewünschte Motiv nicht auf seinem Dokumentarfilm erscheint, weil die Frauen zu früh sterben. Deshalb können sie nicht, wie Mark es

Die ›Rückkopplung‹ des Opferblicks in PEEPING TOM

eigentlich geplant hat, *sich selbst beim Sterben zusehen*. Was Mark filmisch festhalten will, ist also höchst paradox: Seine weiblichen Opfer sollten noch leben, um sich selbst nicht nur beim sterben zuzusehen – sie sollen sich selbst tot sehen. »»Filmen heißt, dem Tod bei der Arbeit zusehen‹, lautet der berühmte Satz Cocteaus. Michael Powell hat diesen Satz wörtlich genommen, als er PEEPING TOM drehte.«[4]

Mark Lewis möchte also nicht nur Täter und Mordzeuge sein: Er will auch auf Zelluloid bannen, wie die von ihm ermordeten Opfer sich selbst beim Sterben zusehen. Er will diesen authentischen, diesen ›live‹ erlebten Tod gewissermaßen besitzen, um sich das grausige Szenario beliebig oft ansehen zu können. Das ist die verborgene Logik seines ›Projekts‹.

41

Manfred Riepe

Das Messer im Fuß des Stativs: ...

Das ist doch »krank«, wird jeder sofort entgegnen. So stand es auch in den Kritiken von 1960. Doch man muss vorsichtig sein, denn wir haben ja gesehen, dass der Übergang zwischen Marks zugespitzter voyeuristischer Obsession und dem ›normalen‹ Voyeurismus des Kinos fließend ist.

Die sich jetzt stellende Frage, *warum* Mark Lewis einen authentisch erlebten Tod aus der Sicht des Toten selbst in Form einer Live-Reportage besitzen möchte, ist untrennbar mit der Tatsache verknüpft, dass seine Opfer nicht zufällig alle *weiblich* sind. Was genau Mark also sehen will, hat – mehr noch als mit dem Tod – etwas mit der Weiblichkeit zu tun.

Wenn wir uns daran erinnern, dass das, was Mark bei den Frauen sehen und filmen will, in ersten Linie mit dem entsetzten, *angsterfüllten* Blick und dem Schrei der Frauen zu tun hat, so scheint seine Obsession bis zu einem gewissen Grad gar nicht so ungewöhnlich zu sein. In der humorvollen Szene im Filmstudio, die am Tag nach Marks zweitem Mord spielt, sehen wir, wie der Regisseur eines x-beliebigen Trash-Films auf dem Gesicht seiner weiblichen Darstellerin just jenen Ausdruck des Entsetzens sehen will, an dem auch Mark so interessiert ist. Der Witz von Michael Powells Film – der das zeitgenössische Publikum wohl eher verstörte – besteht nun gerade darin, dass die unfähige Darstellerin hochtrabend erklärt: »I can't feel it«. Sie bekommt den gewünschten Ausdruck erst dann zur Zufriedenheit des Regisseurs hin, als sie jene Kiste öffnet, in der Mark die Leiche jenes Opfers versteckte, das er vergangene Nacht getötet hatte ... Wenn Mark nun ihren nicht gespielten, sondern authentisch entsetzten Blick für seine ›Sammlung‹ filmt, so besteht die Subversion von PEEPING TOM darin, dass Marks obsessiver Voyeurismus mit dem Voyeurismus des gemeinen Kinozuschauers perfekt miteinander kurzschließen werden. In gewisser Weise ›lesbar‹ wird so das abgegriffene Genremuster, gemäß dem die Frau beim Anblick eines Messers oder eines Monsters wieder und wieder jenen sprichwörtlich gewordenen ›markerschütternden‹ Schrei ausstößt. Dieser Schrei entspricht einem klischeehaften Genretopos, den man in fast jedem *Tatort*-Krimi beobachten kann.

Mark Lewis' paradoxes und zum Scheitern verurteiltes Projekt entspricht also einer zugespitzten Form und zugleich einer verdichteten Analyse des gemeinen Kino-Voyeurismus. Diese Verdichtung besteht darin, dass in der Tötungs-Situation und in der Apparatur, mit welcher Mark mordet, voyeuristische und exhibitionistische Motive auf eine nicht einfach zu differenzierende Weise miteinan-

Wenn Blicke töten

der verschmelzen. Die Kamera ist ein *voyeuristisches* und das Messer im Fuß des Stativs ein *exhibitionistisches* Motiv. Um aber zu verstehen, wie dieses exhibitionistische ›Schau-Spiel‹ mit dem Motiv des Weiblichen verknüpft ist, muss man zunächst vergegenwärtigen, welche sexuellen Motive sich hinter dem Schautrieb und dem Exhibitionismus überhaupt verbergen. Dazu ist ein kleiner Exkurs nötig.

Nach Elisabeth Bronfen bestraft Mark die Frauen, weil sie sich ihrem weiblichen Narzissmus hingeben. Diese Bestrafung sei einerseits eine Wiederholung jener Bestrafung, die Mark an seiner schönen Stiefmutter nicht vollziehen konnte. Andererseits sei Marks Dokumentation des Todes eine Fortführung des väterlichen Projekts: »Denn seine Dokumentation des perfekten Abbildes der Todesangst stellt eine perverse Antwort auf das Lebensprojekt des toten Vaters dar, der seinerseits als Verhaltensforscher versucht hatte, eine vollkommene Dokumentation des Lebens eines Kindes herzustellen.«[5]

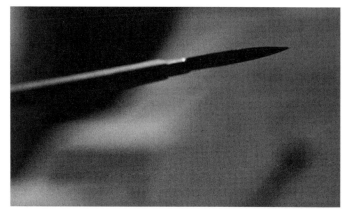

... PEEPING TOM

Obwohl sie den Film relativ genau wiedergibt, spart Bronfen eine sehr zentrale Szene aus, in der Mark einer Frau begegnet – diese aber nicht »bestraft« bzw. ermordet: obwohl sie durchaus in das Spektrum seiner skopophilen Leidenschaft passt. Diese Szene eignet sich aber sehr gut, um zu zeigen, dass das, was Mark eigentlich sucht, nichts im konkreten Sinn mit dem Tod der Frauen zu tun hat, sondern mit etwas, wofür der Tod steht. Besagte Szene spielt im improvisierten Studio im Hinterzimmer des Zeitungsladens, in der Mark die Models zwecks Herstellung pornografischer Bilder – eben jener »*views*« – fotografiert. Das Model mit der entstellenden Narbe über dem Mund erregt sofort Marks Faszination. Was er in ihrem Gesicht, ihrem schamhaften Blick sieht, hat einiges mit jenem ›magischen Etwas‹ zu tun, das er bei der Ermordung seiner Opfer bislang erfolglos auf Zelluloid zu bannen versuchte. Diese Mischung aus Narbe und Hasenscharte lässt sich lesen als »Verschiebung« des weiblichen Genitales – insofern als es die Kastration symbolisiert.

Diese These lässt sich mit Bezug auf die Erfahrung Freuds und Lacans wie folgt belegen: In den *Drei Abhandlungen zur Sexualtheorie* von 1905 rubriziert Freud den Schautrieb unter die Perversionen und nennt ihn einmal sogar explizit »die Schauperversion«[6]. Bei dieser Form der Perversion werden »gewisse intermediäre ([also] auf dem Wege zur Begattung liegende) Beziehungen zum Sexualobjekt, wie das Betasten und *Beschauen* desselben, als vorläufige Sexualziele anerkannt«[7]. Freud analy-

Manfred Riepe

siert diese Struktur, bei der das eigentümliche »Verweilen bei vorbereitenden Akten des Sexuallebens [...] an die Stelle des normalen Sexualziels«[8] tritt, als eine *Fixierung auf die Vorlust*. Der so genannte Perverse und auch der Voyeur ersetzen das »normale Sexualziel«, sprich die sexuelle Vereinigung, durch das vorläufige Sexualziel bzw. das, was Freud die *Vorlust* nennt.

Das Motiv dieser Ersetzung erklärt sich im Hinblick auf Freuds Definition des »normalen Sexualziels«: »Als normales Sexualziel gilt die Vereinigung der Genitalien in dem als Begattung bezeichneten Akte, der zur Lösung der sexuellen Spannung und zum zeitweiligen Erlöschen des Sexualtriebes führt (Befriedigung analog zur Sättigung beim Hunger)«[9]. Den Weg hin zu diesem »zeitweiligen Erlöschen des Sexualtriebes« beim sexuellen Genießen des Mannes konkretisiert Jacques Lacan in seinem Seminar über die Angst als eine Form des Durchlebens von Angst. Der Orgasmus entspricht der einzigen Form von Angst, die sich »real vollendet«. Das heißt konkret, dass das reale Abschwellen des Organs und das psychische Moment der Angst hier strukturell koinzidieren. Wobei Lacan das unterschwellig mit Angst assoziierte Abschwellen des männlichen Genitales als strukturales Äquivalent zur (symbolischen) Kastration auffasst:

»Dass bei uns [...] das Genießen des Orgasmus mit dem Außer-Gefecht-gesetzt-werden, dem Aus-dem-Spiel-genommen-werden des Instruments durch das Abschwellen zusammenfällt, verdient, dass wir es nicht für einen Zug halten, der, wie Goldstein sich ausdrückt, zur *Wesenheit** des Organismus gehört [...]. Das Abschwellen in der Kopulation verdient Aufmerksamkeit, denn an ihm lässt sich eine der Dimensionen der Kastrationen hervorheben. Die Tatsache, dass der Phallus im menschlichen Erleben durch seine Möglichkeit, ab/gefallenes Objekt zu sein, bedeutsamer ist als durch seine Gegenwart – ebendies bezeichnet die Möglichkeit des Platzes der Kastration in der Geschichte des Begehrens.«[10]

Was Mark Lewis also *sehen* will, so können wir in einer weiteren Annäherung sagen, hat weniger mit dem Tod als vielmehr mit der Logik der Kastration zu tun. Denn Todesangst, so Freuds Grundthese, entspricht immer Kastrationsangst. In der Spur des Voyeurs, der in der Vorlust verbleibt, weil er das mit der Kastration assoziierte Abschwellen des männlichen Organs vermeiden will, versucht Mark Lewis die Kastration auf eine sehr eigentümliche Weise zu ›inszenieren‹. Er möchte die Kastration inszenieren – aber so, dass sie ihn nicht betrifft und ihm nicht gefährlich werden kann.

In einer weiteren Annäherung sehen wir, dass sich Marks serienmörderisches Filmprojekt in drei psychoanalytische Motive aufgliedert:

1) Als Exhibitionist entblößt Mark mit dem Messer im Fuß des Kamerastativs ein symbolisches Äquivalent zum Phallus, um damit den ›entsetzten Blick‹ im Auge der Frau zu provozieren, die – so das Phantasma des Exhibitionisten – durch diesen Akt mit ihrer eigenen Kastration konfrontiert wird. »Die Technik des Aktes des Exhibierens besteht für das Subjekt darin, zu zeigen, was es hat, insofern als der andere es gerade nicht hat.« Der Exhibitionist versucht, so Lacan, »dem anderen das zu enthüllen, von dem diesem unterstellt wird, er habe es nicht, und ihn zugleich in die Scham darüber zu stürzen, was ihm mangelt«[11]. Das Entsetzen, die Scham und vor allem die Angst in den Augen des anderen werden so vice versa zur Bestätigung dafür, dass der Exhibitionist *nicht* kastriert ist. Die Kastration findet statt, wird aber gewissermaßen ›delegiert‹.

2) Als Voyeur vermeidet Mark, wie ich ausgeführt habe, den sexuellen Akt zugunsten der Vorlust. Mark will die mit dem Akt assoziierte Kastration vermeiden; aber gleichzeitig ist die Kastration notwendig, weil ohne sie keine Spannung entsteht. Der Voyeur sucht die Kastration, denn er sucht »nicht, wie man sagt, den Phallus – sondern justament dessen Absenz«[12].

3) Es gibt also in der Tötungssituation, die Mark immer wieder herstellt, ein gewisses Schwanken: Mark vermeidet die Kastration, die aber in seinem Arrangement dennoch eine zentrale Rolle spielt. Wir treffen hier also auf das in der Psychoanalyse wohl bekannte Motiv der »Verleugnung der Kastration«, die uns auf die Spur des *Fetischs* führt. Das im Film nur sehr indirekt benannte *Objekt*, das Mark eigentlich sehen und auf Zelluloid bannen will, hat – obwohl es dem Anschein nach rein gar nichts mit einem Stöckelschuh oder einem Stück Samt zu tun hat – dennoch Ähnlichkeit mit einem *Fetisch*.

Schon ein kurzer Blick in Freuds kurzen Aufsatz von 1927 zeigt, dass der Fetischismus ohne den Schautrieb und den Voyeurismus unverständlich bleibt. Der Text kreist nämlich um den »Kastrationsschreck beim *Anblick* des weiblichen Genitales«[13], der »wahrscheinlich keinem männlichen Wesen erspart bleibt«[14]: »Der Hergang«, so Freud weiter, »war also der, dass der Knabe sich geweigert hat, die Tatsache seiner Wahrnehmung, dass das Weib keinen Penis besitzt, zur Kenntnis zu nehmen. Nein, das kann nicht wahr sein, denn wenn das Weib kastriert ist, ist [automatisch auch] sein eigener Penisbesitz bedroht, und dagegen sträubt sich das Stück Narzissmus, mit dem die Natur vorsorglich gerade dieses Organ ausgestattet hat.«[15]

Im Hinblick auf die Art und Weise, *wie* nun diese Wahrnehmung nicht zur Kenntnis genommen wird, schließt Freud eine Skotomisierung (also physische Blindheit) grundsätzlich aus: »›Skotomisation‹ scheint mir besonders ungeeignet, denn es weckt die Idee, als wäre die Wahrnehmung glatt weggewischt worden, sodass das Ergebnis dasselbe wäre, wie wenn ein Gesichtseindruck auf den blinden Fleck der Netzhaut fiel«.[16] Stattdessen schlägt Freud in einer bemerkenswerten Formulierung vor: »Es ist nicht richtig, dass das Kind sich nach seiner Beobachtung am Weibe den Glauben an den Phallus des Weibes unverändert gerettet hat. Es hat ihn bewahrt, *aber auch aufgegeben* [...]«[17] Mit dieser im Psychischen insistierenden, widersprüchlichen Koinzidenz des ›sowohl als auch‹ kennzeichnet Freud nun den Mechanismus der *Verleugnung* der Kastration: »*Ja*, das Weib hat im Psychischen dennoch einen Penis, *aber* dieser Penis ist nicht mehr dasselbe, das er früher war«[18] – als nämlich das Kind mit der Kastration noch nicht konfrontiert worden war und so gar nicht erst auf die Idee kam, dass es Wesen ohne Penis gäbe. Freud hebt nun sehr subtil hervor, dass der *Fetisch*, der an die Position des nicht existierenden weiblichen Penis als dessen »Ersatz«[19] tritt, nun den Kastrationsschreck gerade nicht skotomisiert, sondern ihm im Form des Fetischs »ein Denkmal gesetzt hat«[20].

»Es liegt nahe zu erwarten«, so Freud weiter, »dass zum Ersatz des vermissten weiblichen Phallus solche Organe oder Objekte gewählt werden, die auch sonst als Symbole den Penis vertreten. Das mag oft genug stattfinden, ist aber gewiss nicht entscheidend. Bei der Einsetzung des Fetischs scheint vielmehr ein Vorgang eingehalten zu werden, der an das Haltmachen der Erinnerung bei traumatischer Amnesie gemahnt. Auch hier bleibt das Interesse wie unterwegs stehen, wird etwa der letzte Eindruck vor dem unheimlichen, traumatischen, als Fetisch festgehalten. So verdankt der Fuß oder Schuh seine Bevorzugung als Fetisch – oder ein Stück derselben – dem Umstand, dass die Neugierde des Knaben von unten, von den Beinen her nach dem weiblichen Genitale *gespäht* hat; Pelz und Samt fixieren – wie längst vermutet wurde – den *Anblick* der Genitalbehaarung, auf den der ersehnte [Anblick] des weiblichen Gliedes hätte folgen sollen; die so häufig zum Fetisch erkorenen Wäschestücke halten den Moment der Entkleidung fest, den letzten, in dem man das Weib noch für phallisch halten durfte.«[21]

Der Unterschied zwischen einem typischen Fetischisten, der in Gestalt des Fetischs dieses unmögliche Objekt zu besitzen scheint, und Mark Lewis besteht darin, dass Powells filmischer Voyeur dem unmöglichen Objekt in seiner purifizierten Flüchtigkeit nachjagt. In dieser Jagd ist eine unbewusste Phantasie am Werk, die wir nun wie folgt beschreiben können: Würde das Filmprojekt gelingen, würde Mark also den unmöglichen Blick auf Zelluloid bannen können, dann hätte er ein Äquivalent des sexuellen Akts verursacht – den er aber gleichzeitig als unbeteiligter Betrachter wie von Außen betrachten könnte. Er könnte also, so seine Phantasie, jegliche Spur seiner Beteiligung an diesem Akt wieder auslöschen.

Das Spiegel-Arrangement hat also den Zweck, dass das weibliche Opfer nicht durch das phallische Messer stirbt, sondern – und das ist die Raffinesse – tatsächlich nur durch seinen eigenen Blick. Konkretistische Deutungen, in PEEPING TOM komme es »zur Penetration durch den Blick oder/und durch das Messer statt durch das männlich Glied«[22], greifen nicht nur zu kurz; sie sind falsch: Tatsächlich erwähnt der ermittelnde Kommissar *nichts von Stichwunden*. Stattdessen betont er, dass die Frauen – deren Gesichter so angstverzerrt seien, wie er es in 20 Berufsjahren noch niemals erlebt hat – an einem »*Schock*« starben. Indem nämlich die Frauen im Hohlspiegel

Manfred Riepe

Die ›Versuchsanordnung‹ ...

ihren eigenen vor Angst verzerrten Blick erblicken, sterben sie – so Marks unbewusste Phantasie –, weil sie auf ihre eigene Kastration stoßen.

Dieses Szenario lässt sich auch in zwei zeitgenössischen Filmen beobachten. In STRANGE DAYS (1995) greift Kathryn Bigelow das Motiv des rückgekoppelten Blicks auf. Und in Tarsem Singhs THE CELL (2000) wird deutlicher als in PEEPING TOM, dass der Lustgewinn durch die Inszenierung und Betrachtung des angsterfüllten Blicks einer sterbenden Frau *autoerotisch* ist. Singhs Film wurde von der Kritik für seine ästhetisch beeindruckenden Bilder gelobt, in denen die Seelenlandschaft eines Mörders im Stil einer surrealen Szenerie illustriert wird. Weniger Beachtung geschenkt wurde dabei jenem ausgeklügelten medientechnischen Verfahren, mit dem der Serienkiller seine weiblichen Opfer tötet und für seine sexuelle Obsession kommensurabel macht.

Die ›Versuchsanordnung‹ dieses Killers erinnert an ein bizarres Kunstwerk: Der Serienmörder entführt seine weiblichen Opfer in einen Keller, der sich unterhalb einer verlassenen Scheune mitten in der Wüste befindet. Hier lässt er die Frauen in einem vollautomatisch gefluteten Panzerglas-Aquarium langsam ertrinken. Ihren qualvollen Todeskampf zeichnet er mit einer Videokamera auf. Der Mörder selbst ist während dieser grausamen Tötung gar nicht anwesend, was wie eine logische Konsequenz aus Mark Lewis' Arrangement erscheint, in dem es, wie ich zu zeigen versuchte, nicht auf das Töten, sondern auf die medientechnische Aufzeichnung des Mords ankommt.

Anschließend bleicht der Mörder in THE CELL die Leiche in einer Lauge, um sie optisch einer Spielzeugpuppe anzuverwandeln. Diese ›mortifizierte‹ Puppe legt er auf einen stilisierten OP-Tisch, über den er sich mit hydraulisch gesteuerten Ketten aufhängt, die mittels Metallringen in der Haut seines Rückens befestigt sind. Durch diese martialische Art der ›Verankerung‹ soll der physische Abstand zum weiblichen Körper in den eigenen Körper eingeschrieben werden. Die Anordnung dient so dazu, dass der Killer sich in einem für ihn genau definierten Abstand waagrecht über seinem Opfer aufhängt. Dabei beobachtet er die abgespielte Videoaufzeichnung, die den angstverzerrten Blick seines langsam ertrinkenden Opfers zeigt: eine videotechnische Variation zu Mark Lewis' Dokumentarfilmen.

Die groteske Hebevorrichtung, mit welcher der Mörder in THE CELL sich in einen genau dosierten waagrechten Abstand zu seinem Opfer bringt, drückt seine Angst vor einer *lebendigen* Frau aus – die ihn kastrieren könnte. Sein groteskes Arrangement dient ihm dazu, den angstverzerrten Blick der sterbenden Frauen auf dem Monitor als Reaktion auf seinen Phallus zu interpretieren. Seine Selbstbefriedigung ist dabei inszeniert wie ein sexueller Akt auf Distanz. Um die trotz allem von einer Frau ausgehende Gefahr der Kastration vollkommen zu bannen, verwandelt er die weibliche Leiche in eine Puppe, das heißt in das Äquivalent eines perfekten Fetischs, mit dem er, wie Freud schreibt, über die Kastration triumphiert. Seine groteske Selbstbefriedigung erlebt der Mörder so als Triumph über die Kastration, der sich in einem euphorischen Freudenschrei entlädt. Wenn wir uns an Mark Lewis erinnern, der vor der Leinwand schier verzweifelt, so wird deutlich, dass der Killer in THE CELL das logische Gegenstück verkörpert. Während in THE CELL die Triebökonomie in Szene gesetzt wird, betont PEEPING TOM mehr das Scheitern, die Wiederholung – und das Prinzip der medialen Rückkopplung, die wir in Kathryn Bigelows STRANGE DAYS (1995) beobachten können.

Ähnlich wie in Singhs Film ist dieses Motiv bei Kathryn Bigelow eher versteckt. STRANGE DAYS ist zunächst ein Film über ein schwarz-weißes Paar, was im Kino bis heute unüblich ist. STRANGE DAYS handelt zudem von einer apokalyptischen Millenniums-Umbruchstimmung, die mit den Rassenunruhen im Jahr 1992 ineinander gespiegelt werden. Die so genannten *Los Angeles Riots* brachen 1992 aus, nachdem live im Fernsehen übertragen wurde, wie jene Polizisten frei gesprochen wurden, die einen Afroamerikaner bei einer Verkehrskontrolle zusammen geschlagen hatten. Die Parallele zu PEEPING TOM resultiert aus der Thematik medialer Vermittlung, denn die Misshandlung des Afroamerikaners wurde erst durch eine zufällig gemachte *Videoaufzeichnung* publik. Nur handelt es sich in STRANGE DAYS nicht um einen gewöhnlichen Videorekorder, sondern um eine fiktive Technologie, ein phantastisches Element, das in diesen ansonsten völlig realistischen Gegenwartsfilm in Form eines Science-Fiction-Motivs integriert ist. In Anlehnung an Douglas Trumbulls Spielfilm BRAINSTORM (1983) gibt es auch in STRANGE DAYS eine Apparatur, mittels derer Erlebnisse eines Menschen durch ein neuronales Interface so aufgezeichnet werden können, dass ein anderer Mensch sich diese Erlebnisse realitäts- und ›gefühlsecht‹ abspielen kann, als wäre er an der Stelle des anderen. Wie schon in BRAINSTORM ist die Crux dieser fiktiven Technologie natürlich die Aufzeichnung von sexuellen und Todes-Erlebnissen (so genannte »Snuff-Clips«), die in Form von CDs auf einem Schwarzmarkt wie verschärfte Drogen gehandelt werden.

Die Geschichte kreist um den Ex-Polizisten Lenny Nero, gespielt von Ralph Fiennes, der mit diesen so genannten ›Squid-Clips‹ dealt. Er bezeichnet sich einmal als »direkter Draht zur Schaltzentrale deiner Seele [...]. Der Weihnachtsmann des Unterbewusstseins«. Als eine Freundin von ihm ermordet wird, erhält Lenny seine eigene Botschaft in inverser

... in THE CELL

Form zurück in Gestalt eines solchen Squid-Clips. Der Clip enthält eine besonders perfide Dokumentation ihrer Ermordung – über die Mark Lewis sich bestimmt gefreut hätte. Ähnlich wie zu Anfang von PEEPING TOM sehen wir aus der subjektiven *point of view*-Perspektive des Täters, wie dieser in das Zimmer seines Opfers eindringt, es überwältigt und fesselt. Doch anders als in PEEPING TOM verbindet er ihr hier die Augen. Ihre Sichtweise wird nämlich durch das ›innere Sehen‹ der Squid-Apparatur ersetzt. Was sie nun zu sehen genötigt ist, wird ihr vermittels dieser Apparatur unmittelbar ins Wahrnehmungszentrum projiziert. So setzt der Killer seinem Opfer die Headset-artige Apparatur auf und verbindet diese mit jenem Live-Aufzeichnungsgerät, das seine eigene Perspektive auf diese Situation *hier und jetzt* aufzeichnet. Implementiert wird so dem wehrlosen Opfer die Live-Aufzeichnung ihrer eigenen Vergewaltigung als authentisches, gefühlsechtes Erlebnis ihres Peinigers. Da dies unvorstellbar ist,

Manfred Riepe

Die Vergewaltigungssequenz in STRANGE DAYS

wird es in STRANGE DAYS zusätzlich via Dialog erläutert: »Er hat sie mit seinem eigenen Signal-Ausgang verbunden. Sie sieht, was er sieht. Sie ... sie sieht sich selbst ... Sie fühlt, was er fühlt, während er in ihr ist. Der Kitzel, den er hat, während er sie tötet, wird zu ihr geschickt, um ihre Furcht zu verstärken. Und diese Furcht steigert seine Geilheit bis ins Unermessliche.«[23]

Wie in THE CELL und in PEEPING TOM bewirkt in STRANGE DAYS die beim Opfer evozierte Angst erst jene spezielle Lust des Täters, von der ich oben gesagt habe, sie sei strukturell identisch mit der Freudschen *Vorlust*. Die Angst des Opfers entspricht dabei einem Signal für die erfolgte mentale Penetration mittels der Squid-Apparatur. Die mentale Penetration ist wichtiger als die physische. Indem seine Empfindungen dem Opfer implementiert werden, befindet sich der Täter sozusagen am Ort des anderen. Eine Variation zu dieser totalen Vergewaltigung finden wir am Ende von Pedro Almodóvars MATADOR (1986), wo ein Pärchen den ultimativen Liebesakt als Doppelselbstmord inszenieren will, bei dem die beiden Partner, während sie einander in die Augen sehen, sich gegenseitig zu erdolchen versuchen.[24] Auch die Erzählung von Sam Raimis Horrorfilm THE EVIL DEAD kreist um die Struktur dieser ›invertierten Blicke‹.[25]

Die verborgene Konsequenz der in STRANGE DAYS filmisch illustrierten sexuellen Phantasie ist es, dass der Vergewaltiger in die Position der Frau zu wechseln versucht. Dieser Positionswechsel entspricht dem logischen Gegenstück zu jener rituellen Distanz, die der Mörder in THE CELL zu seinem Opfer einhält. In STRANGE DAYS will der Mörder erleben, wie es ist, von sich selbst vergewaltigt zu werden. Auf diese Weise bleibt er in der Phantasie bei sich selbst und vermeidet so jene Kastration, die aber auf paradoxe Weise in diese Situation verwickelt ist: Die Kastration markiert jenen ›aufgeschobenen Kollaps‹, von dem aus gesehen sich »seine Geilheit bis ins Unermessliche« verstärkt. Im Gegensatz zu STRANGE DAYS und auch THE CELL offenbart PEEPING TOM nun am Ende die finale Konsequenz dieser Phantasie. Denn Mark dämmert schließlich, dass sein Filmprojekt nur dann gelingen kann, wenn er sich selbst *in actu* in die Position der *virtuell* aufgespießten weiblichen Opfer begibt. Vor den Augen seiner Freundin Helen, die hier gezwungenermaßen als Zeugin fungiert, stürzt Mark sich in der letzten Szene vor laufender Kamera in das Messer seines Kamerastativs und begeht Selbstmord. Dieser Akt, durch den seine Mordserie ihr Ende findet, erscheint als der logische Abschluss seines unmöglichen Filmprojekts. Der *imaginär tötende* Blick, den Mark immer wieder in den Augen seiner Opfer suchte und nur deshalb auf Zelluloid bannen wolle, damit er ihn trifft, wird erst möglich in Gestalt jenes Messers, das er die ganze Zeit über beim Morden nicht verwendete – und das ihn nun *real* durchbohrt. ❑

Anmerkungen

1 Beyer (1992), S. 138.
2 Ebd.
3 Ebd., S. 139.
4 Beyer (1992), S. 143.
5 Bronfen (2003), S. 212.
6 Freud (1961a), S. 93.
7 Ebd., S. 49.
8 Ebd., S. 113.
9 Ebd., S. 48 f.
10 Lacan (2004), S. 197.
11 Lacan (2003), S. 321.
12 Lacan (1987), S. 191.
13 Freud (1961b), S. 314.
14 Ebd.
15 Ebd., S. 312.
16 Ebd.
17 Ebd., S. 313.
18 Ebd.
19 Ebd.
20 Ebd.
21 Ebd., S. 314 f.
22 Bronfen (2003), S. 208.
23 Vgl. Laszig (2008), S. 55 f.
24 Vgl. Riepe (2004), S. 84 f.
25 Vgl. Riepe (2005), S. 178–186.

Literatur

Beyer, Friedemann (1992): Karlheiz Böhm. Seine Filme – sein Leben. München.

Bronfen, Elisabeth (2003): Bilder, die töten – Tod im Bild. Michael Powells PEEPING TOM. In: Gertrud Koch / Sylvia Sasse / Ludger Schwarte: Kunst als Strafe. Zur Ästhetik der Disziplinierung. München.

Freud, Sigmund (1961a [1905]): *Drei Abhandlungen zur Sexualtheorie*. G.W. V, S. 27–145.

Freud, Sigmund (1961b [1927]): *Fetischismus*. G.W. XIV, S. 309–317.

Lacan, Jacques (2004 [1962/63]): *Le séminaire Livre X. L'Angoisse*. Paris.

Lacan, Jacques (2003 [1987]): *Das Seminar. Buch IV: Die Objektbeziehung*. Wien.

Lacan, Jacques (1987 [1964]): *Das Seminar. Buch XI: Die vier Grundbegriffe der Psychoanalyse*. Weinheim.

Laszig, Parfen (2008): *Strange Days. Phantasmatische Rückkopplungsschleifen und Entgrenzung*. In: Parfen Laszig / Gerhard Schneider: *Film und Psychoanalyse. Kinofilme als kulturelle Symptome*. Gießen.

Riepe, Manfred (2004): *Intensivstation Sehnsucht. Blühende Geheimnisse im Kino Pedro Almodóvars. Psychoanalytische Streifzüge am Rande des Nervenzusammenbruchs*. Bielefeld.

Riepe, Manfred (2005): *Maßnahmen gegen die Gewalt*. In: Julia Köhne / Ralph Kuschke / Arno Meteling (Hg.): *Splatter Movies. Essays zum Modernen Horrorfilm*. Berlin.

Michaela Wünsch

Sehen – Töten – Ordnen
Der Serienkiller in der Funktion des Herrensignifikanten

Von Michaela Wünsch

Weiße Serienmörder im Slasherfilm

Eines der populärsten Filmgenres, das den Serienmord inszeniert, ist der Slasherfilm, dessen Erfolgsgeschichte 1978 mit John Carpenters HALLOWEEN (1978; R: John Carpenter) begann.

Die Handlung lässt sich kurz zusammenfassen: Ein kleiner Junge namens Michael Myers ersticht in der Halloween-Nacht im Jahre 1963[1] seine ältere Schwester mit einem Messer, nachdem er sie heimlich beim Küssen mit einem Jungen beobachtet hat. 15 Jahre später flieht Michael aus der psychiatrischen Anstalt ›Smith's Grove‹ und kehrt in den fiktiven Vorort Haddonfield, Illinois zurück. Er verfolgt und tötet vor allem, aber nicht ausschließlich, junge Weiße[2] Frauen. Laurie Strode (Jamie Lee Curtis) kann sich als Einzige gegen ihn zur Wehr setzen und verletzt ihn mehrfach scheinbar tödlich, doch Michael steht immer wieder auf, bis er – von einem Schuss durch seinen Psychiater Dr. Loomis (Donald Pleasence) getroffen – aus einem Fenster stürzt. Doch auch diese Verletzung scheint er überlebt zu haben. In einer der letzten Einstellungen ist die nun leere Stelle auf dem Rasen des Vorgartens zu sehen, wo Michael lag. Der Film endet mit Außenaufnahmen von einigen Häusern, denen sich, so legen die Einstellungen nahe, Michael Myers nun nähern könnte.

Nach Peter Hutchings bilden dieser Film und die daran anschließenden Produktionen die Basis des Horrorfilmgenres seit den 1970ern.[3] Neben Slasherfilm werden sie auch als Splatter-, Stalker-, Psychokiller- oder Serienkillerfilme bzw. als *teeniekill pic* bezeichnet.[4] Je nach der Benennung variieren die wichtigsten Merkmale, mit denen sie charakterisiert werden. Wie die Namen bereits andeuten, steht entweder im Vordergrund, dass die Filme offene Wunden und Verletzungen drastisch zeigen, diese durch ein Messer verursacht werden, in den Filmen Teenager oder Frauen getötet werden oder dass der Killer ein Psychotiker ist, der eine Gruppe von Menschen tötet, die ihn an ein vergangenes Trauma erinnert. Vera Dika, welche die Bezeichnung ›Stalkerfilm‹ benutzt, sieht in dem *point of view shot*, dem Akt des Sehens und dem Blick die wichtigsten Kriterien, die diese Filme auszeichnen.[5] Carol Clover hat die Bedeutung des *final girls*, des Mädchens, das als Einzige bis zum Ende des Films überlebt, herausgearbeitet.[6] Hutchings stellt in den Vordergrund, dass die wichtigsten dieser Filme – HALLOWEEN, FRIDAY THE 13TH (Freitag der 13.; 1980; R: Sean S. Cunningham) und A NIGHTMARE ON ELM STREET (Nightmare – Mörderische Träume; 1984; R: Wes Craven) – eine Reihe von Sequels hervorgebracht haben, und sieht daher in der Serialität das signifikanteste Merkmal dieser Filme.

Außer in den Untersuchungen Richard Dyers ist jedoch bislang kaum hervorgehoben worden, dass der Killer im Slasherfilm ausschließlich Weiß und männlich codiert ist, was durch die weiße Maske, die er in Filmen wie HALLOWEEN oder FRIDAY THE 13TH trägt, noch betont wird.

Dyer hat in seiner Analyse des Serienkillerfilms zudem behauptet, dass Weiße Männlichkeit mit etwas verbunden ist, das in unserer Gesellschaft zum Serienmord führt.[7] Als typisch Weiß und männlich für den Serienkiller bezeichnet er dessen Anonymität, Distanziertheit, Unsichtbarkeit und Gesichtslosigkeit.

In seiner allgemeineren Analyse zu *whiteness* im Film beschränkt Dyer diese Eigenschaften jedoch nicht auf den Serienmörder. Für ihn zeichnen sich Repräsentationen von Weißen im Film zudem dadurch aus, »dass Weiße Menschen nicht rassisch gesehen oder benannt werden,« ›rassisch‹ markiert werden vor allem die ›anderen‹, nicht-Weißen Figuren.[8] Dementsprechend erweist es sich auch als schwierig, die Bedeutung von ›Rasse‹ in Filmen mit ausschließlich Weißen Charakteren herauszuarbeiten. Toni Morrison ist in dem Essay *Im Dunkeln spielen. Weiße Kultur und literarische Imagination* der Frage nachgegangen, wie Weißsein in der kulturellen Imagination konstruiert wird. Sie stellt fest, dass »Schwarzsein« oder »Afrikanismus«[9] vielfach als Ursache von literarischem »Weißsein« fungiert. Erst in der Abgrenzung zum »Schwarzsein« entstehe »Weißsein«. Doch meist wird dieses Verhältnis gar nicht expliziert, sodass die amerikanische Kultur als Weiß, »universell« und »rassenlos« gilt.[10] Schweigen und Ausweichmanöver bestimmen laut Morrison den Diskurs über »Rassenangelegenheiten« in der Literatur. Die Angewohnheit, ›Rasse‹ zu ignorieren, fördert ihrer Ansicht nach eine »Ersatzsprache, in der Probleme verschlüsselt werden, um so eine offene Debatte zu verhindern.«[11]

Analysiert man also die Bedeutung der Kategorie ›Rasse‹ in Filmen mit ausschließlich Weißen Charakteren wie den Slasherfilmen stellt sich das Problem, dass ›Rasse‹ nicht benannt wird, sondern in gewisser Weise codiert, verschlüsselt, verhüllt oder eben maskiert erscheint.

In den Slasherfilmen und insbesondere in den HALLOWEEN-Sequels wird das Maskieren und Verhüllen selbst zu einem Sujet, wie im Folgenden deutlich gemacht werden soll. Wenn die Maske dazu dient, etwas zu verbergen oder zu codieren, so ist zu fragen, welchen Zusammenhang es zwischen der Verhüllung Weißer Männlichkeit und dem möglicherweise verschlüsselten Insistieren auf ›Rasse‹ geben könnte.

Zu fragen ist auch, inwieweit die bisherige *whiteness*-Forschung der Filmanalyse dienen kann. Der Soziologin Ruth Frankenberg nach besitzen Weiße den Status einer »unmarkierten Norm« und geben sich »farblos, geschichtslos und universell«[12]. Ihr geht es darum, die Bedeutung von Rassismus und »Rasse« für Weiße zu benennen, um die »Enthüllung« des Ungenannten – um die Entlarvung von *whiteness* als »Maskerade des Universellen«[13].

Inwieweit lässt sich diese »Maskerade des Universellen« und die strukturelle Unsichtbarkeit, die *whiteness* in der Gesellschaft kennzeichnet, mit der filmischen Darstellung maskierter Weißer Männlichkeit in Verbindung bringen? Machen diese Filme buchstäblich deutlich, was Weiße Männlichkeit zugleich als ›rassisch‹ codiert ausweist und verdeckt? Denn Ruth Frankenberg und andere *whiteness*-Theoretiker/innen unterstellen, dass sich hinter der Maske des Universellen eine spezifisch Weiß geprägte Identität verbirgt. Im Folgenden soll weniger gezeigt werden, was sich hinter der Maske des Universellen verbergen könnte, sondern welchen Zusammenhang es zwischen der gesellschaftlichen Unsichtbarkeit und Maskerade Weißer Normalität und der filmischen Codierung Weißer Männlichkeit geben könnte.

Die Maske als Medium

Michael Myers wird in HALLOWEEN als das Prinzip des Bösen schlechthin beschrieben, das sich zu den übrigen Protagonist/innen als das Andere verhält, genauer als das ›innere Andere‹. Dieses Verhältnis des Subjekts zu seinem inneren oder äußeren Anderen wird auch durch die Maske verdeutlicht. Wie Michael Wimmer und Alfred Schäfer schreiben, »fungieren [Masken] als Medien, durch die der Bezug des Subjekts zum inneren wie äußeren Anderen codiert wird.«[14]

Die Maske als Medium zu definieren betont ihren Status des Dazwischen und der Vermittlung. Masken verdecken demnach nicht etwas, was hinter der Maske liegt, sondern dienen der Vermittlung zwischen Innen und Außen, Selbst und Anderem. Als Medium erfüllen sie jedoch weder die Funktion der Erweiterung der Sinnesorgane noch das der Speicherung und Bearbeitung. Sie erfüllen daher lediglich sehr begrenzt die Funktion eines Mediums, die sich vor allem auf die Intersubjektivität beschränkt. Damit ist die Maske zwischen einem primären Medium und einem sekundären Medium anzusiedeln.[15] Die Maske vermittelt jedoch auch immer etwas Unheimliches und Geheimnisvolles, da unklar bleibt, ob sich etwas hinter der Maske befindet (und wenn ja: was?). Die Unsichtbarkeit des Dahinter steht im Kontrast zu dem, was die Maske selber darstellt. So ist die weiße gesichtsähnliche Maske von Michael gerade deshalb unheimlich, weil ein reales Gesicht scheinbar und leblos verdoppelt wird, das man selber nicht oder nur in Augenblicken zu Gesicht bekommt. Die Maske wirft nicht

Michaela Wünsch

Weiße Masken: Die Serienmörder Michael Myers ...

RESURRECTION (2002; R: Rick Rosenthal) spielt eine Szene in einem Hörsaal der Haddonfield University. Der Dozent referiert, auf Carl Gustav Jung und Søren Kierkegaard Bezug nehmend, »dass in uns allen eine dunkle, böswillige, unergründliche Gestalt lauert. Eine Art böser Mann, wenn Sie so wollen.« Als er die Student/innen nach der genauen Bezeichnung dieser »dunklen Seite in uns« fragt, antwortet eine von diesen mit »der Schatten«. Selbstverständlich gilt diese Beschreibung implizit Michael Myers. Später äußert einer der jungen Männer, es handele sich bei Michael um den »großen weißen Hai unseres Unbewussten.« Dieser junge Mann scheint vermitteln zu wollen, dass es eine latente maskierte Gewalt in ihm gibt, die jederzeit ausbrechen könnte.

Der Film legt also nahe, dass der Serienmörder Michael die Verkörperung eines bösen inneren Kerns darstellt, der mehr oder minder verborgen in jedem Menschen zu finden ist. Dies entspricht auch Jungs Theorie, die in dem Film angesprochen wird. James F. Iaccino, der die Jungianischen Archetypen im Horrorfilm untersucht hat, schreibt dazu:

> »We try to excuse our rages and strong emotions when they come out, denying these inner feeling [...]. What ›came over‹ us was that shadow side of our personality, reflecting those uncontrollable animal impulses that we try to keep in check and hide from others.«[16]

nur hinsichtlich ihres Trägers Fragen danach auf, was sich hinter der Maske befindet oder ob sie ihm nur äußerlich ist, sondern lässt auch die mit dem Maskierten Konfrontierten fragen, was sich in ihrem Inneren verbergen könnte, etwas das möglicherweise verborgen oder ›maskiert‹ ist.

In den HALLOWEEN-Sequels gibt es immer wieder Figuren, wie Michaels Schwester Laurie, seine Nichte Jamie oder den kleinen Jungen, der in HALLOWEEN IV – THE RETURN OF MICHAEL MYERS (Halloween IV – Michael Myers kehrt zurück; 1988; R: Dwight H. Little) mit seiner Familie im Myers-Haus wohnt, die eine bestimmte Affinität zu Michael Myers haben. Sie haben Visionen, in denen sie ›sehen‹, was er gerade oder in der Zukunft tun wird, träumen von ihm etc. Er scheint ein verborgener Teil dieser Charaktere zu sein. Zu Beginn des achten Sequels HALLOWEEN:

Dieser Ansatz geht davon aus, dass hinter der Maske der Persönlichkeit, die ein Subjekt nach außen hin trägt, dunkle, unbewusste Kräfte wirken, die unterdrückt werden.[17] Das Unbewusste ist in dieser Vorstellung eine schwer zu kontrollierende Kraft, die das Subjekt überkommt. Für Iaccino ist Michael eine Verkörperung dieses menschlichen kollektiven Unbewussten,[18] das sich vollkommen different zum Bewussten und Gesellschaftlichen verhält.[19]

Diese psychologische und filmimmanente Erklärung des im Horrorfilm weit verbreiteten Narrativs eines bösen verborgenen Kerns in uns soll im Folgenden aus einer etwas anderen Perspektive nachgegangen werden, die das Unbewusste nicht als das vollkommen Andere zum Gesellschaftlichen begreift, sondern als von diesem strukturiert.

Sehen – Töten – Ordnen

Der Serienmörder als Herrensignifikant

Michael scheint eine eigentümliche Stellung einzunehmen, die sich in der Mitte der Gemeinde von Haddonfield oder im Innern der Charaktere befindet und ihr nicht-integrierbarer, nicht-assimilierbarer Kern ist. Er treibt das Geschehen der Kleinstadt und des Films wie eine fast leere, abwesende Instanz an. Dabei bleibt sein eigentliches Motiv, sein Aussehen und seine spezifische Individualität den übrigen Protagonist/innen wie dem Publikum verborgen. In HALLOWEEN: RESURRECTION geht es vor allem um eine Reality-Show im Stil von *Big Brother*. Die ›Bewohner‹ sind im Haus untergebracht, in dem Michael Myers seinen ersten Mord an seiner Schwester verübt hat und es wird erwartet, dass er an den Tatort zurückkehrt. Die im Haus Eingeschlossenen haben die Aufgabe, das Rätsel um Michael Myers zu lösen, den Grund für seine mörderischen Handlungen aufzuspüren. Sie finden jedoch fingiertes ›Beweismaterial‹, das von den Produzenten im Haus verteilt wurde. Das Rätsel bleibt ungelöst, zum einen da unklar ist, welche Spuren fiktiv sind und welche tatsächlich auf Michaels Biografie verweisen, aber auch weil alle Anwesenden nach und nach ermordet werden. Michael bleibt also ebenso undurchschaubar und leer wie in den anderen Sequels. Kameratechnisch wird diese Leere als eine anwesende Abwesenheit nachvollzogen. Michael ist nie im Zentrum des Bildes, sondern nur am Rand sichtbar. Die anwesende Abwesenheit scheint ein zentrales Merkmal der Figur des Weißen Serienkillers im Film zu sein.

Bislang unerwähnt blieb jedoch ein Aspekt, der vor allem im Kontext der Filmtechnik bedeutsam wird. Denn das Prinzip der anwesenden Abwesenheit teilt die Figur mit der Kamera selbst, die das Bild zur Ansicht gibt. Wenn der Killer also versteckt ist, ist er zugleich die Instanz durch die die Szenerie und Handlung des Films gesehen und beherrscht wird. Aus diesem Grund ›repräsentiert‹ er weniger *etwas*, er ist nicht Teil des Feldes der Repräsentation, sondern fungiert als dessen abwesende Ursache.

Die Lacanianerin Kalpana Seshadri-Crooks hat dieses Prinzip einer leeren oder abwesenden Ursa-

... und Jason Voorhees (im FRIDAY THE 13TH-Remake von 2009)

che als konstitutiv für *whiteness* als Herrensignifikanten bezeichnet. Sie schreibt:

»In Lacan's terms, we could propose that the dual character of Whiteness, as support and panic-inducing kernel, exists in a relation of ›extimacy‹ (Lacan's term for the paradox of the excluded interior) to the symbolic system it engenders. This signifier, in its awesome and terrifying aspect, discloses itself as something inassimilable to the very system that it causes and upholds.«[20]

Whiteness wird von Seshadri-Crooks als ein Herrensignifikant mit dualem Charakter bestimmt. Zum einen etabliert *whiteness* als Herrensignifikant eine Struktur, eine Signifikantenkette, die durch den

Michaela Wünsch

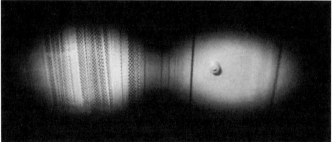

Das Publikum sieht mit den Augen des Killers: ...

Prozess der Inklusion und Exklusion ein Muster menschlicher Differenz organisiert.[21] Er ist aber auch der verborgene »Panik verbreitende Kern« dieser Struktur. Der Schrecken erregende Aspekt von *whiteness* lässt sich nicht in das System integrieren, er befindet sich außerhalb des Spiels ›rassischer‹ Signifikation, obwohl er es ermöglicht, genauer: Das System ›rassischer‹ Differenz ist um die Exklusion seiner inneren Ursache herum organisiert. Diese Position des ›ausgeschlossenen Innen‹ bezeichnet Seshadri-Crooks mit Lacan als ›Extimität‹. Dieses ausgeschlossene Innen scheint genau der Position des Serienkillers zur ›Weißen Community‹ zu entsprechen.

Die Figur Michael Myers verdeutlicht diesen schrecklichen inneren Kern, der weder in die kleinstädtische Gemeinde noch in das Filmbild zu integrieren ist und doch als Ursache dessen fungiert, was wir in den Filmen sehen. Wenn das Publikum mit seinen Augen sieht, seine Perspektive mit der der Kamera identisch sein soll, ist er die »Ursache von Sichtbarkeit« selbst.[22] Aber als solche kann er sich nur in einem Verhältnis von ausgeschlossenem Innen zum Bild befinden, er kann nicht im Bild sein, wenn man durch ihn das Bild sieht. Wenn er im Bild ist, dann als Blick.

Die Gewalt, die der Serienkiller ausübt, kann als die Gewalt der Weißen kleinstädtischen Gemeinschaft interpretiert werden, die nicht offen, sondern strukturell ausgeübt wird. Der innere Zusammenhalt der Weißen Vorstädte beruht auf dem Ausschluss von Nicht-Weißen. Weißsein selbst kann sich nur dank dieser gewaltförmigen Ausgrenzung konstituieren. Dieser historische Aspekt der Entstehung von *whiteness* muss jedoch verworfen werden, um die ›Natürlichkeit‹ von ›Rasse‹ aufrecht zu erhalten. Wenn also behauptet wird, dass Michael Myers der verdrängte ›böse‹ Kern in ›uns‹ ist, dann könnte dieser gewaltförmige Aspekt von *whiteness* ein Teil davon sein.

Was aber bedeutet es genau, wenn man der Annahme folgt, *whiteness* oder Michael ›verkörpere‹ den Herrensignifikanten? Ist Verkörperung in Begriffen von Repräsentation zu fassen oder in welchem Verhältnis steht der Serienkiller zur sichtbaren Repräsentation?

Laut Lacan »maskiert« der Diskurs des Herrn »die Teilung des Subjekts«.[23] Der Diskurs des Herrn ist einer von vier Diskursen, die Lacan als vier mögliche Typen des Netzes sozialer Bindungen, die auf Sprache gründen, unterscheidet.[24] Diesen Diskursen zugrunde liegt die Definition des Signifikanten: Ein Signifikant repräsentiert das Subjekt für alle anderen Signifikanten. Im Diskurs des Herrn, der den grundlegenden Diskurs darstellt, wird die dominante Position vom Herrensignifikanten eingenommen, der das Subjekt für alle anderen Signifikanten repräsentiert. Repräsentation bedeutet in diesem Zusammenhang, dass der Signifikant etwas für alle anderen darstellt, das abwesend ist. Er repräsentiert nicht ein spezifisches Subjekt, sondern nimmt die Position ein, auf die sich alle anderen Positionen beziehen.

Seshadri-Crooks überträgt diese Definition auf die Struktur ›rassischer‹ Differenz: *Whiteness* als

Sehen – Töten – Ordnen

Herrensignifikant (S1) stellt den Bezugspunkt für alle anderen Signifikanten bzw. ›rassisch‹ codierten Positionen wie schwarz, gelb, braun usw. (S2, S3, ...) dar, ist aber nicht Teil dieses Systems oder dieser Kette, sondern dessen abwesende Ursache. Alle rassialisierten Positionen beziehen sich auf *whiteness*, sei es als Ideal, unmarkierte Norm oder als die Instanz, die die rassialisierte Kategorisierung überhaupt in Gang setzt oder »Unordnung in Ordnung« verwandelt.[25] Dabei versucht der Herrensignifikant die Spaltung des Weißen Subjekts zu verdecken oder zu maskieren und erzeugt die Illusion, dass Sein und Sprechen zusammenfallen, bzw. erzeugt er die Illusion, das Sein selbst zu bezeichnen. *Whiteness* als Herrensignifikant verleugnet die Kluft zwischen dem Subjekt und dem Ort des Aussagens oder der Einschreibung.

... Michael Myers als mordendes Kind zu Beginn von HALLOWEEN

Übertragen auf Michael Myers ließe sich das daran festmachen, dass er gar nicht spricht und sich damit der Spaltung des Subjekts durch die Sprache entzieht. Er spricht nicht, sondern handelt unmittelbar und seine Handlungen können als Setzungen in Form der Schnitte seines Messers interpretiert werden, die die anderen Protagonisten töten oder leben lassen. Žižek zufolge ist der Unterschied zwischen S1 und S2 der Schnitt innerhalb eines Feldes – der Schnitt durch die Ebene, auf der sich der Prozess ereignet.[26] Man könnte die tödlichen Schnitte des Serienkillers in HALLOWEEN als buchstäblich für diesen Schnitt nehmen, der vom Herrensignifikanten durchgeführt wird und die übrigen Charaktere in gewisser Weise ›ordnet‹.

In diesem Sinn kann das serielle Töten als Ordnungsprinzip begriffen werden: Aus Individuen werden Teile einer Serie. Das Morden in Serie bedeutet auch Unordnung in Ordnung zu verwandeln. Michael Myers scheint seine Mordserie nach einem Plan zu verfolgen. Nachdem er im ersten HALLOWEEN-Film zunächst die Freundinnen von Laurie nacheinander ermordete, ist sie sein letztes Opfer. Es wirkt, als habe er die übrigen Leichen in dem Nachbarhaus für Laurie an unterschiedlichen Orten drapiert. Zuerst stößt Laurie auf Annie, die auf dem Bett mitsamt des Grabsteins von Michaels Schwester liegt. Bob hängt in einem Türrahmen und Linda liegt im Schrank, dessen Tür sich wie von Geisterhand öffnet, als Laurie daneben steht. Michael Myers produziert serielle Elemente. Dies würde auch der Theorie des Herrensignifikanten entsprechen: S1 *(whiteness)* ist die abwesende Ursache der übrigen rassialisierten Signifikanten (S2, S3, etc.), die eine serielle Ordnung bilden.

Neben dem Ordnungsprinzip der Serie, motiviert der Killer auch die ordnende Funktion des Filmschnitts. Dieser bringt ihn zum Verschwinden, während er die übrigen Charaktere sichtbar macht. Michael Myers selbst befindet sich fast in einem Zwischenraum zwischen zwei Schnitten, da er oft nur sekundenlang zu sehen ist. Demgegenüber gibt es im Anschluss an dieses kurze Bild meist eine lange Einstellung auf die anderen Charaktere, die von Michael beobachtet werden.

Dika hat betont, dass die Charaktere im Slasherfilm in ›wertvoll‹/›wertlos‹ unterteilt werden.

Michaela Wünsch

Diese Differenzierung wird durch den Serienkiller vorgenommen. Diese ist zwar nicht explizit ›rassisch‹ codiert, aber *whiteness* zeichnet sich nach Seshadri-Crooks vor allem dadurch aus, dass eine Logik der Inklusion und Exklusion als Signifikationsprozess etabliert wird, um Macht und Dominanz zu sichern.[27] Michael bevorzugt weniger die Inklusion, sondern die Exklusion oder Tötung anderer, um selbst eine Position der scheinbaren Ganzheit zu besetzen. *Whiteness* beinhaltet nach Seshadri-Crooks die Phantasie (oder Illusion) das Sein selbst zu signifizieren und der für das Subjekt konstitutiven Spaltung zu entkommen. Michael Myers ›maskiert‹ dabei seine eigene Spaltung.

Für Seshadri-Crooks gründet der Terror, den der Herrensignifikant *whiteness* verbreitet, auf dem Willen nach Herrschaft und auf der Vorstellung, *whiteness* könne das Sein selbst repräsentieren.[28]

Nun entspricht die Figur Michael Myers jedoch nicht überzeugend der Figur eines »Herrn«, obwohl die Figur einige der Züge aufweist, die nach Seshadri-Crooks *whiteness* als Herrensignifikanten auszeichnen: das paradoxe Verhältnis einer abwesenden Ursache, die Setzungen produziert; das Versprechen eines vollen Seins, das gleichzeitig anziehend und schrecklich wirkt. Arno Meteling bezeichnet den Slasher als »die ›invisible hand‹ des Systems, das hinter einer Apparatur, sei sie technisch oder gesellschaftlich, steht.«[29] Dies entspräche auf der filmtechnischen Ebene der Funktion von *whiteness* als einer abwesenden oder ›unsichtbaren‹ Ursache.

Jedoch erfüllt Michael Myers nicht wirklich die Funktion eines ›Herrn‹ im Sinne eines Repräsentanten oder Vertreters einer Institution. Zunächst stellt sich die Frage, ob eine Filmfigur überhaupt einen Signifikanten repräsentieren kann. In erster Instanz ist der Herrensignifikant das symbolische Mandat für den Herren, er nimmt aber auch tatsächlich seinen Platz ein. Sprechakt und Akt fallen im Diskurs des Herrn zusammen, er ist, was er sagt. Insofern besteht im Diskurs des Herrn gar keine Kluft zwischen Aussage und Ausgesagtem, der Herr stellt den Signifikanten bereit, indem er einen Schnitt erzeugt.

Michael Myers stellt nun dagegen nichts dar, es gibt keine repräsentative Verdoppelung oder »symbolische reduplicatio«.[30] Der Serienkiller scheint sich vielmehr in die Position des Herrn hineinzuphantasieren. Er verhält sich, als ob er allmächtig wäre und jenseits oder über dem Gesetz und der Sprache stünde, was ihm die *Illusion* eines »vollen Seins« verschafft.

Schneiden – Quälen – Ordnen

Dieses Streben nach einem vollem Sein erinnert daran, was Žižek zum »gütig-sadistischem Spiel« Hitchcocks geschrieben hat, wobei er der Lacan'schen Ausarbeitung zum Sadismus folgt: Der Sadist findet Genuss im Schmerz des Anderen, eines anderen Subjekts, das »nicht-gebarrt«, sondern »roh« ist. »Das lebende Fleisch, in das der Sadist schneidet, ›authentifiziert‹ sozusagen die Fülle des Seins.«[31] Auf der manifesten Ebene quält oder zerschneidet Michael Myers also seine Opfer aus dem Willen zur »Fülle des Seins«, also dem Phantasma, das auch Seshadri-Crooks als einen wichtigen, aber ausgeschlossenen Aspekt von *whiteness* bezeichnet.

Nach Žižek verbirgt diese manifeste Beziehung jedoch eine andere latente Beziehung.

> »Der Sadist handelt nicht für seinen eigenen Genuss, seine Strategie ist vielmehr, der für das Subjekt konstitutiven Spaltung zu entkommen, indem er die Rolle eines Objekt-Instruments im Dienste des großen Anderen nimmt. […]. Die Spaltung wird dadurch auf den anderen, auf das gequälte Opfer, übertragen.«[32]

Die Aktivität des Sadisten zielt auf die Spaltung des anderen »im Dienste des großen Anderen« ab.[33] »Das wahre Begehren des Sadisten […] ist es daher, als Instrument des Anderen als des ›Höchsten Wesen des Bösen‹ zu handeln.«[34]

Der Sadist nimmt also nicht wie der Herrensignifikant »tatsächlich den Platz des Akteurs ein, der der des Herrn ist«,[35] sondern er meint lediglich im Namen des Gesetzes zu agieren. Er phantasiert sich als der große Andere und als das Gesetz. Er versucht die Spaltung beim (kleinen) anderen, seinem menschlichen Gegenüber zu bewirken und zwar weil er selbst nicht gespalten ist. Der Sadist hat kein symbolisches, sondern ein imaginäres Verhältnis zum Gesetz und befindet sich jenseits der symbolischen Ordnung bzw. ist ihr nicht assimilierbarer Kern. Somit erfährt er selbst keine Spaltung, sondern handelt, als ob er das Gesetz vertreten würde, macht sich zu seinem Instrument.

Dies stimmt mit Dikas Beobachtung überein, dass Michael Myers als »Bote eines Prinzips« fungiert. Bisherige Analysen haben dieses Prinzip entweder als konservative Sexualmoral oder als das Böse schlechthin interpretiert.

Auf Seshadri-Crooks Analyse von *whiteness* übertragen, wäre die Spaltung des Opfers nichts anderes als die Einteilung in rassialisierte Kategorien, die jedoch bedeutungslos bleiben, da lediglich das Prinzip der Differenzierung gezeigt wird und nicht visuelle Differenz als solche.

Aber Michael fungiert auch als Bote des Prinzip des Films selbst: Die Schnitte, die er vollzieht, sind analog zu den Filmschnitten bzw. der Montage. So wechselt die lange erste Kameraeinstellung in HALLOWEEN erst nachdem Michael seine Schwester getötet hat. Auch in den folgenden HALLOWEEN-Sequels wechselt eine Sequenz oder Kameraeinstellung häufig erst mit dem Einsatz von Michaels Messer. Dass das, was wir als einen kontinuierlichen Film sehen, eine Kombination aus Schnitt und Montage ist, wird deutlich, wenn Michael in HALLOWEEN: THE CURSE OF MICHAEL MYERS (Halloween VI – Der Fluch des Michael Myers; 1995; R: Joe Chapelle) eine Frau mit einer Axt zwischen aufgehängten Bettlaken ›spaltet‹. Wir sehen den Schnitt, dann das Blut auf dem Laken, das als Metapher für die Filmleinwand betrachtet werden kann. Diese Blutspritzer sind das, was dem Film seine »Farbe«, seinen Inhalt gibt. Nach der Sicht auf das Laken gibt es einen weiteren Filmschnitt und wir sehen die Tochter der Frau eine Straße entlang laufen.

In diesem Sequel gibt es immer wieder laut hörbare Schnitte bei Szenenwechseln, die Analogie zwischen dem mörderischen Schnitt des Killers und dem Filmschnitt wird also deutlich betont. Die Fragmentierung oder der Schnitt und die Montage können als Äquivalent zu den Mechanismen der Verschiebung und Verdichtung im Unbewussten betrachtet werden. Insofern wäre Michael doch der Akteur der die Handlung voranbringt und kann als Instanz der Filmtechnik (Schnitt und Montage), wie des Regisseurs begriffen werden.

Das Blut gibt dem Film seine »Farbe«, seinen Inhalt:
HALLOWEEN: THE CURSE OF MICHAEL MYERS

Auf der narrativen Ebene handelt der Film von einer Geheimgesellschaft, die nicht nur die Macht in der psychiatrischen Anstalt Smith Grove übernommen hat, sondern Michael für ihre okkulten Zwecke zu benutzen versucht.

Michael als Sadist handelt also im Dienste eines anderen und wird damit zu einem Instrument. Sein maskiertes Gesicht ähnelt der »versteinerten Form«[36], mit der Lacan die Erscheinung des Sadisten als »reine[s] Objekt« umschreibt. Sein Gesicht ist zu einer versteinerten Maske erstarrt, weil er die Spaltung auf die anderen übertragen hat. Als dieses reine, versteinerte und ungeteilte Objekt wird er zum Versprechen als auch zur Bedrohung eines ›vollen‹ Seins.

In der Lacan'schen Psychoanalyse verdeutlicht sich die Spaltung des Subjekts im Feld der Wahrnehmung an der Spaltung von Auge und Blick, dem sich die folgende Schlussbetrachtung widmen wird.

Schluss

Zusammenfassend lässt sich festhalten, dass es bei der Inszenierung weniger darum geht, ›rassische‹ Merkmale sichtbar zu machen, vielmehr geht es um die Unsichtbarmachung Weißer Männlichkeit. Diese wird, zumindest in ihrem gewalttätigen Kern, durch die Maske zum Verschwinden gebracht. Nicht sichtbar zu sein, bedeutet auch unmarkiert zu sein und dem Blick der anderen nicht ausgeliefert. Für den Killer bedeutet dies, sich einer Spaltung, die mit dem Eintritt in das Symbolische verbunden ist, zu entziehen.

Er überträgt diese Spaltung auf den anderen, analog zu den Schnitten, mit denen der Killer seine Opfer tötet. Diese Schnitte machen auch den Filmschnitt als eine der Filmproduktion inhärente Gewalt sichtbar. Im Unterschied zu anderen Unterhaltungsfilmen wird im Slasherfilm der Schnitt eher betont als verdeckt, indem z. B. analog zum Filmschnitt ein ›Schlitzen‹ zu hören und zu sehen ist. Diese Literalisierung kann als eine typische Verfahrensweise bei der Inszenierung des Serienkillers betrachtet werden. Sie verdeutlich jedoch auch das äquivalente Verfahren des Films, der Schnitt und der Montage, zu den Mechanismen des Unbewussten, der Verschiebung und Verdichtung. Die rassialisierten Positionen entsprechen einem metonymischen Gleiten, während der Serienkiller als Produkt einer Verdichtung betrachtet werden kann, da sich in seiner Figur mehrere Vorstellungen kreuzen.[37]

Dass die Schnitte nicht nur von einer Weißen Instanz ausgehen, sondern auch an Weißen Protagonisten ausgeübt werden und mit der weißen Leinwand in Verbindung gebracht werden, legt nahe, dass sich *whiteness* nicht nur in der Position des Verleugnens der eigenen Spaltung, sondern auch in der des Gespaltenwerdens befindet. *Whiteness* dient ebenfalls als Projektionsfläche der Übertragung der eigenen Spaltung auf den anderen. *Whiteness* stellt jedoch damit die Grundlage jeder filmischen Projektion dar, wie dies Béla Balázs voraussagt sagt, der eine »Normalpsychologie der weißen Rasse« als Grundlage aller Filmerzählungen prognostiziert hat. Das Weiße bildet die Basis des Films, auf der sich eine Differenzierung abzeichnet. Balázs erwartete, dass der Film »die Verschiedenheit des Gesichtsausdrucks [...] allmählich wegretuschiert. [...] Und wenn der Mensch einmal ganz sichtbar wird, dann wird er trotz verschiedenster Sprachen immer sich selbst erkennen«.[38] Für Balázs war diese Differenzlosigkeit eine Utopie der Völkerverständigung: Die Unterschiede zwischen den Menschen verhinderten einen wahren Internationalismus, den das Kino durch die Synthese aller »Rassen und Völker« herstellen konnte.[39] Balázs wollte vor allem die physiognomischen Differenzen der Mimik und Gestik zwischen den Menschen eliminieren, die er als Ausdruck ihrer Psyche verstand. Damit sich die Menschen auf der psychologischen Ebene angleichen und verständigen konnten, sollten ihre sichtbaren Unterschiede verschwinden.

Balázs argumentiert an dieser Stelle rassistisch, weil er das Äußere als Abbild eines inneren Zustands begreift und weil er das Ideal eines weißen Menschen produziert, das Differenz als solche eliminiert. Die angestrebte narzisstische Gleichförmigkeit, in der sich das Individuum immer nur selbst im anderen erkennt, birgt die Gefahr der Auslöschung von Differenz und damit eine völlige Grenzenlosigkeit. Michael Myers Maske kann als eine Überspitzung dieser Differenzlosigkeit und grenzenlosen Allmachtsfantasie begriffen werden.

Er ist daher nicht als ein Charakter unter vielen in HALLOWEEN zu betrachten, sondern er befindet sich konstitutiv außerhalb der Weißen Gemeinschaft. Diese Exklusion ist jedoch nicht als ein Ausschließungsverhältnis im Sinne einer (diskriminierenden) Ausgrenzung zu verstehen, sondern als ein begründender Ausschluss: Der Killer fungiert als abwesende Ursache und kann daher in Analogie zur visuell abwesenden Kamera begriffen werden. Der Weiße Killer repräsentiert deshalb keinen spezifischen Diskurs, sondern begründet einen Diskurs im Sinne einer Signifikation.

Die Position des Außen, die er einnimmt, ist eine des inneren Außen, was Lacan als ›Extimität‹ bezeichnet hat.[40] Dieses von Intimität (intimité) hergeleitete Wort bezeichnet z. B. den Umstand, dass das Unbewusste sich zum Subjekt zugleich als etwas Inneres und Äußerliches verhält bzw. der Gegensatz von Innen und Außen problematisiert wird. Der Signifikant, der das Unbewusste strukturiert, befindet sich zugleich außerhalb wie innerhalb des Subjekts. Dieses Verhältnis könnte die Position des Serienkillers erklären, dem zugeschrieben wird, der dunkle Kern unseres Unbewussten zu sein, der aber zugleich eine ordnende, signifizierende Position einnimmt. Er zeigt damit das Unbewusste des Films auf: die Phantasie und Gefahr einer dem Film zugrunde liegenden Weißen Psyche, die sich der Sichtbarkeit entzieht, aber auch Sichtbarkeit produziert. ❑

Anmerkungen

1 Die Jahreszahl sowie die fiktive Ortsangabe *Haddonfield, Illinois* werden zu Beginn des Films schriftlich eingeblendet.
2 Die Adjektive ›schwarz‹ und ›weiß‹ werden in Anlehnung an Wachendorfer mit großem Anfangsbuchstaben geschrieben, um sie als sozio-kulturelle Konstruktionen zu kennzeichnen. Ursula Wachendorfer (2001): *Weiß-Sein in Deutschland. Zur Unsichtbarkeit einer herrschenden Normalität*. In: Susan Arndt (Hg.): *Afrika-Bilder. Studien zu Rassismus in Deutschland*. Münster. Diese beiden Begriffe sollen in erster Linie auf eine Ungleichheit verweisen, die rassialisiert wird. Da zur Rassialisierung gehört, diese Machtverhältnisse aufgrund einer vermeintlich vorgängigen Hautfarbe zu etablieren, ist dieser Bezug zunächst wenig vermeidbar. Weiß soll jedoch die gesellschaftlich dominante Gruppe bezeichnen, während die Bezeichnung Schwarz all die Menschen umfasst, die rassistisch markiert werden oder dies so erleben.
3 Peter Hutchings (2004): *The Horror Film*. Essex.
4 Ebd., S. 194. Eine weitere, aber kaum gebräuchliche Bezeichnung ist ›women-in-danger-films‹.
5 Vera Dika (1990): *Games of Terror: Halloween, Friday the 13th, and the Films of the Stalker Cycle*. Rutherford.
6 Carol J. Clover (1993): *Men, Women and Chainsaws. Gender in the Modern Horror Film*. London.
7 Richard Dyer (1999): *Seven*. London, S. 41 f.
8 Richard Dyer (1997): *White*. London, S. 1.
9 Den Begriff »Afrikanismus« benutzt Morrison »[...] für die Bedeutung und für die Beiklänge des Schwarzseins, für das afrikanische Menschen heute stehen, sowie für die ganze Skala von Ansichten, Meinungen, Interpretationen und Fehlinterpretationen, welche die eurozentristische Lehre über diese Menschen begleiten.« Toni Morrison (1994 [1992]): *Im Dunkeln spielen. Weiße Kultur und literarische Imagination*. Aus dem Amerikanischen von Barbara von Bechtholsheim. Reinbek, S. 27.
10 Ebd., S. 34.
11 Ebd., S. 30.
12 Ebd., S. 2f.
13 Ebd., S. 3.
14 Alfred Schäfer / Michael Wimmer (2000): *Einleitung. Zwischen Maskierung und Obszönität. Bemerkungen zur Spur der Masken in der Moderne*. In: Dies. (Hg.): *Masken und Maskierungen*. S. 24.
15 Vgl. Harry Pross (1972): *Medienforschung: Film, Funk, Fernsehen*. Darmstadt, S. 145. Nach Pross' Definition sind primäre Medien die Sprache in all ihren Facetten, auch non-verbale Kommunikation wie Mimik und Tanz, jedoch bedarf es keines Geräts zwischen Sender und Empfänger, während Medien sekundärer Art den Einsatz von Geräten zur Produktion der Aussage nötig machen, wie Rauchsignale. Die Maske ist zwar noch nicht als Gerät zu bezeichnen, sie ist jedoch zwischen Sender und Empfänger zu verorten.
16 James F. Iaccino (1994): *Psychological Reflections on Cinematic Terror: Jungian Archetypes in Horror Films*. Westport, CT, S. 6.
17 Ebd. – Iaccino benennt die »Maske« und den »Schatten« als zwei Seiten der menschlichen Psyche.
18 Ebd., S. 134. Zur Geschichte der Vorstellung vom kollektiv Unbewussten vgl. Lemma *unbewusst/das Unbewusste* von Mai Wegener (2005). In: Karlheinz Barck et al. (Hg.): *Ästhetische Grundbegriffe*. Bd. 6. Stuttgart/Weimar.
19 Ebd., S. 111.
20 Kalpana Seshadri-Crooks (2000): *Desiring Whiteness. A Lacanian Analysis of Race*. London/New York, S. 58.
21 Vgl. ebd., S. 3.
22 Ebd., S. 58.
23 Jacques Lacan (1991 [1969–1970]): *Le Seminaire. Livre XVII. L'envers de la psychanalyse*. Hg. von Jacques-Alain Miller. Paris, zitiert nach: Dylan Evans

Michaela Wünsch

23 (2002 [1996]): *Wörterbuch der Lacanschen Psychoanalyse*. Wien, S. 80.
24 Jacques Lacan (1991 [1972–1973]): *Encore. Das Seminar. Buch XX*. (2. Aufl.). Hg. von Norbert Haas / Hans-Joachim Metzger. Weinheim, S. 22.
25 Vgl. Slavoj Žižek (2005): *Körperlose Organe. Bausteine einer Begegnung zwischen Deleuze und Lacan*. Frankfurt/M., S. 262. Žižek erläutert diese Herstellung einer Ordnung durch den Herrensignifikanten am Beispiel des Antisemitismus im Deutschland der 1920er Jahre. Der Herr habe keinen neuen positiven Inhalt bereitgestellt, sondern lediglich einen Signifikanten, der auf einmal die Unordnung in Ordnung verwandelt. Der ›Jude‹ war angeblich für die schlechte Lage der Zeit verantwortlich. Seshadri-Crooks führt anhand des Antisemitismus im Dritten Reich die Arbitrarität der rassistischen visuellen Markierung aus. ›Rasse‹ versprach ihrer Ansicht nach im Dritten Reich ein ›volles Sein‹ für Weiße, während ein tödliches Regime ›rassischer‹ Sichtbarkeit installiert wurde. Vgl. Seshadri-Crooks (2000), S. 38.
26 Vgl. Žižek (2005), S. 262.
27 Vgl. Seshadri-Crooks (2000), S. 7.
28 Lacan verwendet die französische Homophonie von maître und m'étre, um den Versuch der Totalisierung im Diskurs des Herrn zu verdeutlichen. Vgl. Lacan (1991), S. 33.
29 Arno Meteling (2006): *Monster. Zur Körperlichkeit und Medialität in modernen Horrorfilmen*. Bielefeld, S. 228.
30 Žižek (2005), S. 258. Žižek verdeutlicht diese Verdoppelung am Beispiel der militärischen Ränge oder der zwei Namen des Papstes Karol Wojtyla und Johannes Paul II. Der Herrensignifikant stellt in diesem Fall einen exzessiven Überschuss dar, er wird dem gewöhnlichen Signifikanten hinzugefügt.
31 Slavoj Žižek (1998): *Ein Triumph des Blicks über das Auge*. (2. Aufl.) Wien, S. 202.
32 Ebd., S. 203.
33 Vgl. auch Jacques Lacan (1998): *Die Angst. Seminar X*. (Unveröffentlichte Übersetzung aus dem Französischen von Gerhard Schmitz.) Sitzung VIII, S. 7. Dort heißt es: »Wenn da etwas ist, das sich das sadistische Begehren nennt [...] ist es formulierbar nur für diese Spaltung [...] auf deren Einführung beim anderen es wesentlich abzielt [...].«
34 Žižek (1998), S. 203.
35 Žižek (2005), S. 258.
36 Lacan (1998), *Die Angst*. Sitzung VIII, S. 8.
37 Žižek bezeichnet den Herrensignifikanten auch als Knotenpunkt, auf den sich die »gleitenden Signifikanten« wie einzelne ideologische Elemente beziehen und deren Bedeutung retroaktiv fixiert wird. Vgl. Slavoj Žižek (1991): *Liebe dein Symptom wie dich selbst! Jacques Lacans Psychoanalyse und die Medien*. Berlin, S. 63.
38 Béla Balázs (2001 [1924]): *Der sichtbare Mensch oder die Kultur des Films*. Frankfurt/M., S. 22 f.
39 Er schrieb: »Der Kinematograph ist eine Maschine, die, auf ihre Art, lebendigen und konkreten Internationalismus schafft: *die einzige und gemeinsame Psyche des weißen Menschen*.« Ebd., S. 22.
40 Vgl. dazu ausführlich Jacques-Alain Miller (1994): *Extimité*. In: Marc Bracher (Ed.): *Lacanian Theory of Discourse. Subject, Structure, and Society*. New York/London, S. 74–88.

Der dunkle Souverän

Zur Faszination des allmächtigen Serial Killers im zeitgenössischen Thriller und Horrorfilm

Von Marcus Stiglegger

Vom *gothic villain* zum dunklen Souverän

Das Böse zieht seine finstere Spur durch das Kino von dessen Beginn an. Doch wie zeigt es sich im Film? Gibt es – um mit Karl-Heinz Bohrer zu fragen – den ›bösen Film‹? Gibt es das ›böse Genre‹? Die Auseinandersetzungen über den aktuellen Horrorfilm und den Kriegsfilm lassen es vermuten. Gibt es einen filmischen Diskurs über das Böse? Fragt nicht ein Protagonist aus Terrence Malicks THE THIN RED LINE (Der schmale Grat; 1996): »Wie kommt das Böse in die Welt?«

Wie sehen die Spielformen des Bösen im Film letztlich aus? Was sind ihre Zeichen? Die folgenden Überlegungen folgen nur einer dieser vielschichtigen Spuren: Sie fragen nach den Inkarnationen des Bösen im Film, um wenigstens ein Zeichensystem deutlich zu machen – eines zumal, das sich gerade im zeitgenössischen Horrorfilm und Thriller äußerster Popularität erfreut: der Serial Killer als dunkler Souverän – als Faszinosum und Schreckensbild zugleich.

Inkarnationen des Bösen, wie sie die *gothic fiction* und die schwarze Romantik (nach Mario Praz) vorgedacht hatten, tauchten bereits in den frühen Biograph-Filmen von David Wark Griffith auf, sei es als männlicher *gothic villain* oder dessen weibliches Gegenstück, der *vamp* oder die *femme fatale*. Deren Weg zog sich durch Klassiker wie METROPOLIS (1927) von Fritz Lang und ALRAUNE (1928) von Henrik Galeen, durch den Universal-Horrorfilm ebenso wie sogar durch den Nazi-Propagandafilm (etwa JUD SÜSS; 1940; R: Veit Harlan). Gemeinsam ist jenen Verkörperungen des Bösen, die ich als dunkle Souveräne bezeichnen möchte, eine funkelnde Verführungskraft, eine sinnliche Herausforderung an die positiven Protagonisten, die nicht nur aus der äußerlichen Attraktivität erklärbar wird, aus der Kultiviertheit, sondern auch aus der Selbstermächtigung des Souveräns, der nach eigenen, selbsterklärten Gesetzen lebt. Der – weibliche oder männliche – Souverän erhebt sich selbst zur maßgebenden Instanz, fordert Moral und Ethik heraus und definiert sich geradezu aus der Überschreitung der gesellschaftlichen Grenzen. Der dunkle Souverän ist ein amoralisches Wesen, ja mehr noch: Er transzendiert die Moral und setzt sich selbst an deren Stelle. Diese souveräne Selbstermächtigung birgt einen Moment der Verführung und Verheißung, die zum Prüfstein der Integrität von Protagonist und Zuschauer gleichermaßen wird. Und gerade in den letzten Jahren taucht der dunkle Souverän wieder verstärkt als Antiheld des kommerziellen Kinos auf. Und von jeher lautet die Herausforderung, nicht selbst der dunklen Seite zu erliegen: »[...] wenn du lange in einen Abgrund blickst, blickt der Abgrund auch in dich hinein«, schreibt Friedrich Nietzsche in *Jenseits von Gut und Böse*. Die seduktive Strategie des dunklen Souveräns im Film liegt darin, den Zuschauer mit seinem eigenen Abgrund vertraut zu machen. Eine *Verführung durch das ›Böse‹* oder den Bösen ist in diesem Sinne also zugleich die *Verführung zum ›Bösen‹* – die Verführung zur Umwertung der moralischen Werte, schließlich die Identifikation mit dem Bösen.

Die sinnlose Tat als Akt des Bösen

David Finchers Film über den Serienmörder ZODIAC (2007) verdeutlicht im Zitat der Bekennerbriefe des Killers immer wieder die Willkür und Zufälligkeit, mit der dieser seine Opfer auswählt. Er töte einfach aus Spaß, denn der Mensch sei das gefährlichste Tier, das man jagen könne. Gerade

Marcus Stiglegger

diese Willkür qualifiziert den bis heute nicht identifizierten Zodiac-Killer als Inkarnation des Bösen. Eine besonders böse Qualität liegt hier in der sinnlosen Gewalttat, die nur noch auf sich selbst verweist: »Veranschaulichen sie sich doch: ein Verbrecher weder aus Leidenschaft noch aus Not! Der Grund, der ihn treibt, das Verbrechen zu begehen, ist eben der Trieb, ein Verbrechen ohne Grund zu begehen.«[1] Der immoralische Dandy Lafcadio, der diese Worte spricht, hat zuvor den Adligen Amadeus Fleurissoire völlig ohne Grund aus einem fahrenden Zug gestoßen und damit getötet. Nun plant er, einen Roman über ein solches Verbrechen jenseits der Moral und rationalen Begründung zu schreiben. Mit diesen Überlegungen aus dem fünften Buch seines Romans *Les Caves du Vatican* (*Die Verliese des Vatikan*, 1918) begründete der Autor André Gide den *acte gratuit*, die scheinbar willkürliche Tat ohne Motiv, in der die größtmögliche ›Souveränität‹ und Freiheit eines Individuums liege. Zwei Umstände liegen diesen radikalen, immoralischen Überlegungen zugrunde: die Auffassung vom Menschen als Individuum und die gesellschaftliche Polarisierung zwischen Einzelnen und einer unbestimmbaren ›Masse‹. Martin Raether verweist in seinen Ausführungen[2] auch auf die Schlüsselfunktion von Descartes' Satz »Cogito ergo sum«, dem eine nahezu ›egoistische‹ Subjektbehauptung innewohnt. Es gibt einige zentrale Elemente des *acte gratuit*: »Grundlosigkeit, Willkür, Mutwilligkeit, Zweckfreiheit, Motivlosigkeit, Sinnlosigkeit, Absichtslosigkeit«[3] usw. Für den Willkürtäter des *acte gratuit* liegt in der ziellosen Tat eine Selbsterhöhung – die ultimative Freiheit im völligen Verfügen über das Leben der/des *Anderen*: das Blut der *Anderen* vergießen, um sich selbst in seiner Exklusivität zu behaupten. Ein solches Sich-Erheben über seine Umwelt ist auch für den Zodiac in Finchers Film erkennbar. Der Film verdeutlicht diese kleinen Momente des grausamen Triumphs in der Nachinszenierung der Taten, im Rahmen derer die Opfer schon bald verstehen, dass sie der Bedrohung auf Gedeih und Verderb ausgeliefert sind. Es ist diese ausweglose Situation, die gerade als Basis für den aktuellen Terrorfilm dient: Aktuelle Beispiele wie HOSTEL (2005; R: Eli Roth), WOLF CREEK (2005; R: Greg McLean), das Remake THE HITCHER (2007; R: Dave Meyers) und HAUTE TENSION (High Tension; 2003; R: Alexandre Aja) rekurrieren allesamt auf den von Willkür geleiteten, mitunter raubtierhaft erscheinenden Gewalttäter, der seine Taten genießt und die Opfer wählt wie sie kommen. Hier wird keine Schicksalhaftigkeit mehr simuliert, es kann schlicht jeden treffen in einer Welt, in welcher der sinnlose Gewaltakt zu einem weiteren verfügbaren Zeitvertreib geworden ist. Und dass in HOSTEL und HOSTEL 2 (2007; R: Eli Roth) daraus bereits ein florierendes Geschäft gemacht wurde, unterstreicht nur die nächste Stufe des Bösen, die in dessen Kommerzialisierung und Globalisierung erreicht wurde. Hier sind ausgerechnet die amerikanischen Touristen zum hoch bezahlten Wunschopfer geworden.

Die Polarisierung zwischen Individuum und Masse findet sich wiederum in der Philosophie Friedrich Nietzsches, der dieses Modell im Bild von der ›Herde‹ und dem ›Raubtier‹ verdichtete. Nietzsches Bild des ›Übermenschen‹ ist letztlich selbst eine metaphorische Revolte gegen die Phänomene des ausgehenden 19. Jahrhunderts: Technisierung, Demokratie, Christentum und Utilitarismus. Nietzsche beschwor die Revolte des Einzelnen ›wider die Masse‹. Das souveräne Individuum sollte sich aus den gesellschaftlichen und moralischen Zwängen lösen und sich selbst an die Stelle des ›toten Gottes‹, der ›umgewerteten Werte‹, als das Absolute setzen. Genau in diesem Modell lag natürlich auch das Potenzial, Nietzsches Gedanken für die Selbstdefinition eines totalitären Systems zu missbrauchen, das seinerseits eine Hierarchie zwischen ›Herde‹ und ›Raubtieren‹ etablieren möchte. Martin Raether isoliert auf der Basis von Nietzsches Modell des ›Willens zur Macht‹, wie er beim *acte gratuit*-Täter auftritt, folgende Elemente: »1. betonte Individualität, 2. aktives Freiheitsstreben bis zur Revolte, 3. Folgenindifferenz bis zum Verbrechen, 4. Gott-Teufel-Ambivalenz (oder Über- und Unmensch), 5. Scheitern.«[4]

Der Serial Killer als Charismatiker

Einen zunächst nach solchen Gesetzen funktionierenden und schließlich darüber hinausgehenden *gothic villain* als Superstar inszenierte Jonathan Demme in THE SILENCE OF THE LAMBS (Das Schweigen der

Der dunkle Souverän

Sinnlose Gewalttaten, die nur auf sich selbst verweisen: ZODIAC

Lämmer; 1991). Diese Mischung aus Psychothriller, Polizeifilm und *gothic horror* zeigt eine junge FBI-Anwärterin (Jodie Foster) im Banne des hochintelligenten, gebildeten und charmanten Psychiaters und kannibalischen Triebtäters Hannibal Lecter (Anthony Hopkins). In der Inszenierung dieser Figur kulminiert das seduktive Potenzial dieses Films, der den Zuschauer mit der absoluten Souveränität eines Menschen konfrontiert, der entschieden nach seiner eigenen Moral handelt, das Urteil über Leben und Tod seiner Mitmenschen selbst fällt und ihre Leichen als Kunstwerke arrangiert. Die seduktive Strategie dieses Films birgt eine radikale Herausforderung an die ethischen Werte des Publikums. Und auch hier erscheint das Böse wiederum als in letzter Instanz Sinn verweigernd: Grausamkeit und Tod stehen für sich und erzeugen allenfalls ihrerseits eine bizarre Variante von Ästhetik. Anthony Hopkins in seiner Rolle als hyperintellektueller kannibalischer Serienkiller Hannibal Lecter kann als Prototyp des bösen Souveräns bis heute gelten,

auch wenn der Schauspieler selbst in dem jüngsten Prequel HANNIBAL RISING (2007; R: Peter Webber) nicht persönlich auftaucht. In seiner unbezwingbaren Souveränität dominiert er die unerfahrene FBI-Anwärterin Clarice Starling sogar aus seiner panzerglasgesicherten Zelle heraus. Bemerkenswert in ihrer Eigenständigkeit ist die Inszenierung jener ersten Begegnung zwischen der ›Schönen und dem Biest‹, deren anfängliches Lehrer/Schüler- bzw. Vater/Tochter-Verhältnis sich in der Fortsetzung HANNIBAL (2001) von Ridley Scott zu einer makabren Liebesgeschichte ausprägen wird.

Gegenüber seinen Mithäftlingen, die wie ungeliebte Raubtiere im Dunkeln hinter ihren Käfiggittern hausen, erscheint der mörderische Psychiater Hannibal Lecter wie eine Lichtfigur – ganz im Gegensatz zu den grauenvollen Geschichten, die Clarice Starling und das Publikum zuvor über ihn mitgeteilt bekamen. Interessant ist auch hier die Blickdramaturgie: Die anderen Insassen, die in der Dunkelheit meist nur zu erahnen sind, zeigt die sub-

Marcus Stiglegger

Gespaltene Seele: MR. BROOKS

jektive Kamera erst, nachdem Clarice Starling sich direkt neben der Zelle befindet. Anders bei Lecter: Hier nähert sich die Subjektive langsam der Lichtquelle, die Mauer schiebt sich förmlich zur Seite und gibt den Blick auf einen freundlich blickenden Mann mittleren Alters frei. Keine Zellengitter versperren den Blick, vielmehr ist die Zelle durch eine weitläufige Panzerglaswand begrenzt. Die Raffinesse der Inszenierung setzt sich in der psychologischen Gestaltung des nun folgenden Dialogs fort, in dem Lecter es schafft, vom vermeintlich Verhörten immer wieder in die Position des Fragenden zu gleiten. Stets aufs Neue greift er detaillierte Beobachtungen auf, um kleine Schwächen gegen die junge Frau auszuspielen. Und doch wird sich zwischen der FBI-Anwärterin und dem psychopathischen Psychiater ein fast zärtliches Verhältnis ausprägen, gelegentlich untermauert von kleinen Gesten, etwa wenn er später bei einer Dokumentenübergabe ihren Finger leicht streichelt. Mit blutrünstigen Mitteln gestaltet sich Dr. Hannibal Lecter die Welt, absorbiert förmlich jene Menschen, die sich in seinen Weg stellen, schlüpft ganz wörtlich in ihre Haut, als er flüchtet. Lecters Intellektualität verortet ihn jenseits aller gültigen moralischen Normen und Gesetze, doch ist sein Wirken nicht gezeichnet von der Auflösung der Rationalität, sondern ist jenseits eines mitmenschlichen sozialen Verhaltens verortet. Lecter praktiziert die absolute Souveränität, sobald es ihm möglich ist, er lebt den Traum vom erhabenen Geist jenseits humaner Bezüge und moralischer Einschränkungen. Das absolut Böse an Hannibal ›the Cannibal‹ ist, dass er nur noch sich selbst als Referenz anerkennt. Der unglaubliche Erfolg dieses Films und die Ikonenhaftigkeit dieser Rolle, die Anthony Hopkins noch in zwei Fortsetzungen verkörperte, zeugt von der Verführungskraft dieses Traumes, alle Grenzen zu transzendieren – und sei es um den Preis der Vernichtung anderen Lebens.

Ein vergleichbar radikales Phänomen stellt Bruce A. Evans' MR. BROOKS (2007) vor: Earl Brooks (Kevin Costner) ist ein kultivierter Familienvater und erfolgreicher Geschäftsmann, dem es eigentlich an nichts mangelt – materiell gesehen. Er ist glücklich verheiratet und hat eine attraktive Tochter am College. Doch Mr. Brooks führt ein Doppelleben: Hin und wieder ermordet er scheinbar motivlos Menschen, eine Eigenschaft, die ihn ethisch im Bereich des absoluten Bösen verortet. Als er ein junges Paar beim Liebesspiel überrascht und tötet, wird er dabei von dem voyeuristischen Fotografen Smith (Dane Cook) abgelichtet. Doch der sucht die Bekanntschaft des Killers, statt ihn anzuzeigen, will dessen Mordakte dokumentieren und letztlich selbst das spurenlose Morden lernen. Er erscheint so amoralischer als Mr. Brooks selbst, der unter seiner gespaltenen Seele leidet und mit seinem Alter Ego Marshall (William Hurt) in dialogische Interaktion tritt, wenn es Entscheidungen zu treffen gilt. So ist die eigentliche Herausforderungen hier nicht das Faszinosum des souveränen Killers, der sich über die Existenz seines Alter Ego absolut bewusst ist, seine Morde akribisch plant und nicht zuletzt aufgrund seiner Bildung und Intelligenz keine Spuren hinterlässt. Die Herausforderung ist der Fotograf, der dem Faszinosum des allmächtigen Killers erliegt und somit die mögliche Position eines Zuschauers im Verhältnis zu Hannibal Lecter reflektiert. Das ist durchaus beklemmend, und wie die HANNIBAL-Filme vor allem deshalb überzeugen, da hier in der prominenten Besetzung gezielt Dekonstruktionen vorgenommen werden. Die absolute Aufhebung der Moral im Ersehnen der sinnlosen und selbstzweckhaften Gewalttat wird auf höchstem Level vorgeführt.

Der anonyme Souverän

Ein Phänomen, das sich a priori auszuschließen scheint, aber gerade in den letzten Jahren immer wieder auftaucht, ist jenes des anonymen Souveräns. In COPYCAT (COPYKILL; 1995) von Jon Amiel ist es noch ein Nachahmer, der die Handschrift bekannter Seriemörder kopiert und damit die eigene Identität verschleiert. Dabei bedient er sich bereits der anonymen Mechanismen des Internets, über das er seine Taten ankündigt. So ist COPYCAT einer der ersten realistisch motivierten Cyber-Thriller, der zugleich zeigt, wie schwer sich die Ordnungshüter mit der Kontrolle des World Wide Web tun.

Eine aktualisierte Variante dieser Thematik bietet Gregory Hoblits Polizeifilm UNTRACEABLE (2008), der eine alleinerziehende Mutter und Internetdetektivin (Diane Lane) mit einem zynischen Cyberspace-Killer konfrontiert, der seine Opfer mit Hilfe der Internet-User auf grausame Weise exekutiert. Die Souveränität des Täters besteht nicht in seinem persönlichen Charisma, seiner ambivalenten Präsenz, sondern gerade in seiner Gesichtslosigkeit, seiner durch das Internet garantierten Anonymität. So konzentriert sich die Inszenierung auch mehr auf die ausgeklügelten Mechanismen, mit denen er die Spuren verwischt und die Polizei narrt. Das semiotische Vexierspiel ist es, mit dem der Täter hier zum Souverän wird. Dabei nimmt der Film dramaturgisch einige Umwege, die ihn im Kontext der Serial-Killer-Genres eher sperrig erscheinen lassen: Die FBI-Agentin Jennifer Marsh (Diane Lane) ist eine alleinerziehende Witwe, seit ihr Ehemann im Dienst erschossen wurde. Sie lebt mit ihrer kleinen Tochter und ihrer Mutter am Rande von Portland. In Nachtschicht arbeitet sie in der Bekämpfung von Internetkriminalität zusammen mit Griffin Dowd (Colin Hanks). Als sie auf die interaktive Website *killwithme.com* stößt, kann sie mit Schrecken eine kleine Katze im *live-streaming* beim Verhungern beobachten.

Der perfide Mechanismus des Cyberkillers ist, dass er die Besucher seiner Website zu Mittätern macht, denn je mehr Klicks er bekommt, umso schneller funktioniert der Todesmechanismus. Bereits im zweiten Fall hat er sich ein menschliches Opfer gewählt. Die FBI-Diskussionen, ob man die Website für die Öffentlichkeit sperren sollte, oder ob sie damit noch populärer würde, ähnelt auf der Metaebene der Zensurdebatte der letzten Dekade. Das erste Opfer, ein Nachrichtenmitarbeiter, verblutet durch stetig höhere Dosen eines Blutgerinnungshemmers. Ein Nachrichtensprecher ist das zweite Opfer und wird von immer weiteren Wärmelampen lebendig verbrannt. Jennifers Partner schließlich stirbt im Säurebad. Der vermeintlich passive Sensationsvoyeurismus macht den Internetnutzer zum Mordgehilfen.

Die oft kritisierte Schwäche von UNTRACEABLE ist der Umstand, dass die Erzählung eine moralische Perspektive einführt – vor allem in der Psychologie des Täters –, welche die Inszenierung letztlich selbst als Spannungsunterhaltung und Gruseleffekt nutzt. Der Voyeurismus des Zuschauers wird oberflächlich angeklagt, doch letztlich belohnt. Bereits in der Motivation tun sich Probleme auf: Der Täter Owen Reilly (Joseph Cross) möchte mit der Mordserie alle Menschen töten, die einst den Selbstmord seines Vaters gefilmt und zur Unterhaltung medial vermarktet hatten. Nach dem Tod seines Vaters hatte er einen Nervenzusammenbruch erlitten und war in eine psychiatrische Klinik eingewiesen worden. Nach der Rehabilitation entwickelte er die Obsession, der Öffentlichkeit zu beweisen, dass sie rücksichtslos den Tod anderer zur eigenen Unterhaltung in Kauf nehmen würde. Reillys eigentliche Virtuosität – das Spielfeld seiner souveränen Taten – ist das Internet. Mit immer neuen Spiegelseiten und Vernetzungen verschleiert er seine Spur und triumphiert, denn tatsächlich hat er das Publikum auf seiner Seite. Als er in einem finalen Akt die FBI-Agentin selbst in einer Gestrüppfräse töten will, kann sie sich befreien und den Killer vor laufender Webcam erschießen. Sie macht ihren eigenen möglichen Tod und den des Killers somit selbst zum Spektakel für ein Publikum, das nun selbst in seiner Anonymität als (Mit-)Täter qualifiziert wurde.

Die eigentliche Stärke von UNTRACEABLE liegt also in dem Modell, das Publikum selbst zum sou-

Marcus Stiglegger

Serienmord in Zeiten des Internets: UNTRACEABLE

veränen Gewalttäter zu erklären, der Plot des Film jedoch konterkariert diese radikale Metapher, indem er den im Grunde eher erbärmlich wirkenden Täter oberflächlich psychologisiert und genau darauf eine Motivation aufbaut, deren Fehlen den dunklen Souverän sonst so faszinierend macht. Ein Film wie HOSTEL 2, der das *final girl* selbst zur Täterin erklärt, erscheint hier ehrlicher und konsequenter.

Rückkehr zum Mythos – die Verführung zum Bösen?

Doch schon früher schien die Herausforderung durch den amoralischen Souverän durchaus einem Ziel zu folgen. Der nach Joseph Conrads Novelle *Heart of Darkness* modellierte Colonel Kurtz (Marlon Brando) hat sich in APOCALYPSE NOW (1979) von Francis Ford Coppola jenseits der vietnamesischen Grenze in den 1960er Jahren ein eigenes Königreich erbaut, das ihn mit Tier- und Menschenopfern preist und ehrt. Wieder ist es ein gebildeter, gesellschaftlich gut situierter westlicher Mann Anfang 50, der Ethik und Moral seiner Kultur verabschiedet und sich bewusst auf die dunkle Seite begeben hat. Den von James Frazer in *The Golden Bough* dargelegten Gesetzmäßigkeiten des Königsmordes folgend erwartet er seinen Henker und Nachfolger, der in Gestalt von Willard (Martin Sheen) auch auftaucht. Und für Willard wird diese Begegnung seinerseits zu einer Grenzerfahrung.

Analog zu seiner durch die Inszenierung deutlich exponierten Lektüre von T. S. Eliots *The Waste Land*[5] und Jessie L. Westons *From Ritual to Romance* scheint der immer in Schattenzonen agierende, selbst gekrönte König Kurtz, seine Umwelt kontinuierlich in die Reflexion seiner ›inneren Landschaft‹ verwandelt zu haben. Seine größtenteils aus Ureinwohnern des Dschungellandes rekrutierten Soldaten hausen als ewige Wächter in diesem latenten Inferno, einer verfallenen, längst von Pflanzen überwucherten Tempelanlage, deren Treppen und Emporen mit abgeschlagenen Köpfen unterschiedlicher Verwe-

Der dunkle Souverän

sungsstadien geschmückt sind. Auch in den Bäumen hängen Leichen, Opfer der Willkür oder des Ungehorsams, groteske Ornamente dieser Landschaft des Todes, die den süßen Duft der Verwesung offenbar als Lebenselixier braucht. Kurtz' auf den näheren Blick multikulturelle Armee, unter die sich auch zahlreiche desertierte amerikanische Soldaten gemischt haben, tritt in einer entindividualisierten Masse auf, die nicht von ungefähr an den zeitgleich entstandenen konsumkritischen Horrorfilm DAWN OF THE DEAD (Zombie; 1978) von George A Romero erinnert. Ihre äußere Erscheinung mit Stirnbändern, nackten Oberkörpern, Tarnschminke und Ruß auf dem Körper und in den Gesichtern sowie ihre teils archaische, teils hochmoderne Bewaffnung mit amerikanischen Schnellfeuergewehren lässt sich keiner konkreten Zeit mehr zuordnen. Bereits in seiner Armee hat der Gottkönig Kurtz das Raum-Zeit-Kontinuum für nichtig erklärt und eine eigene, sakrale und letztlich mythische Zeit ausgerufen. Bei Kurtz ist der Mythos nicht mehr nur eine Denkform, sondern unbestreitbare Realität, als wolle er letztlich auch den Zwiespalt zwischen mythischem und logischem Denken an sich aufheben.

Die Qualität des Mythos ist seine offenbar allgemeine Gültigkeit, seine Beständigkeit im Kern, mit welcher der Ursprung der Welt und deren folgende Transformationen nicht nur erklärbar, sondern immer neu erfahrbar werden. Die Ethnologie nennt diesen dem Raum-Zeit-Kontinuum entzogenen, eigenen Gesetzen unterworfenen Bereich ›sakrale Zeit‹ oder konkret in der Kultur der australischen Aborigines ›Traumzeit‹. Kurtz hat also die ›profane Zeit‹ durch seine blutige Diktatur in eine ›sakrale Zeit‹ transformiert, einen Traum, den letztlich alle Diktaturen (›tausendjähriges Reich‹) träumen. Eliade betont eine Eigenschaft des Mythos, die sich in Kurtz' Reich in lebendige Gegenwart verwandelt hat: »Der Mythos erzählt eine heilige Geschichte: Er berichtet von einem Ereignis, das in der primordialen Zeit, der märchenhaften Zeit der ›Anfänge‹ stattgefunden hat.«[6] Da märchenhafte, ›sakrale‹ Zeit und die von den Protagonisten als solche erlebte Gegenwart zusammenfallen, wird das Geschehen dort zum ewigen ›Anfang‹ und somit auch zum ewigen Ende, einem ersten Verweis auf den Wunsch nach der »Apokalypse jetzt!«, wie sie analog zum Titel des Films als Aufschrift auf der Tempelwand zu sehen ist. Eine Schlüsselfunktion kommt in diesem mythischen Kontext erneut dem Dschungel zu, der Urwald, in dem Kurtz sein Reich begründet hat. In der Literatur der Romantik steht der Wald bereits für den Abweg, die Verwirrung. »Niemals das Boot verlassen«, wie Willard es im Film beschwört, korrespondiert mit der märchenhaften Aufforderung, »nicht vom Wege zu weichen.« Bereits Martin Heidegger hat in seinem gleichnamigen Buch das Wesen der ›Holzwege‹ erläutert: Holz sei ein alter Name für Wald (Gehölz); durch diesen Wald führten zahlreiche Holzwege, die sich endlos winden, bevor sie abrupt abbrechen. Wer sich im Wald auskennt, traut diesen Holzwegen nicht.[7] Als Willard und Chef das Boot verlassen, um im Wald nach Mangos zu suchen, werden sie umgehend von einem Tiger attackiert ... Patrick Fuery nennt den Mechanismus dieses Films »seduction of the dark«:

> »[...] there is a [...] seductive quality to the dark recesses of the unknown and unknowable. This is, of course, also the area of immoral seduction, of those things which seduce and then prove to be the darker side of things. And yet, both light and dark can seduce in the same way, at the same time, towards the same objective. Seduction is ultimately beyond good and evil, but what happens after seduction can often be placed within this moral climate. For this reason the seduction of the dark should not simply be seen as the evil counterpart of the seduction towards the good – for in the seductive moment they are the same thing.«[8]

Diese Ausführungen umschreiben sehr treffend die Ambivalenz des Films APOCALYPSE NOW, der zwischen ›Licht‹ und ›Finsternis‹, zwischen ›Gut‹ und ›Böse‹, zwischen ›Aufklärung‹ und ›Mythos‹ changiert.[9]

Coppolas Films verschmilzt den Königsmord mit dem größten denkbaren Opfer, woraus eine ›*Gründungsgewalt*‹ resultiert – einer der heute noch präsentesten Mythen Amerikas (›Regeneration through violence‹). APOCALYPSE NOW zelebriert die Hinrichtung von Kurtz durch Willard mittels eines geschwungenen Hackmessers in Form einer streng rhythmisierten Parallelmontage mit der Op-

Marcus Stiglegger

ferung eines lebenden Stieres, der im selben Moment von drei Männern in Stücke gehackt wird. Das Sterben und Ausbluten des Tieres wird weiter mit Kurtz' letzten Atemzügen assoziiert. Dazu pulsieren auf der Tonebene die letzten, nahezu kakophonischen Klänge des Finales aus dem durchaus schamanistisch inspirierten und apokalyptisch angelegten Stück *The End* von der Gruppe The Doors, einem zunächst ambienten, dann immer vitaler werdenden rituellen Rocksong. Der Film schließt hier ebenfalls den Kreis, den er mit den ersten ruhigen Akkorden dieses Stückes beginnen ließ: Dort gehen ganze Wälder mittels Napalm in Flammen auf und Jim Morrison intoniert dazu: »This is the end« – ein angemessener Beginn für einen Film, der seinen Titel APOCALYPSE NOW erst ganz am Schluss, im Abspann vorweist. So kennzeichnet diese Rückkehr zum Beginn letztlich die gesamte Erzählstruktur des Films als mythisch und rituell. Das Ritual als ein Ablauf nach vorherbestimmten Regeln, eine wiederholbare und zu wiederholende Handlungsweise, erscheint im Kontext dieses Films fast als Imperativ, diese mythische Erfahrung im Spannungsfeld zwischen den Repliken »This is the end« und »Apocalypse Now« immer neu zu durchleben.

Col. Kurtz – und mit ihm Coppola – inszeniert den Akt der *Verführung zum Bösen* durchaus bewusst als eine didaktische Hinführung von Willard zu dessen Bestimmung, den ›Gottmenschen‹ zu töten und selbst an seine Stelle zu treten: Wenn Willard also am Ende, verschmiert mit Tarnfarbe und Blut, aus dem Dunkel des Tempels tritt, legen sich ihm Kurtz' Jünger und Soldaten zu Füßen. In einer langen Erzählung macht Kurtz zuvor Willard mit einem Schlüsselerlebnis vertraut, das die Macht des Bösen illustriert und zugleich eine Antwort liefert, was Kurtz' letzte Worte »The Horror! The Horror!« in diesem Film bezeichnen: Das Grauen hat ein Gesicht.

Coppolas Film nutzt andere Zusammenhänge, um diese Erkenntnis angesichts des absoluten Bösen, des Grauens, zu vermitteln: In einem Gespräch erzählt Kurtz seinem Exekutor in spe von einem Erlebnis im Krieg, das ihm das Gesicht des Grauens und zugleich einen Blick in dessen tiefere Bedeutung offenbart hatte. Er beginnt mit dem berühmten Eliot-Zitat aus *The Hollow Men*, das die eigene Situation zunächst versteinern lässt:

> »We are the hollow men. We are the stuffed men, leaning together. Headpiece filled with straw. Alas ... [...] Shape without form. Shade without color. Paralyzed force. Gesture without motion.«[10]

Willard reflektiert die Faszination, die Kurtz in seiner radikalen Konfrontation mit dem existenziellen Nichts auf ihn ausstrahlt. Er verliert seine tödliche Mission aus den Augen, verweilt statt dessen in Kurtz' Tempel und lauscht gebannt dessen Reflexionen. Er könnte gehen, so denkt er, aber er verharrt: »I was free, but he knew I wasn't going anyway«. Zugleich erkennt er Kurtz' tragisches Dilemma, sich dem Herz der Finsternis genähert zu haben wie Ikarus der Sonne: »I'd never seen a man so broken up and ripped apart.« Der Film erreicht hier einen Punkt, wo er mit den Mitteln des audiovisuellen Kunstwerks jenen Moment des Umschlagens von Aufklärung in Barbarei vermittelt, den Horkheimer und Adorno in ihrer *Dialektik der Aufklärung* entwickeln. Kurtz repräsentiert exakt jenen Vertreter einer gebildeten westlichen Bürgerschicht, in dessen Zwiespalt sich das ›rückläufige‹ Motiv abzeichnet, und – so wird es sein eigener Monolog zeigen – dieser ›Rücklauf‹ findet auf der Basis einer zutiefst inhumanen, aber dennoch rationalen Erkenntnis statt:

> »I've seen the horrors ... Horrors that you've seen. But you have no right to call me a murderer. You have a right to kill me. You have a right to do that. But you have no right to judge me. It's impossible for words ... to describe ... what is necessary ... to those who do not know what horror means. Horror. Horror has a face. And you must make a friend of horror. Horror and moral terror are your friends. If they are not, then they are enemies to be feared. They are truly enemies. I remember when I was with Special Forces ... Seems a thousand centuries ago. We went into a camp to inoculate some children. We'd left the camp after we'd inoculated the children for polio. And this old man came running after us. He was crying. He couldn't see. We went back there. And they had come and hacked off every inoculated arm. There they were in a pile. A

pile of little arms. And I remember I cried, I wept like some grandmother. I wanted to tear my teeth out. I didn't know what I wanted to do. And I want to remember, I never want to forget ... And then I realized ... like I was shot ... like I was shot with a diamond ... a diamond bullet right through my forehead. And I thought: ›My god, the genius of that.‹ The genius, the will to do that. Perfect, genuine, complete, crystalline, pure ... Then I realized they were stronger than we – because they could understand that these were not monsters. These were men, trained cadres, who fought with their hearts – who have

Ein Blick in den schwarzen Spiegel: APOCALYPSE NOW

families, who have children, who are filled with love ... But they have the strength ... the strength to do that. If I had ten divisions of those men then our troubles here would be over very quickly. You have to have men who are moral and at the same time who are able to utilize their primordial instincts to kill without feeling, without passion ... without judgement. Without judgement. Because it's judgement that defeats us.«

Kurtz und Willard, beide im Halbschatten, ihre Gesichter in kontrastreichen Porträtaufnahmen – in langsamem Rhythmus wird das Antlitz des zögernd, stockend, aber überlegt sprechenden Erzählers komplett verdunkelt, als wollte die Finsternis gänzlich seiner habhaft werden. Als Kurtz das Gesicht des Grauens beschreibt, zerkaut er eine Hülsenfrucht, spuckt aus zwischen den Worten, die Schweißtropfen perlen aus seinen Poren. Was er hier letztlich beschreibt, ist eine Begegnung mit dem Grauen in seiner reinsten, seiner amoralischsten Form – vollkommen kalkulierte Zerstörung (›rein‹), die ihn selbst dazu verführte, sich einer Existenz jenseits der Moral und des Strafgerichts (›judgement‹) zu verschreiben. Und indem er diesen Erkenntnisfluss Willard vermittelt – ihm gar aufträgt, dem verbliebenen Sohn ›die ganze Wahrheit‹ zu übermitteln – führt er den Killer im Auftrag der Armee ebenfalls in Versuchung, dem ›obszönen‹ System abzuschwören

und selbst nach dem ›primordial instinct‹, dem ›Gesetz des Dschungels‹ zu leben. Doch Willard bleibt im System und wird selbst zum Strafgericht:

»Even the jungle wanted him dead. That's who he really took his orders from anyway.«

Kurtz' letzte Worte vor dem blutigen Opfertod bleiben ihrerseits ein Urteil über das System:

»We train young men to drop fire on people. But their commanders won't allow them to write ›fuck‹ on their airplanes – because it's obscene.«

In seiner konsequenten Koppelung von Conrads Thematik mit dem Schrecken des importierten Dschungelkrieges ist Francis Ford Coppolas filmische Vision gerade in solchen Momenten sowohl kontroverser wie auch machtvoller, auch wenn er nicht so weit geht, Kurtz' Wunsch nach der umgehenden Apokalypse (»Drop the bomb. Exterminate them all!« steht in großen, krakeligen Lettern in seinen Unterlagen) wahr werden zu lassen, indem er Willard in letzter Instanz zu dessen Erben erklärt.[11] Die bereits herbeigerufenen Napalmbomber zerstören vielmehr den Tempel des Gottkönigs, geben dem moralischen – aber zweifellos ›obszönen‹ – Strafgericht das letztgültige Recht, wenn auch das flammende Inferno der deutschen Kinofassung, das den Abspann untermalt, eine bizarre visionäre Schönheit ausstrahlt.

Das Verführerische an der Konfrontation mit einem selbstgekrönten Souverän wie Col. Kurtz ist also in einer ersten Instanz die Verführung zum mythischen Denken als ein bewusster Aufstand gegen das rationale, aufgeklärte Denken: »Das mythische Grauen der Aufklärung gilt dem Mythos«, schreiben Adorno und Horkheimer in ihrer *Dialektik der Aufklärung.*[12] Insofern sich Kurtz selbst zum Gott erklärt und die ›sakrale Zeit‹ ausgerufen hat, da er sich allen Gesetzen des aufgeklärten ›Humanismus‹ entgegenstellt, verkörpert er den Antipoden zu einem westlich-zivilisierten Kulturbegriff: Seine Blutrituale voller Verschwendung, Opfer und Kannibalismus brechen systematisch die Tabus eines christlich geprägten Humanismus, stellen gar in einer letzten Instanz sämtliche Grundrechte des Menschen in Frage. In Kurtz kulminiert eine schwärzeste Romantik mit dem Aufstand gegen die auf die Entfaltung des Individuums ausgerichtete Moderne. Kurtz hat den Endpunkt des totalitären Staates erreicht, ein Stadium des totalen Krieges, an dessen Ende nur der eigene Untergang stehen kann, der einzig die Hoffnung auf einen Neubeginn trüge – im mythischen Denken wohlgemerkt. All dies umschreibt einen Begriff, der nur aus einer Umkehr von Werten und immer neu definiert werden kann: das *Böse*. Und Coppolas Film ist – so viel mehr als Conrads Roman und andere genannte Filme – eine rituelle Auslieferung an dieses *Böse*, der Blick in Medusas Antlitz, in den ›schwarzen Spiegel‹ des modernen Menschen, dessen Verkörperung der dunkle Souverän letztendlich ist. ❑

Anmerkungen

1. Gide (1973), S. 400.
2. Raether (1980), S. 73.
3. Ebd., S. 76.
4. Ebd., S. 103.
5. Faulstich (1988), S. 96–101, bietet einen tabellarischen Vergleich zwischen Eliots Gedicht und dem Film; ich werde also nicht zusätzlich auf diese Motive eingehen.
6. Eliade (1988), S. 15.
7. Heidegger (1977 [urspr. 1950]); es bleibt anzumerken, dass sich Heidegger das ›Betreten‹ der Holzwege gestattet.
8. Fuery (2000), S. 173.
9. Hier spiegelt sich vermutlich sogar ein kreativer Konflikt zwischen dem reaktionären Drehbuchautor Milius und dem liberalen Regisseur Coppola, der das Drehbuch massiven Änderungen unterwarf.
10. Es ist zu beachten, dass dieses Gedicht mit einem Conrad-Zitat beginnt: »Mr. Kurtz, he dead.« Indem Kurtz dieses Gedicht zitiert, ist er sich über seinen eigenen Tod bereits im Klaren.
11. In der letzten Einstellung lässt er Willards Gesicht in einer Überblendung mit dem steinernen Antlitz einer Tempelstatue verschmelzen, was dennoch einen gegenteiligen Schluss andeutet, doch über Coppolas Unentschlossenheit, den Schluss betreffend, ist anderweitig schon spekuliert worden.
12. Horkheimer/Adorno (1988 [urspr. 1944]), S. 35.

Literatur

Baumeister, Roy F. (1999): *Inside human cruelty and violence*. New York.

Bohrer, Karl-Heinz (2004): *Imaginationen des Bösen. Zur Begründung einer ästhetischen Kategorie*. München/Wien.

Gide, André (1973): *Romane und lyrische Prosa*. Stuttgart.

Faulstich, Werner (2001): *Die Filminterpretation*. Göttingen (2. Aufl.).

Horkheimer, Max / Theodor W. Adorno (1969/1988 [urspr. 1944]): *Dialektik der Aufklärung. Philosophische Fragmente*. Frankfurt/M.

Meierding, Gabriele (1993): *Psychokiller. Massenmedien, Massenmörder und alltägliche Gewalt*. Reinbek.

Neiman, Susan (2004 [urspr. 2002]): *Das Böse denken: Eine andere Geschichte der Philosophie*. Frankfurt/M.

Raether, Martin (1980): *Der Acte gratuit. Revolte und Literatur*. Heidelberg.

Robertz, Frank / Ruben Wickenhäuser (2007): Wenn das Böse siegt. In: *Psychologie heute*. Februar 2007, S. 70–73.

Safranski, Rüdiger (1999 [urspr. 1997]): *Das Böse oder Das Drama der Freiheit*. Frankfurt/M.

Virilio, Paul (2001 [urspr. 2000]): *Die Kunst des Schreckens*. Berlin.

Wie entkommt man einem Serienmörder?

Von Stephan Harbort

»*Das heimliche Einverständnis zwischen Täter und Opfer ist eine grundlegende Tatsache der Kriminologie. Natürlich gibt es keine Verständigung oder gar bewusste Teilhabe, wohl aber eine Interaktion, eine Wechselbeziehung und einen Austausch verursachender Elemente.*« (Hans von Hentig, *The Criminal and His Victim*)[1]

Ein Mythos wird entlarvt

Der ›Serienkiller‹ ist genau genommen ein Phänomen der Moderne, vor allem aber der modernen Massenmedien. Diese ›Bestien‹ begegnen uns – wenn wir nur wollen – jeden Tag: morgens in der Zeitung, mittags im Radio, abends in Büchern, im Fernsehen oder im Kino, nachts in unseren Alpträumen. Hannibal Lecter ist überall. Dieser überaus gewaltverliebte, seine Opfer gleich reihenweise lust- und stilvoll verspeisende Psychiater gilt als Ikone der medialen Serienmörder-Zunft, aber auch als begnadeter Zeremonienmeister der absurden Gewalttätigkeit. Wenn der kultivierte Kannibale sein diabolisches Grinsen aufsetzt, lacht der Tod leise mit. Faszinierend. Die Kunstfigur des charismatischen Antihelden hat Abgründigkeit, Perversion und serielles Morden in unserer Phantasie attraktiv und salonfähig gemacht, sogar ein spezifisches Täterprofil generiert – von dem nicht wenige Menschen annehmen, es sei der Wirklichkeit entlehnt.

Serienmörder gelten demzufolge allgemein als überaus geschickte und erfolgreiche Verbrecher, die mühelos ihre Opfer finden und denen kaum jemand entkommt, haben sie sich erst einmal zur Tat entschlossen. Und die Opfer sollen dabei den Tätern ausgeliefert sein: mutlos, schutzlos, hilflos. Die Geschichtsschreibung dieses Gewaltphänomens und seine Darstellung in den populären Medien jedenfalls wollen es so. Auch ein Ergebnis meiner Untersuchung »Der primäre Viktimisierungsprozess bei Serientötungen«[2] scheint diesem Mythos neue Nahrung zu geben: Nur 16 Prozent der Serienmörder-Opfer überlebten den Angriff des Täters. Ein ohne Zweifel signifikanter Wert, berücksichtigt man, dass die Polizeiliche Kriminalstatistik des Bundeskriminalamts für das Jahr 2006 bei allen im Bundesgebiet bekannt gewordenen Tötungsdelikten einen auffällig hohen Versuchsanteil ausweist: bei Mord über die Hälfte (59 Prozent) und bei Totschlag und Tötung auf Verlangen mehr als drei Viertel der Fälle. So gesehen haben Serienmörder tatsächlich eine ausgesprochen hohe Effektivität, wenn es darum geht, ein Menschenleben auszulöschen.

Doch wenn man etwas genauer hinsieht, ist die Verbrechenswirklichkeit eine andere. Die meisten Serienmörder benötigen nämlich eine Vielzahl von Anläufen, um sich tatsächlich eines Opfers zu bemächtigen: Auf eine durchgeführte Tat kommen durchschnittlich 31 Anbahnungsversuche. In der Kriminalstatistik werden diese Ereignisse als versuchte Straftaten jedoch nicht erfasst, weil die potenziellen Opfer gar nicht mitbekommen, wer ihnen da nachstellt oder weil sie diesem Erlebnis, das sich nur marginal von anderen Begegnungen mit nicht-kriminellen Menschen unterscheidet, keine besondere Bedeutung beimessen – die Ermittlungsbehörden jedenfalls erfahren meistens nichts davon. Jürgen Bartsch, der innerhalb von viereinhalb Jahren fünf Jungen in einen Luftschutzstollen lockte und vier Opfer dort tötete, beschrieb die Intensität seiner kriminellen Bemühungen so: »An sich war ich jeden Tag auf Tour.« Der vielfache Kinder- und Frauenmörder Peter Kürten äußerte sich ähnlich drastisch: »Ich hatte eigentlich dauernd die Stimmung zum Umbringen. Je mehr, umso lieber. Jeden Abend, wenn meine Frau Spätdienst hatte, bin ich herumgestreift nach einem Opfer. Es war aber nicht so leicht, eins zu finden.«

Auch Johann Eichhorn, der ›Schrecken des Münchner Westens‹, erzählte nach seiner Festnahme freimütig von seinen zahlreichen, aber überwiegend erfolglosen Beutezügen. »Ich kann nicht

Stephan Harbort

sagen, dass in einem Jahr oder in einem bestimmten Monat besonders viel Verbrechen von mir begangen worden sind«, gab er den Kripobeamten zu Protokoll, »ich möchte mich vielmehr dahingehend ausdrücken, dass die Zahl meiner Opfer sich lediglich nach den mir gebotenen Möglichkeiten richtet. Scharf und fähig, ein Mädchen zu überfallen, war ich eigentlich immer. Auch die Tageszeit spielte bei mir keine Rolle. Ich war sowohl in den frühesten Morgenstunden, am hellen Tage wie auch um Mitternacht gleichwohl in der Lage, ein Mädchen zu überfallen. Ich habe sowohl frühmorgens um fünf Uhr, wenn ich zur Arbeit bin, und zwar im Winter, wenn Schnee lag, als auch zu jeder anderen Tages- und Jahreszeit meine Sittlichkeitsverbrechen begangen. Wenn die Gelegenheit günstig war, habe ich den passenden Augenblick abgewartet und bin dann ohne jede Vorrede an das jeweilige Opfer herangegangen und habe es entweder vom Rade gezogen oder aber, wenn es sich um Fußgänger handelte, das betreffende Mädchen an einen geeigneten Platz geschleppt, um den Geschlechtsverkehr auszuüben. Ich bin aber häufig überrascht worden und musste von meinem Opfer ablassen.«

Opfergruppe	Häufigkeit
1) Person wird zum Opfer, weil sie dem Täter körperlich oder geistig *unterlegen* ist.	23,0 %
2) Person wird zum Opfer, weil sie zum Täter in einer *vordeliktischen Beziehung* steht	21,3 %
3) Person wird zum Opfer, weil sie *berufsbedingt* mit dem Täter in Kontakt kommt	19,1 %
4) Person wird zum Opfer, weil sich vom Täter *manipulieren* und zum Tatort locken lässt	17,4 %
5) Person wird zum Opfer, weil sie dem Täter an einem geeigneten Ort *zufällig* begegnet	17,1 %
6) Person wird zum Opfer, weil *bestimmte Merkmale* den Täter in besonderer Weise inspirieren und motivieren	2,1 %

Bartsch, Kürten und Eichhorn sind keine Einzelfälle. Insbesondere sadistische und sexuell motivierte Vielfachmörder berichten übereinstimmend von unzähligen fehlgeschlagenen Versuchen, um an ein Opfer heranzukommen oder eine Tat in ihrem Sinne zu vollenden. Peter Kürten ist überdies ein Paradebeispiel dafür, dass die unmittelbare Konfrontation mit einem zu allem entschlossenen Serienmörder keineswegs tödlich ausgehen muss, denn am Ende seiner verbrecherischen Bemühungen standen im Regelfall nicht die Befriedigung seiner perversen Bedürfnisse und der Tod des Opfers, sondern Frustration und Enttäuschung über die wieder einmal missglückte Tat. Das kriminelle Scheitern hatte weniger mit ihm zu tun, sondern mit dem beherzten und situationsgerechten Verhalten seiner Opfer.

Zur Typologie des Serienmörder-Opfers

Genauso wenig wie den vorherbestimmten Serienmörder gibt es das vorherbestimmte Serienmörder-Opfer. Lassen sich dennoch Opfergruppen benennen, die von den Tätern aus bestimmten Gründen bevorzugt werden? Um u. a. diese Frage zu beantworten, habe ich alle seriellen Tötungsdelikte (= 155 Mordserien) untersucht, die nach dem Zweiten Weltkrieg in der Bundesrepublik Deutschland verübt und bis zum 1. Januar 2007 aufgeklärt wurden. Auf der Basis von 674 Einzeltaten konnten sechs Opfertypen herausgefiltert werden (siehe Tabelle).

Wie bei allen Täter- oder Opfertypologien gibt es auch hier Überschneidungen. So kommt es vor, dass ein Opfer gleich mehrere Merkmale auf sich vereinigt, wenn z. B. der Täter ein achtjähriges Mädchen an einer Ampel stehen sieht, es kurz entschlossen in seinen Wagen zerrt und mit ihm davonrast. Für die Typisierung ist allein maßgeblich, welches Merkmal für den Täter entscheidend gewesen ist, sich genau dieses Opfers zu bemächtigen. Hatte der Täter es im Beispielsfall ausschließlich auf Kinder abgesehen, weil sie leichter zu überwältigen und zu kontrollieren sind, wird man das Opfer in Typgruppe 1 einordnen. Kam es jedoch nur deshalb zur Tat, weil das Mädchen schulterlange, blonde Haare hatte und der Täter ausschließlich auf diesen Opfertyp fixiert

Wie entkommt man einem Serienmörder?

war, dürfte die Typgruppe 6 gegeben sein. Spielten aber weder Alter, Geschlecht noch Aussehen des Opfers eine Rolle, ist eher eine Zufallskonstellation anzunehmen (Typgruppe 5).

Nach einer opferbezogenen Auswertung aller 674 Einzeldelikte ergibt sich dieses Bild: Die meisten Opfer sind weiblich, nicht älter als 50 Jahre, Deutsche, leben allein, gehören der sozialen Unter- oder Mittelschicht an, üben eine nichtprivilegierte berufliche Tätigkeit aus und werden während einer Freizeitbeschäftigung attackiert, oftmals in der eigenen Wohnung.

Diese eher unspezifischen und auf viele Menschen zutreffenden Erkenntnisse belegen, dass verlässliche Aussagen zu einem erhöhten Opferrisiko in einem nur sehr eingeschränkten Maß vertretbar sind. Dabei bleibt ungewiss, ob die genannten Merkmale überhaupt kausal zur Viktimisierung beigetragen haben. In etwa jedem fünften Fall konnte nämlich nachgewiesen werden, dass individuelle Verhaltensweisen der Opfer (z. B. Unachtsamkeit, Risikobereitschaft, Sorglosigkeit, mitunter auch den Täter animierendes oder provozierendes Verhalten) sich tatbegünstigend auswirkten. Ebenso muss der Begriff ›Gefährdung‹ ausgesprochen behutsam interpretiert werden, da die genannten Attribute zu allgemein sind und zur Ableitung eines spezifischen Opferprofils nicht geeignet sind. Es gelingt eben nicht, einen Persönlichkeitsfaktor, eine Verhaltensweise, eine Berufsgruppe oder sonstige Charakteristika herauszufiltern, die eine zweifelsfreie Differenzierung zwischen einem typischen Opferprofil und dem eines Nichtopfers ermöglichen. Generalisierende Aussagen verbieten sich auch deshalb, weil unzählige Menschen, die ein Risiko-Merkmal aufweisen, eben nicht zu Opfern werden. Eine ›idealtypische‹ Zuordnung wäre insbesondere aus präventiver Sicht wünschenswert, sie bleibt aber Wunschdenken.

Der Prozess der Viktimisierung wird nicht in erster Linie durch Ort und Zeit bestimmt oder beeinflusst, sondern durch die Persönlichkeit, Erfahrung und Lebensführung des Opfers. Auch die Wahrscheinlichkeit, das Opfer eines Serienmörders zu werden, ist selten zufällig über Raum und Zeit verteilt, sondern korrespondiert insbesondere mit Alltagsroutinen. Menschen sind allgemein in genau jenen Situationen besonders angreifbar und verletzbar, in denen sie sich am wenigsten gefährdet fühlen. Bei Serienmorden ist das nicht anders: Die Mehrzahl der Opfer wird in der eigenen Wohnung, am Arbeitsplatz oder auf dem Weg dorthin attackiert. Besonders die Illusion der eigenen Unverwundbarkeit verführt, suggeriert Schutz und Sicherheit, die aus einer einzigen Erfahrung abgeleitet wird: Hier fühle ich mich wohl, hier kenne ich mich aus, hier ist mir noch nichts passiert, darum bin ich hier sicher. Und genau dieser unangebrachte und unrealistische Daueroptimismus, diese bloße Vorstellung von der – vermeintlichen – eigenen Sicherheit, setzt eine Wahrnehmungsschwelle außer Kraft, die auf tatsächliche oder drohende Gefahren reagiert.

Jürgen Bartsch

Stranger to stranger

Das Opfer gehört ebenso wie der Täter und sein soziales Umfeld zum Ursachenkomplex eines Verbrechens, auch beim Serienmord. Vielfach hängt es sogar ausschließlich von speziellen Eigenschaften oder Verhaltensweisen des Opfers ab, ob es zu einem Übergriff oder einer Tötung kommt. Grundsätzlich fällt es den Tätern leicht(er), einem fremden Menschen das Leben zu nehmen. Bei Serienmorden ist dies in zwei Dritteln der Fälle so. Denn: Ein fremder Mensch birgt für den Täter selten Eigenschaften, denen er Rechnung tragen müsste, die ihn hemmen könnten. Anonymität ist also eine wesentliche Vorbedingung, um sich als Täter präsentieren und inszenieren zu können.

Auch der sadistische Gewaltakt ist im Regelfall an ein bestimmtes Opferverhalten geknüpft. Viele Täter berichten übereinstimmend, dass die Frauen sich oftmals passiv und nahezu widerstandslos in ihr Schicksal gefügt hätten. Dass es sich dabei nicht um bloße Wahrnehmungsverzerrungen oder Beschönigungen aus der Sicht der Täter handelt, belegt die Tatsache, dass in einer Vielzahl von Fällen keine Kampfspuren oder Abwehrverletzungen bei den Opfern festgestellt wurden. Auch lässt sich dieses ›passive‹ Verhalten nicht durchgängig aus der Persönlichkeit der Opfer herleiten. Warum wehren sich Menschen in derart lebensbedrohlichen Situationen nicht?

Der sadistische Tötungsakt ist aus der Sicht des Täters auf die Qualen des Opfers gerichtet. Es geht dem Täter ausschließlich um Bemächtigung, Entmenschlichung, Vernichtung. Sein todbringendes Ziel bleibt dem Opfer naturgemäß nicht verborgen. Schlimmer noch: Dieses Wissen ist Voraussetzung für das perverse Zeremoniell des Täters, er muss die Todesangst und die Hilflosigkeit seines Opfers spüren und sehen können. Die fortwährende Entmachtung und Entrechtung des Opfers produziert eine extrem menschenfeindliche Atmosphäre. Es erscheint schwer vorstellbar, was Menschen in solch entwürdigenden und unheilvollen Situationen empfinden. Aber der Gedanke, das unmittelbare Erleben, einem Fremden bedingungslos und unabwendbar ausgeliefert zu sein, kann dazu führen, dass das Opfer eine entwaffnende Wehrlosigkeit fühlt und sich wie paralysiert in sein Schicksal fügt.

Gelingt es dem Opfer hingegen, in der Vorphase eines Verbrechens einen personalen oder emotionalen Bezug zum Täter herzustellen, besteht eine Chance, das drohende Unheil noch abzuwenden. So berichtete im Fall des dreifachen Frauenmörders Manfred W. vor Gericht ein junges Mädchen, das von ihm mit eindeutigen Absichten im Auto mitgenommen worden, aber unbehelligt geblieben war, es sei gar nicht auf die Idee gekommen, vor diesem Mann Angst zu haben, da er so unbeholfen und ängstlich gewirkt habe. Das Mädchen hatte ihn während der Fahrt in ein längeres Gespräch verwickelt und ihm somit kein Gefühl der Passivität und Anonymität vermittelt, das im Regelfall zwingende Vorbedingung für die Realisierung sadistischer Gewaltphantasien ist. Wie sich herausstellte, war das Beispiel des Mädchens kein Einzelfall geblieben, auch andere Frauen erzählten von ähnlichen Erfahrungen mit Manfred W., der trotz sich bietender Gelegenheit nicht einmal den Versuch unternommen hatte, sie zu attackieren.

Opferselektion

Abgesehen von den beschriebenen Opfertypen, die für den Täter ausschlaggebend sein können, eine Tat zu begehen, bleibt es in der Regel weitestgehend dem Zufall überlassen, wem die Opferrolle zugedacht wird. Belegbar wird dieses Zufallsprinzip, wenn man näher betrachtet, wie Serienmörder bei der Suche nach einem Opfer vorgehen. Die Mehrzahl der Täter plant ein Verbrechen nicht akribisch, es wird vielmehr ein grober Rahmen gesteckt, lediglich bestimmte Regionen oder Stadtgebiete nach Tatgelegenheiten ausgespäht. Klaus Dieter St., ein Serienvergewaltiger und -mörder, beschrieb seine Vorgehensweise so: »Es sollten einsame Waldgebiete sein, die ich kannte, wo ich eine ungestörte Tatausführung hatte. Das Jagdmesser hatte ich immer am Mann. Wann und wo es passierte, war mir dann ziemlich egal.« Auch das Opferprofil ist überwiegend nicht auf spezifische individuelle Eigenschaften zugeschnitten, sondern wird von Attributen dominiert, die auf viele Menschen zutreffen. Klaus Dieter St.: »Attraktivität und Erscheinungsbild spielten schon eine Rolle. Nur Mädchen und Omas habe ich nicht genommen, weil zu jung oder zu alt.«

Viele Serienmörder lassen sich bei der Tatplanung und Opferauswahl von zweckmäßigen Überlegungen leiten, denn das sofortige, blitzartige und planlose Attackieren birgt unkalkulierbare Gefahren und Risiken: Das Tatgeschehen kann bei heftiger Gegenwehr eskalieren, Schreie des Opfers könnten gehört werden, ein ungestörter Tatablauf bliebe ungewiss, Fluchtmöglichkeiten könnten versperrt werden. Die Opfer werden daher meistens nicht sofort angegriffen und überwältigt. Erst wenn der angehende Mörder ausreichende Kenntnisse und genügend Wissen in Bezug auf die Ausführung einer Tat erlangt hat, beginnt die konkrete Tatplanung und -vorbereitung. Sie umfasst bestimmte Vorgaben, von denen im Regelfall nicht abgewichen wird: Tatzeit, Tatort, Tatmittel, Tatablauf.

Das in der Regel zufällig ausgewählte Opfer soll lediglich bestimmten Kriterien entsprechen: beispels-

Wie entkommt man einem Serienmörder?

weise Kinder, junge Mädchen, Frauen, Prostituierte, Anhalterinnen oder ältere Menschen, die sich arglos und nicht selten (zu) sorglos oder vertrauensselig in einer unverfänglich und gefahrlos erscheinenden Situation umschmeicheln, überreden, einladen oder auf andere Art beeinflussen und an den späteren Tatort dirigieren lassen. Nur wenn der Täter sich nicht anders zu helfen weiß oder wenn er mit diesem Verhaltensmuster schon positive Erfahrungen gemacht hat, wendet er sofort Gewalt an.

Vielleicht funktioniert das Zufallsprinzip bei der Opferselektion des Täters deshalb so gut, weil die Vorstellung, dass im tiefsten Inneren der Natur der Zufall regiert, unserem gesunden Menschenverstand widerspricht. Wir weigern uns vehement gegen die Vorstellung, die Dinge des Lebens nicht beeinflussen zu können und nur Spielball einer diffusen Beliebigkeit zu sein. Vielmehr vertrauen wir darauf, über unser Schicksal selbst bestimmen zu können. Wir lassen uns gerne von der – eben auch häufig gemachten – Erfahrung blenden, dass die wirklich schlimmen Dinge nie einem selbst passieren, sondern immer nur den anderen. Wenn es dann doch mal daneben geht, begreifen wir das als die Ausnahme von der Regel. Und vornehmlich aus diesem Grund begeben sich Menschen immer wieder allzu unbedacht in Situationen, die zwar alltäglich sind und beherrschbar erscheinen, die aber auch lebensbedrohliche Gefahren bereithalten können.

Möglichkeiten der Täterabwehr – und ihre Grenzen

Die Wahrscheinlichkeit für eine Frau (in eingeschränktem Maße gilt dies auch für Männer), Opfer eines Serienmörders zu werden, hängt auch von der Ausstrahlung ihrer Sozialkompetenz ab. Frauen können durch Kleidung, Körperhaltung, Sprache, Mimik und Gestik, mit ihrem gesamten Auftreten, bestimmte Täter regelrecht abschrecken. Die Täter entwickeln nämlich mit der Zeit und zunehmender krimineller Erfahrung einen sehr feinen Instinkt, bei welchem Typ Frau mit besonders starker Gegenwehr zu rechnen ist. Und genau diese Einschätzung ist vielfach entscheidend dafür, welches Opfer angesprochen oder angegriffen wird. Es ist sicher kein Zufall, dass die Mehrheit der von mir

Peter Kürten

untersuchten Serienmord-Opfer über eine eher gering ausgeprägte soziale Kompetenz verfügten und dies auch meistens erkennen ließen.

Je größer Selbstvertrauen und Selbstsicherheit sind, desto geringer ist die Gefahr, von einem Täter als potenzielles und profitables Opfer wahrgenommen zu werden. Selbstbehauptungs- und Selbstverteidigungskurse machen dann Sinn, wenn die Rolle des wehrhaften Opfers erst noch eingeübt werden muss. Allerdings sollte dabei auch kriminologisches Grundwissen vermittelt werden, etwa über bevorzugte Kontaktorte der Täter, Persönlichkeitsprofile oder Tatbegehungsweisen.

Mitunter trägt das Opfer selbst maßgeblich dazu bei, wie die Tat ausgeht, ob es überhaupt zu einer Tötungshandlung kommt. Dies gilt besonders bei solchen Tätern, die in ihren Opfern keine austauschbaren Objekte sehen und deren Tötung nicht von vornherein beabsichtigen. Verhalten und Äußerungen des Opfers steuern den Täter und beeinflussen ihn in seinem Handeln: In dem einen Fall tötet er sein Opfer, weil er sich herausgefordert oder provoziert fühlt oder in Gefahr glaubt, in einem anderen lässt er es leben. Ein solches auf den ersten Blick paradox erscheinendes Verhalten ist typisch für eine ganze Reihe von Serienmördern, die ihre Taten eben nicht mit unbedingtem Tötungsvorsatz anbahnen, sondern Verhalten und Äußerungen des Opfers echolotartig reflektieren und erst dann entscheiden, ob ihnen eine Tötung notwendig erscheint. Diese Täter beobachten scharf, hören dem Opfer genau zu, wägen sorgsam ab – und sind aus genau diesem Grund durch das Opfer auch (bedingt) steuerbar.

Um Anhaltspunkte dafür zu gewinnen, welches Opferverhalten die Vermeidung einer Tötung wahrscheinlicher erwarten lassen könnte, habe ich alle 107 Tötungsdelikte meines Untersuchungsgutes analysiert, in denen die Opfer überlebten. Dabei lag meiner Auswertung diese Frage zugrunde: Welches Verhalten der attackierten Person und/oder welche äußeren Umstände haben kausal dazu beigetragen, dass der Tötungsversuch des Täters nicht zum Erfolg führte?

Folgendes Verhalten erwies sich als die erfolgreichste Überlebensstrategie: In 36 Prozent der Fälle brachen die Täter bei heftiger Gegenwehr den Tötungsversuch ab und flüchteten. Ein eher halbherzig vorgetragener Widerstand indes führte bei 60 untersuchten Fällen nicht ein einziges Mal zu einer erfolgreichen Abwehr des Täters – alle Opfer wurden getötet. Die Schlussfolgerung hieraus kann nur sein: Falls sich das Opfer dazu entschließt, den Täter körperlich zu attackieren, dann mit aller Entschlossenheit und mit allen Mitteln. Allerdings wäre es vermessen, aus dieser Erkenntnis einen Verhaltensvorschlag abzuleiten, der immer anzuwenden ist und immer zum Erfolg führt. Das zeigt allein der Fall des bereits erwähnten Serienmörders Johann Eichhorn.

Der verheiratete Rangierer überfiel von 1931 bis 1939 in Waldgebieten Münchens immer wieder Frauen und vergewaltigte sie. Das Auffallende dabei: Nur fünf seiner mindestens 90 Opfer tötete Eichhorn. Wie einige andere Täter auch, wandte Eichhorn nur dann tödliche Gewalt an, wenn er die Kontrolle über das Opfer zu verlieren oder das Tatgeschehen zu eskalieren drohte: »Wenn die Mädchen sich unbändig wehrten«, erklärte er bei seiner Vernehmung, »habe ich zur Waffe gegriffen, weil ich mir da nicht zu helfen wusste.« Die von ihm erschossenen Opfer hatten sich am heftigsten zur Wehr gesetzt. In den anderen Fällen gelang es Eichhorn, den Widerstand seiner Opfer zu brechen, ohne zum letzten Mittel greifen zu müssen.

Jeder Serienmörder trifft vor und während der Tat Entscheidungen, die durch das Verhalten des potenziellen Mordopfers entscheidend beeinflusst werden können, denn auch das Opfer trifft in der lebensbedrohlichen Situation Entscheidungen, wann es sich wie verhält. Dabei zeigt sich, dass das Opfer – von Ausnahmefällen abgesehen – meist einen gewissen Handlungsspielraum hat, den es für sich nutzen kann. Auf das Verhalten des Opfers muss und wird der Täter reagieren. Auch wenn die Erfolgsquote bei körperlicher Gegenwehr wie dargelegt besonders hoch ist, sollte der Kampf dennoch nur als die letzte Möglichkeit der Täterabwehr angesehen werden. Es empfiehlt sich, sofern der Täter noch keine Gewalt angewendet hat und beeinflussbar erscheint, zunächst abzuwarten und genau zu beobachten, wie der Täter sich verhält, welche Absichten er verrät. Übereiltes Handeln des Opfers könnte auch zu übereiltem Handeln des Täters führen, der sich urplötzlich unter Druck gesetzt fühlt, die Nerven verliert und das Opfer allein deshalb tötet, weil er glaubt, sich anders nicht mehr aus dieser Situation folgenlos befreien zu können.

Welche Strategie des Opfers die richtige ist, um sich aus der lebensbedrohenden Situation zu befreien, hängt in erster Linie von der Persönlichkeitsstruktur des Täters ab, seiner Tatplanung und -begehung sowie seinen pathologischen Bedürfnissen und rationalen Zielen. Allerdings gilt dies auch für die näheren Umstände eines Verbrechens (z. B. Sichtverhältnisse am Tatort), auf die das Opfer zwar keinen direkten Einfluss hat, es jedoch hierauf folgerichtig reagieren und den Täter zu einem bestimmten Verhalten animieren kann; so überlebte beispielsweise eine junge Frau nur deshalb, weil sie während der Vergewaltigung nicht einmal den Versuch unternahm, den Täter anzusehen – alle anderen Opfer desselben Täters wurden indes aus Verdeckungsabsicht getötet. Jedes Opfer ist demnach gut beraten, auch diese äußeren Umstände eines Verbrechens genau zu betrachten und daraufhin zu beurteilen, ob hieraus ein spezielles Verhalten abzuleiten ist.

Für Opfer von Serienmördern ist im Regelfall das aktive Handeln überlebenswichtig, vor allem das unerwartete. Oftmals werden die Opfer und ihr Verhalten in eine Art inneres Drehbuch des Täters eingepasst, es wird vorphantasiert, was (und vor allem wie etwas) passieren soll. Kommt dann alles ganz anders und verhält sich das Opfer nicht wie gewünscht oder erwartet, sondern unorthodox, indem es Dinge tut, auf die der Täter keine Antwort weiß, die ihn überfordern, die ihn aber auch seine menschenverachtende Gesinnung erkennen lassen, sieht er mitunter nur eine Lösung: den Rückzug.

So verhielt sich beispielsweise der Gelegenheitsarbeiter Helmut Sch. Der 30-Jährige vergewaltigte und ermordete Anfang der 1990er Jahre im Ruhrgebiet zwei Frauen, wesentlich mehr Opfer ließ er allerdings entkommen. Warum er sich so unterschiedlich verhalten hatte, versuchte er so zu erklären: »Am Anfang ist mir schnell bewusst geworden, was ich tun wollte: vergewaltigen und töten. Aber wenn die Frauen mit mir sprachen, von Kindern erzählten oder mir anboten, sie zu küssen, wurde ich total unsicher und bin weg. Der Ablauf, den ich mir vorgestellt hatte (Gegenwehr, Schreien), trat nicht ein, und ich fühlte mich wie ein kleiner Feigling, der nur noch weg wollte.«

Auch der zweifache Mädchenmörder Ronny R. zeigte sich höchst irritiert, als er ein weiteres Kind missbrauchte, das Mädchen dabei aber plötzlich zu weinen begann und ihm dadurch der Subjektcharakter seines Opfers bewusst wurde: »Dadurch ist das ›Programm‹ irgendwie ins Stocken geraten. Die Tränen haben sie gerettet. Da habe ich gedacht: Das kannst du doch nicht machen. Die Tränen haben den Beschützerinstinkt in mir wachgerufen, mich an meine eigenen Kinder erinnert. Auf einmal sind mir so viele Gedanken durch den Kopf geschossen, dass ich aus dem Takt gekommen bin. Ich musste auch an früher denken, wie es mir selbst ergangen war. All das ist in meinem Kopf auf einmal durcheinander gewirbelt, und da stand für mich klipp und klar fest, dass ich sofort aufhören muss.«

Ein bestimmtes Opferverhalten oder situative Bedingungen und Einflüsse können also dazu führen, dass es den Tätern nicht gelingt, sich auf die Tat einzustimmen, ihren perversen Neigungen nachzugeben, ihre Tötungshemmung zu überwinden. Anders herum können gedankenlose oder missverständliche Äußerungen oder Beleidigungen durch die späteren Opfer von den Tätern als Provokation empfunden werden und dadurch eine Tötungshandlung erst in Gang setzen. Der Kieler Prostituiertenmörder Ulrich S. reklamierte z. B. für sich, seinen Opfern

Wie entkommt man einem Serienmörder?

zunächst gar nicht mit Tötungsvorsatz begegnet zu sein, sondern: »Die Frauen tun lieb und schön zu einem, wenn sie von einem Geld erwarten können, hinter dem Rücken wird man dann von ihnen betrogen. Deswegen habe ich oft eine Hasskappe geschoben. Und wenn dann wieder so eine Situation kam, habe ich die Beherrschung verloren und bin ihnen an den Hals gegangen.«

Die Wahrscheinlichkeit, Opfer eines Serienmörders zu werden, gehört zweifellos zum allgemeinen Lebensrisiko – auch wenn sie ausgesprochen gering ist. Einerseits. Andererseits ist die Gefahr des Opferwerdens angesichts der vielfältigen, häufig unvorhersehbaren und zufälligen Lebenssituationen, auf die wir meist kaum oder gar keinen Einfluss nehmen können, nicht gänzlich zu vermeiden. Sie wird existieren, solange es Menschen gibt. Und sie kann zumindest in ihrer Grundstruktur auch auf andere Bereiche der Gewaltkriminalität übertragen werden.

Das Verhalten des Opfers kann eskalierend oder deeskalierend wirken, es kann den viktimogenen Prozess unmittelbar auslösen, aber auch das drohende Opferwerden verhindern. Der Ausgang eines Verbrechens ist jedoch nicht vorhersehbar und auch nicht festgelegt, so auch beim Mord in Serie. Es sind unterschiedliche Entwicklungen möglich, überall und jederzeit. In allen Phasen eines Verbrechens kann es (fast) jedem Opfer gelingen, dem Widersacher Paroli zu bieten, ihn zu enttarnen, ihn sogar in die Flucht zu schlagen. Nur hängt es von der Situation, der Persönlichkeit und den Lebenserfahrungen von Täter und Opfer ab, welches Verhalten entscheidend dafür ist, das Schlimmste zu verhindern. Die Bandbreite der Möglichkeiten ist beachtlich. Deshalb sind konkrete Verhaltensempfehlungen für alle Menschen auch nicht möglich. Eine allgemeingültige Strategie vorzuschlagen, wäre falsch und verantwortungslos. ❑

Anmerkungen

1. Hans von Hentig (1948): *The Criminal and his Victim. Study in the Sociobiology of Crime*. New Haven.
2. Ausführlich und mit zahlreichen Kasuistiken dargestellt in Stephan Harbort (2008): *Begegnung mit dem Serienmörder. Jetzt sprechen die Opfer*. Düsseldorf (2. Aufl.).

Hendrik Seither

Die Serialität des Tötens

Zur Homologie zwischen Serienmord und Fernsehserie am Beispiel *Dexter*[1]

Von Hendrik Seither

»Tonight's the night. And it's going to happen again and again ... has to happen.« (*Dexter*)

Die Faszination, die das Phänomen Serienmord umgibt, hat durch eine Vielzahl von fiktionalen Erzählungen Einzug in das Geschichtenrepertoire der Massenmedien gehalten und den Serienmörder somit zu einer Ikone erhoben. Heute gilt Serienmord als »fester Bestandteil der Populärkultur, [...] sei es im sogenannten fiktionalen Bereich (Spielfilme, Romane, PC-Spiele etc.) oder nichtfiktionalen Bereich (Reportagen, Dokumentationen)«.[2]

Mord als Extremform des Gesetzesverstoßes wurde seit den 1960er Jahren vor allem in fiktiven Formaten im Medium Fernsehen etabliert. Das darauf zurückgehende Genre der Kriminalserie wurde seitdem weiterentwickelt, ist mehr oder weniger konstant populär und bezieht seine Spannungen aus gegensätzlichen Figurenkonzeptionen: »Das variiert wiederholte Thema dieser Serien ist der Kampf, die actiongeladene, heftige Auseinandersetzung zwischen Gesetzeshüter (Staat) und dem einzelnen Gesetzesbrecher.«[3]

Die Fernsehserie *Dexter* kann als Variation einer solchen klassischen Kriminalserie betrachtet werden. Die vom amerikanischen Pay-TV-Sender Showtime produzierte und im Jahr 2006 ausgestrahlte erste Staffel der Serie umfasst zwölf Folgen à ca. 55 Minuten. Als Vorlage diente der Roman *Darkly Dreaming Dexter* von Jeff Lindsay. Die zweite Staffel folgte im Herbst 2007, die dritte im Herbst 2008.[4] An *Dexter* werde ich im Folgenden die Strukturähnlichkeit zwischen dem Motiv des Serienmordes und dem Format der Fernsehserie aufzuzeigen versuchen und dabei insbesondere auf die Eröffnungssequenz eingehen.

Anders als in anderen bekannten, erfolgreichen amerikanischen Kriminalformaten (*CSI*, *Law & Order*, *Cold Case* etc.) üblich, in denen Kriminologen einen Fall zu lösen und den Bösewicht zu überführen versuchen, wird in *Dexter* ein Serienmörder selbst zum Kriminologen und bedient sich bekannter ›Werkzeuge‹ zur Ermittlung des Täters, um diesen – und hier erfolgt eine Variation – genussvoll zu töten. Der Perspektivwechsel vom Gesetzeshüter zum Gesetzesbrecher (in Form eines Serienmörders) ist ein Novum in der amerikanischen Fernsehlandschaft. Zum ersten Mal folgt der Zuschauer unmittelbar dem Täter und erhält Einblicke in dessen Befindlichkeit, Motivation und Modus Operandi, statt ihn auf Augenhöhe mit fiktiven Kriminologen zu verfolgen und zur Strecke zu bringen. Wie in Joyce Carol Oates' Roman *Zombie* oder Bret Easton Ellis' *American Psycho* ist in *Dexter* der Protagonist ein Serienmörder und die Erzählung entfaltet sich überwiegend aus seiner Perspektive. Diese gestaltet sich als Markenzeichen der Serie in einem ironisierenden Off-Kommentar, der über alle Episoden hinweg konsequent eingesetzt wird. Dieser Kommentar ermöglicht die Markierung einer Diskrepanz zwischen visuellen und akustischen Informationen: Dexter (Michael C. Hall) wird innerhalb des Gefüges der fiktiven Welt der Kriminologen, samt sozialen Kontakten und Dialogen mit anderen Figuren, durchaus dem Stereotyp des Kriminologen einer Fernsehserie gerecht. Doch der Off-Kommentar des Protagonisten relativiert diese Handlungen und Aussagen, entlarvt sie als Maskierung und offenbart seine tatsächlichen Beweggründe: Dexters Freundin Rita (Julie Benz) fragt ihn in einem Dialog, wie er den ständigen beruflichen Umgang mit menschlichem Blut verkrafte. Im On-Text antwortet die Hauptfigur »Blood is my job«, der Off-Kommentar nutzt eine kurze Pause im On-Text zwischen »Blood is my« und »job«, um das folgende »job« durch »my life« zu ersetzen.

In *Dexter* gibt es mehrere narrative Ebenen: die klischeehafte Narration des Kriminologen (On-

Text) und die des Serienmörders (Off-Text), die einen ironischen Blick auf die fiktive Welt der Kriminologen innerhalb der Serie ermöglicht. Doch der Serienmörder als Erzähler drückt sich auch auf der mimetischen Ebene der Narration aus. Die Plotstruktur lässt sich in zwei Ebenen unterteilen: in Aktionen, die den Protagonisten als Forensiker oder soziale Figur darstellen, und Handlungsstränge, die das serielle Töten thematisieren. Ein nicht untypisches Stilmittel:

> »Often a show will use the same protagonist for separate storylines, as when detective shows involve their heroes in both a case and a romance [...] Each given storyline may be formulaic, but the ways in which it combines with, parallels, contrasts, or comments upon another storyline may add interest and complexity.«[5]

Dexter lässt sich einer neuen Generation von Fernsehserien zuordnen, die ihre Serialität und Intertextualität thematisieren, sich auf ironische Weise mit diesen auseinandersetzen und sich das epische Format zu Nutze machen. Sie »setzen sich aus einer Vielzahl von Handlungssträngen unterschiedlicher Länge zusammen, sind ausgestattet mit einer Fülle von Charakteren, die sich über 60 bis 100 Filmstunden entfalten und profilieren können«.[6] Es ist dieses ›epische Format‹, welches im Vergleich zum Kinofilm nicht nur eine neue ›Fülle an Charakteren‹ und eine ›Vielzahl an Handlungssträngen‹ ermöglicht, sondern auch eine deutlich komplexere Verhandlung eines kontroversen Themas wie das des Serienmörders zulässt.

Serielle Narration in *Dexter* – »It's going to happen again and again«

Schon mit der ersten Textzeile der Serie *Dexter* »Tonight's the night. *And it's going to happen again and again ... has to happen.*« (1:1)[7] wird das Phänomen der Serialität thematisiert. Der Szenentext ist aus dem Off zu hören, während der Protagonist in seinem Auto die Straßen von Miami entlang fährt. Es wird in dieser Einstellung nicht nur das in allen Folgen wiederkehrende narrative Stilmittel des Off-Kommentars des Protagonisten etabliert, sondern auf die Wiederkehr des Schemas der Serie aufmerksam gemacht.

Als prägendste der unzähligen Manifestationen des Schemas Serialität in *Dexter* lassen sich die wiederkehrenden Tötungsakte des Protagonisten in den einzelnen Folgen der Serie ausmachen. Sein Tötungsritual zeigt sich weitgehend als handlungsbestimmend und vollzieht sich nach einem wiederkehrenden Schema, das sich in Recherche, Observierung, Konfrontation des Opfers mit seinen Taten, Entnahme einer Blutprobe als Memento, Tötung und anschließende Entsorgung der Körperteile gliedert.

Hier bedient sich die Serie des Phasenmodells vom Tötungszyklus eines Serienmörders aus der Kriminologie, wie es von Joel Norris beschrieben wurde. Die Vorgehensweise der Tötung wird von Kriminologen in Modus Operandi und Signature unterteilt. Modus Operandi meint »alle Handlungen, die notwendig sind, um ein Verbrechen zu begehen«, während Signature »nur die Aspekte der Tatbegehung, welche nicht zwingend für die Begehung eines Mordes notwendig gewesen wären« beschreibt. Hierzu werden Trophäen oder Mementos wie Körperteile oder Gegenstände aus dem Besitz des Opfers gezählt.

Die Serialität des Tötens wird in der Kriminologie als Wesensmerkmal des Serienmörders so beschrieben: »In ›Serie‹ zu morden, heißt, in bestimmten Zeitabständen mehrmals zu töten – bis dieser Tötungszyklus aufgrund einer Verhaftung, Erkrankung oder anderer Faktoren unterbrochen oder beendet wird.«[13] Robertz diskutiert ein Phasenmodell nach Joel Norris, welches den Tötungszyklus eines Serienmörders zu beschreiben sucht: ausgehend von der »Auraphase«, die der inneren Befindlichkeit des Täters geschuldet ist, über die Entwicklung der Tötungsfantasien bis zur Auseinandersetzung des Täters mit seinen Fantasien. Es folgt die »Auswahlphase«, die der Suche nach möglichen Opfern und Tatorten gewidmet ist, und die »Umwerbungsphase«, die durch Kontaktaufnahme mit dem Opfer gekennzeichnet ist. Die »Phase der Gefangennahme« geht der eigentlichen »Phase des Mordes« voraus und sucht die Umstände der Habhaftwerdung des Opfers zu umfassen. Die »Phase des Mordes« beinhaltet die Tötung, »bildet den

Hendrik Seither

Die Eröffnungssequenz von *Dexter*: ...

emotionalen Höhepunkt für die meisten der bekannten Serienmörder und geht für sie oft mit einem Orgasmus oder einem Gefühl der triumphalen Befreiung einher«[10]. Es folgt die »Totemphase«, in der durch Agieren mit Körperteilen oder Aufzeichnung der Tötung ein erneutes Durchleben ermöglicht wird. Da das Durchleben der Tötung in der Fantasie des Täters im Laufe der Zeit an Intensität abnimmt, folgt eine »Phase der Niedergeschlagenheit« und der Tötungszyklus beginnt erneut.[11] Der Serienmörder konstituiert sich also nicht nur durch eine Serie von Morden, sondern ebenso durch die Wiederkehr eines Handlungsschemas.

Dieses Schema der Serialität erfährt in der Serie *Dexter* nicht nur auf verschiedenen Ebenen eine Variation. Es wird ebenfalls, wie sich zeigen wird, sukzessive in einzelnen Folgen erst vervollständigt und in folgen- und staffelübergreifende Narrationsstränge integriert. Auf funktionaler Ebene sind die ersten sechs Minuten der Serie ein überaus direkter Einstieg in das Seriengeschehen. Der Zuschauer findet sich direkt nach einer Sieben-Sekunden-Exposition mitten in der Handlung des ersten episodalen Mordes, an dem das Phasenmodell des Tötungszyklus veranschaulicht werden soll.

Auf formaler Ebene bricht die Pilot-Folge mit dem in allen übrigen Folgen verwendeten Serienanfang, der sich in Einblendung des Produzenten, Serienvorspann und *Previously on Dexter*-Sequenz unterteilt. Nur notwendige Angaben, wie die Nennung des Produzenten und des Serientitels, markieren den Anfang der Serie in Folge eins. Während der Titel *Dexter* ausgeblendet wird, wird die erste Einstellung eingeblendet. Die mysteriösen Harfenklänge der Titeleinblendung dienen auch als Untermalung für die erste Einstellung und Eröffnungssequenz. Die erste Einstellung zeigt eine Wasserlache auf Asphalt, in Rotlicht getaucht, in der sich ein weißer Vollmond spiegelt. Ein Wassertropfen trifft auf die Oberfläche und sorgt für die konzentrischen Verwirbelungen auf der Oberfläche.

Diese erste Einstellung spricht einen Teilaspekt des Settings der Serie an, das Sujet des Serienmordes. Wie die meisten der fiktiven Serienmörder tötet Dexter bei Nacht. Der Vollmond und die in Rotlicht getauchte Pfütze, welche eine assoziative Nähe zu einer Blutlache herstellt, fungieren als Vorboten, als Metaphern, die schon in etlichen Serienmörderfiktionen ihren Einsatz fanden, am deutlichsten vielleicht in BLUTMOND, dem deutschen Verleihtitel von Mi-

Die Serialität des Tötens

chael Manns MANHUNTER (1986). Ein erster vager Verweis auf das Geschichtenrepertoire der Serienmörderfiktion kann ausgemacht werden. Allerdings ist der Vollmond nicht nur dort ein häufig verwendetes Symbol, er scheint z. B. auch, wenn sich in Schauer-Fiktionen Menschen in Werwölfe verwandeln.[12] Er ist fester Bestandteil der Horrormythologie.

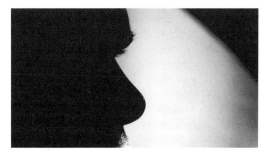

Nach dieser Exposition wird auf den Außenspiegel eines fahrenden Pkw übergeblendet. Mittels eines raffinierten Schärfe/Unschärfe-Spiels liegt der Bildbereich des Spiegels innerhalb der Schärfe, doch der Rahmen des Spiegels, wie auch der restliche Bildbereich außerhalb eben jener. In beiden Bereichen sind Elemente städtischer Architektur zu erkennen: im Spiegel Häuserfassaden und im Bereich der Unschärfe, in grellbunte Farben des Nachtlebens gehüllt, eine Straßenpromenade mit Restauranttischen. Es folgt ein harter Schnitt und wir sehen in einer Halbtotalen lediglich die Konturen des Protagonisten, die sich von dem grellen städtischen Licht abheben. Dexter steuert den Pkw durch die Nacht. Auf der akustischen Ebene setzt hier der vom Protagonisten eingesprochene Voice-over-Monolog ein: »Tonight is the night ... «.

Danach folgt ein Schnitt auf die Frontscheibe eines einen Palmen-Boulevard entlang fahrenden Pkws, in der sich Leuchtapplikationen der Häuserfassaden spiegeln. Im Off hören wir »and it's going to happen again and again.« Mit dem Schnitt auf die schwarze Kontur des Protagonisten, diesmal eine Nahaufnahme seiner Gesichtspartie, folgt der Nachschub » ... has to happen.« Das Gesicht dreht und wirft einen Blick aus dem Seitenfenster. Es folgt ein Schnitt auf eine Einstellung aus der Perspektive des Protagonisten. Man sieht vorbeiziehendes Nachtleben, Menschen die an Restauranttischen sitzen, sich unterhalten, telefonieren, küssen oder etwas essen.

Der Voice-over kommentiert in einem emotionslosen Ton: »Nice night. Miami is a great town. I love the Cuban food. Pork sandwiches, my favorite. But I'm hungry for something different now...« (1:1). Auf akustischer Ebene setzt der Gesang eines Knabenchors ein, eine Überleitung zum ersten Mord Dexters, welcher in den ersten sechs Minuten der Serie inszeniert wird.

... Die ersten acht Einstellungen

Diese Eröffnungssequenz verdeutlicht grundlegende, im Verlauf der Serie weitergeführte, stilistisch genrekonforme und narrative Elemente. Doch die anschließende Autofahrt bereitet den Zuschauer auch auf formale Schemata der Serie vor. Sehen wir,

Hendrik Seither

wie ein Serienmörder die Straßen des nächtlichen Miami entlangfährt, so erhalten wir erst durch das Hören der Voice-over-Narration des Protagonisten einen ersten Hinweis auf seine im Allgemeinen nächtlich wiederkehrenden Aktivitäten: »Tonight is the night and it's going to happen again and again ... « Die Konkretisierung »But I'm hungry for something different now« legt nahe, dass er auf dem Weg zu seinem ersten (oder nächsten, wie sich im Verlauf der Folge herausstellen wird) Opfer ist. Dass der Protagonist über sein Lieblingsgericht parliert, lässt eine menschliche Seite vermuten, auch wenn im weiteren Verlauf der Handlung klar wird, dass durch die Metapher des Hungers der erste Mord, ein Verschlingen, ein Vernichten von Leben, angekündigt wird. Hunger und das Stillen desselben verheißen Befriedigung und Genuss; beide Aspekte werden im Verlauf der Serie noch öfter thematisiert werden. Des Weiteren werden zwei Ebenen der Informationsvergabe spielerisch miteinander kombiniert: die visuelle Ebene, die mit den Gegensatzpaaren ›hell/dunkel‹, ›scharf/unscharf‹ spielt, und die akustische, die mittels des lakonischen Kommentars die visuelle Ebene ergänzt, ironisiert oder rekontextualisiert. Doch auch die Inszenierung und Montage spielt mit Informationsvergabe. Direkt an die Aussage »I'm hungry for something different now« knüpft eine Kamerafahrt an, die in den Reihen eines Knabenchors beginnt und sich rückwärts bewegt. Der Knabenchor singt die letzte Strophe und einer der Sänger tritt nach vorne. Dem Zuschauer ist bis dahin noch unklar, auf wen sich der Hunger bezieht, was das ›something different‹ ist. Vielleicht einer der Knaben? Doch die Kamera bewegt sich weiter rückwärts und erweitert die Einstellung um den Chorleiter, der sich mit Einsetzen des Applauses zur Kamera dreht. Die folgende Totale zeigt den Pavillon samt Publikum und eine vertikale Kamerafahrt erweitert die Szene um den Protagonisten, der das Geschehen von seinem Pkw aus beobachtet. Direkt im Anschluss sorgt die inhaltliche Synchronität der visuellen und auditiven Ebene für Klarheit: Man sieht aus der Perspektive Dexters den lächelnden Chorleiter inmitten der Menschenmenge mit zwei Kindern und seiner Frau und der Voice-over-Kommentar stellt klar: »There he is. Mike Donovan. He's the one.«

Die anschließende Sequenz zeigt Mike Donovan, wie er zu seinem Wagen läuft, die Tür öffnet, einsteigt und den Zündschlüssel umdreht. Just in diesem Moment sieht man blitzartig zwei Arme eine Schlinge um seinen Hals ziehen, die seinen Kopf ruckartig nach hinten zieht. Die Kamera folgt der Kopfbewegung und zeigt den Protagonisten spärlich ausgeleuchtet auf der Rückbank, wie er die Schlinge zuzieht. »You're mine now, so do exactly as I say«, ist die Anweisung, die Mike Donovan mit einem »What do you want?« kontert. »I want you to be quiet. Now drive«, lautet die emotionslose Antwort. Wir sehen wie Mörder und zukünftiges Opfer zu einer abgelegenen Hütte fahren. Bevor der Wagen zum Stillstand kommt, sieht man noch ganz nebenbei im Scheinwerferlicht mehrere Löcher im Erdreich, deren Bedeutung erst im Verlauf der anschließenden Sequenz offenbart wird. Dexter schleift Donovan in die Hütte, und wir sehen, wie er sein Opfer mit dessen Taten konfrontiert. Erst durch Androhung von brutaler Gewalt (»Look or I cut your eyelids right off your face.«) folgt die Kamera dem Blick Mike Donovans und zeigt die verwesten Leichen mehrerer Knaben. »It took me a long time to get these little boys clean«, erläutert er diese morbide Szene; dem Zuschauer wird klar, dass Dexter die Leichen ausgegraben hat: eine Auslassung der Darstellung der Handlung, die auf eine Planung und Durchführung des hier inszenierten Mordes vor Einsatz der Erzählung verweist.

Der im Folgenden zwischen Opfer und Täter entstehende Dialog dient der Figurenzeichnung Dexters. Wortgewandt grenzt er sich von seinem Opfer ab. Donovan fängt an zu beten und kassiert direkt eine Ohrfeige: »Stop, that never helped anybody!«. Christliche Nächstenliebe ist keine Option für Dexter. »Please, you can have anything!«, ist der verzweifelte nächste Versuch Mike Donovans, einen Ausweg zu finden. Die Antwort folgt als Gegenfrage: »That's good. Beg. Did these little boys beg?«. Unter Tränen schluchzt er: »I couldn't help myself ... I couldn't ... I ... please ... you have to understand.«

Der Verweis auf die eigene Unzurechnungsfähigkeit stößt auf Verständnis seitens des Protagonisten, das allerdings keinen Ausweg aufzeigt: »Trust me. I definitely understand. See, I can't help myself

Die Serialität des Tötens

either. But children, I could never do that. Not like you. Never ... ever ... kids. I have standards.« Es steht also ein Serienmörder einem anderen Serienmörder gegenüber. Gemeinsam ist ihnen der Trieb zu töten, welcher den Kindermörder zu seinen Morden veranlasst hat und Dexter zum Mord an dem Kindermörder verleiten wird. Auf der Ebene des Tötungszwangs sind beide Figuren gleich auf.

In der Wahl der Opfer wird der Protagonist abgegrenzt: Kinder sind für ihn keine möglichen Opfer, was ihn im Bereich des Normverstoßes des Tötens moralisch über den Kindermörder stellt. Einen Kindermörder zu töten wird im Allgemeinen als weniger verwerflich angesehen, als Kinder zu töten. Hier werden zwei zentrale Themen der Serie eingeführt: Die Opferwahl Dexters, sein Beuteschema, das sich ausschließlich auf Mörder bezieht, und seine ›Standards‹, die in der Irrationalität des Tötens den Keim von Rationalität vermuten lassen und als Selbstjustiz gesehen werden können.

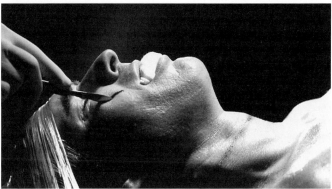

Serienmörder gegen Serienmörder: Dexter bei der Arbeit

Die Inszenierung der Tötung wird mit der Injektion eines Betäubungsmittels per Spritze in den Hals des Kindermörders eingeleitet. Das Opfer sackt in sich zusammen. In der nächsten Einstellung sehen wir, aus seiner Perspektive, die Decke der Hütte und wie Dexter mit einem Plastiksichtschutz auf dem Kopf ins Bild rückt. Eine Nahaufnahme von der Seite zeigt den Kopf des Opfers, mit Plastikfolie an einen Tisch gefesselt. Die Hand des Protagonisten tritt ins Bild, führt ein Skalpell und schneidet dem Opfer in die Wange. Aus der Opferperspektive sehen wir wie Dexter das Skalpell zur Seite legt und – Schnitt auf die seitliche Nahaufnahme des Kopfes – mit einer Pipette Blut aus dem Wangenschnitt aufnimmt. Anschließend ist aus Sicht des Opfers zu sehen, wie Dexter einen Blutstropfen auf ein Glasplättchen träufelt und ein weiteres darüber legt. Simultan zu der oben beschriebenen Schnittfolge bereitet Dexter den wimmernden Kindermörder auf seine Zukunft vor: »Soon you'll be packed into a few neatly wrapped hefties and my own small corner of the world ... will be a neater, happier place. A better place.« Aus der Vogelperspektive sehen wir im Anschluss den nackten Körper des Opfers an mehreren Stellen mit Folie an den Tisch gefesselt. Dexter legt die Glasplättchen auf einen Tisch, auf dem Messer und Sägen ordentlich arrangiert sind, greift einen Apparat und läuft an das Kopfende des Tisches. Danach ist wieder aus der Opferperspektive zu sehen wie Dexter das Visier des Sichtschutzes herunterklappt, den Apparat (eine Elektrosäge, wie man hört und kurz darauf sieht) startet und das Sägeblatt erst seitlich ins Bild und dann Richtung Zuschauer führt. In der Vogelperspektive sehen wir, wie Dexter Sägebewegungen ausführt; der eigentli-

83

che Sägeprozess wird nicht visualisiert, Dexter steht dem Blick des Zuschauers im Weg. Der Todesschrei des Kindermörders hallt noch in die nächste Einstellung, die ein von Dexter gesteuertes Motorboot bei Tageslicht zeigt, und vermischt sich mit swingenden Posaunenklängen.

Die beschriebenen Handlungselemente lassen sich nicht nur als Modus Operandi des Serienmörders Dexter zusammenfassen, sondern auch als seriell-narrative Bausteine identifizieren, die folgenübergreifend Verwendung finden. Sie werden wiederholt angewendet und ihre Variation fußt maßgeblich auf der Tatsache, dass es sich um unterschiedliche Opfer mit unterschiedlichen Täterbiografien handelt. Zudem lässt sich eine Variation im Spiel mit der Vollständigkeit in der Erzählzeit der Serie erkennen.

In der Folge *Love American Style* (5:1) erfährt Dexter über seine Freundin Rita von organisiertem Menschenschmuggel zwischen Kuba und Miami. Er observiert einen möglichen Verdächtigen, findet Beweise für den Mord an unschuldigen Kubanern, die nicht in der Lage waren, die im Nachhinein geforderten horrenden Preise für die Überfahrt zu zahlen, und bereitet sich auf sein Tötungsritual vor. Als sich herausstellt, dass die Ehefrau des Menschenschmugglers ebenso an den Verbrechen teilnahm, findet sich das Menschenhändlerpärchen plötzlich nebeneinander, nackt, mit Klarsichtfolie auf zwei Tische gefesselt, in einem mit Bildern ihrer Opfer geschmückten Wohnwagen. Der Protagonist ist sich seines wiederkehrenden Tötungsschemas bewusst und kommentiert die Planänderung im On: »Yeah, I rarely deviate from a plan, but I didn't have the heart to split up such a perfect couple«. Eine weitere ironische Variation seines Rituals findet statt, indem er das Pärchen nach dem Geheimnis ihrer Beziehung befragt, um seine eigene Beziehung zu Rita besser zu verstehen, statt wie in den Folgen zuvor, die von ihm gestellten Serienmörder mit Ihren Taten zu konfrontieren. Danach stopft Dexter dem Menschenhändlerpärchen Watte in den Mund, steht auf, und es folgt ein Schnitt auf die Mündung einer Trompete in Nahaufnahme. Die Kamera entfernt sich von dem Objekt und ein kubanischer Musiker samt Musikkapelle in einem Nachtclub wird erkennbar. Der Tötungsakt wird nicht visualisiert, jedoch erzeugt die schrille Melodie eine assoziative Nähe zu den nicht dargestellten Schreien und der Tötung des Menschenhändlerpärchens. Dem Rezipienten ist klar, dass der Handlungsstrang weitergeführt wird, auch wenn er ihn nicht vorgeführt bekommt. John Fiske erklärt diesen Sachverhalt in seinem Artikel *Augenblicke des Fernsehens* wie folgt:

> »Die Segmentierung des Fernsehens gestattet es, zwischen den einzelnen Segmenten Verbindungen herzustellen, die eher den Gesetzen der Assoziation gehorchen, als den Gesetzen von Schlüssigkeit, Logik oder Ursache/Wirkung. Diese Verbindungen sind daher viel loser gehalten, weit weniger textuell beschränkt, und sie ermöglichen es dem Fernsehzuschauer folglich in einem höheren Ausmaß, seine oder ihre persönlichen Verbindlichkeiten einzubringen und mit ihnen umzugehen.«[13]

Auf das Einbringen der ›persönlichen Verbindlichkeiten‹ des Fernsehzuschauers verlässt sich die Serie *Dexter* auch im Hinblick auf die Inszenierung der Entsorgung der Leichenteile. Ebenfalls in Folge Fünf sieht man den Protagonisten Dexter, wie er den zerstückelten Körper des Menschenschmugglers in Plastiktüten verpackt auf offenem Meer über Bord wirft. Diese Szene erhält in der Serie besondere Signifikanz, da sie in allen zwölf Folgen der ersten Staffel die einzige bleibt, die eine Entsorgung der menschlichen Überreste vorführt. Dem Zuschauer ist es durch diese Szene möglich, eine nie dargestellte Entsorgung der Leichenteile in den vorherigen und nachfolgenden Episoden zu imaginieren. Die Vervollständigung des Rituals, das Ergänzen des Gezeigten um das nicht Gezeigte, findet in der Vorstellung des Rezipienten statt, und ermöglicht durch die eingesparte Erzählzeit eine komplexe Struktur der einzelnen Handlungsstränge.

Die Entsorgung der in Müllsäcken verpackten körperlichen Überreste auf dem Meeresgrund wird erst mit Fortschreiten der Serie in Folge 5:1 visualisiert – auch wenn in Minute sechs der ersten Folge ein erster Hinweis gelegt wird: Dexter steuert sein Motorboot bei Tageslicht Richtung Hafen. Die Erzählung hat das Zerstückeln der Leiche und Überbordwerfen der Überreste ausgespart und zeigt den Protagonisten bereits auf dem Nachhauseweg. Die Komplettierung des Tötungsrituals um den Aspekt der Entsorgung wird erst in Folge 5:1 konkret, wenn Dexter die mit Leichenteilen des Menschenhändlers gefüllten Müllsäcke und die unzerstückelte Leiche seiner Frau über Bord wirft und dabei im Off-Kommentar erläutert: »I like this place. A lot of memories buried down there.« (5:1, Min. 50). Eine konkrete Darstellung der unzähligen Müllsäcke gefüllt mit verwesenden Leichenteilen auf dem Meeresgrund als »neater, happier place« bleibt aber vorerst aus, würde sie doch die Grenze des guten Geschmacks so manches Zuschauers übertreten.[14]

Hier zeigt sich zum einen die fragmentarische Darstellung der episodalen Tötungen, die von Folge zu Folge durch ein weiteres narratives Puzzleteil erweitert wird und letztendlich vom Zuschauer im Prozess des ›Nachlesens‹ zusammengefügt werden muss. Zum anderen werden die Opfer, wie man vermuten könnte, als beliebige Nebencharaktere inszeniert, das Hauptaugenmerk liegt auf Dexter und wie er die Tötungen vollzieht. Auf inhaltlicher Ebene wird den meisten episodalen Opfern im weiteren Verlauf der Serie weitgehend keine Bedeutung mehr zugemessen. Sie sind eines von vielen Opfern des Protagonisten, deren gemeinsames Merkmal der Normverstoß des Mordes ist, den Dexter wiederum mit Mord vergilt. Die Handlungsstränge um seine Opfer werden innerhalb einer Folge eingeführt und zum Abschluss gebracht. Einzige Relevanz der episodalen Opfer im Rahmen der Fortsetzungsgeschichte bleibt das immer wiederkehrende Töten eben dieser, und das anschließende Anhäufen der Mementos im Archiv, Dexters Holzschatulle, die mit zwischen Glasplättchen befindlichen Blutstropfen gefüllt ist, sowie das Anhäufen von Müllsäcken mit körperlichen Überresten der Opfer auf dem Meeresgrund. Die Reduktion des Kindermörders auf einen überschaubaren Blutstropfen, fein-säuberlich zwischen Glasplättchen geträufelt, kommentiert der Protagonist als Einzug in seine »own small corner of the world […] a neater, happier place.« Eine Nische, gefüllt mit einem Archiv von Blutstropfen von Mördern, als sinn- und identitätsstiftender Raum für den Protagonisten, bezeichnet als »happier place«, verweist auf einen (selbst)ironischen Ton des Protagonisten im Umgang mit Tötungen.

Zu Beginn der Folge *Return to Sender* (6:1) spielt *Dexter* mit der Erwartung, dass mit der Tötung und Entsorgung eines Opfers der episodal angelegte Handlungsstrang beendet wurde. Der Protagonist wird an seinen eigenen Tatort aus Folge Fünf zitiert, denn der Leichnam der von Dexter in dieser Folge ermordeten und im Meer versenkten Menschenhändlerin wurde von der Polizei an dem Ort gefunden, an dem Dexter sie getötet hat. Jemand hat Unordnung in den »neater, happier place« gebracht. Die Verbindung episodaler und folgenübergreifender Handlung findet im Dialog zwischen den ermittelnden Polizisten und im Off-Kommentar Dexters statt. Beide stellen einen Bezug zu dem »Ice-Truck-Killer« (Chirstian Camargo) her. Der Polizist James Doakes erklärt seiner Vorgesetzten Maria LaGuerta (Lauren Velez), dass der Modus Operandi des Mordes nicht zum Verdächtigten passt, während Dexter im Off-Kommentar vermutet, dass er vom »Ice-Truck-Killer« observiert wurde und dieser die Leiche der Menschenschmugglerin in einem Tauchgang wieder an die Oberfläche und in den Wohnwagen befördert hat. Dexter muss nun zusammen mit seinem Kollegen die Leiche seines eigenen Opfers auf Spuren, die zum Täter führen könnten, untersuchen. Die Ordnung des Tötungsrituals, welches mit dem Versenken des Müllsacks mit Leichenteilen endet, ist durchbrochen: Ein episodaler Handlungsstrang wird zum Teilaspekt eines sich über die erste Staffel erstreckenden Handlungsstranges, der sich mit dem Serienmörder »Ice-Truck-Killer« befasst.

Das Unterwassermassengrab wird erst in der ersten Folge der zweiten Staffel gefunden und ist somit Ausgangspunkt einer radikalen, narrativen Wende. Denn mit dem Entdecken der Leichensäcke wird die Existenz eines Serienmörders in der fiktiven Welt der Serie erst publik und bildet so einen Ausgangspunkt für einen die zweite Staffel umfassenden Handlungsbogen: Die Suche des Miami Metro Police Department nach der Identität des »Bay Harbour Butchers«. Die Gesamtheit der episodalen Tötungen, als Massengrab auf dem Meeresgrund, wird somit zu einem folgenübergreifenden Handlungsstrang.

Neben der Wechselwirkung von episodalen und folgenübergreifenden Handlungssträngen kommt es auch durch die Doppelexistenz Dexters zu einem narrativen Ordnungsschema. Oft werden zur Ver-

Hendrik Seither

knüpfung visuelle und akustische Stilmittel eingesetzt. So dient die akustische Überblendung von Todesschrei und Posaunenmelodie als Bindeglied zwischen der Tötung Mike Donovans bei Nacht und der Bootsfahrt Dexters am Morgen darauf. Die finstere Inszenierung des skrupellosen Killers wird in der anschließenden Sequenzfolge um die Handlung und Inszenierung des Protagonisten bei Tageslicht ergänzt. Wir sehen in einer Totalen den Protagonisten mit dem Rücken zur Kamera wie er ein Motorboot steuert und der Off-Kommentar erklärt: »My name is Dexter. Dexter Morgan. I don't know what made me the way I am, but what ever it was left a hollow place inside. People fake a lot of human interactions.« Es folgt ein Schnitt auf eine halbnahe Einstellung, die den lächelnden Dexter zeigt. »But I feel like I fake them all. And I fake them very well«. Ein Schnitt auf die vorherige Halbnahe zeigt, wie Dexter den Kapitän eines anderen Bootes grüßt. »And that's my burden ... I guess.« Kennzeichnend für diese Sequenz ist die enorme Divergenz der Informationsvergabe zwischen der visuellen und akustischen Darstellung. Der Off-Kommentar relativiert die visuelle Ebene und enttarnt sie für den Zuschauer als Maskierung. Dexter greift sich einen Snack, isst ihn mit Genuss und macht einen zufriedenen, ausgeglichenen Eindruck. Der Off-Kommentar fährt fort: »I don't blame my foster parents for that. Harry and Doris Morgan did a wonderful job raising me ... but they're both dead now. I didn't kill them. Honest.« Dexter senkt den Blick und eine Einstellung auf vom Boot verwirbeltes Wasser leitet eine Überblendung zu einer Rückblende ein: Der präpubertäre Dexter sitzt mit seinem Stiefvater auf einem Boot und wird von ihm zur Rede gestellt, was es mit dem Verschwinden des Nachbarhundes und den verschiedenen, in einem Grab gefundenen Tierknochen auf sich hat. Harry Morgan (James Remar) stellt fest, dass mit seinem Stiefsohn etwas im Argen liegt: »You're different, aren't you, Dexter?« Die Rückblende, ausgelöst durch das Reflektieren seiner Identität als Mörder und der Frage nach der Ursache, liefert den ersten Hinweis darauf, was Dexter zum Serienmörder werden ließ: Dexter hat schon als Kind Tiere getötet und deren Kadaver vergraben, um sein Handeln geheim zu halten. Der Zugang zur Biografie und Genese des Serienmörders liegt also in der Vergangenheit.

Die Rückblenden liefern mit Fortschreiten der Serie weitere Anhaltspunkte für eine mögliche Ursache des Tötungstriebes – vom ersten Mord an einer Krankenschwester in der Folge *Popping Cherry* (3:1) bis hin zur Visualisierung seines Kindheitstraumas. Wir sehen, wie der junge Dexter den Blick senkt, und ein Schnitt auf verwirbeltes Wasser führt uns wieder in die Gegenwart. Dexter beschleunigt sein Boot mit dem mehrdeutigen Namen ›Slice of Life‹ und entfernt sich Richtung Hafen. Die nächste Einstellung zeigt, wie Dexter die Veranda zu seinem Apartment entlangläuft (ein Verweis auf den Serienvorspann, dort verlässt er sein Haus), einen Nachbarn grüßt, die Tür öffnet und sich direkt auf die in der Wand eingelassene Abdeckung der Klimaanlage zubewegt. Mysteriöse Pianoklänge setzen ein und in einem *over-the-shoulder-shot* ist zu sehen, wie Dexter die Abdeckung löst und eine Holzschatulle zum Vorschein bringt. Er öffnet sie, es sind mehrere mit Blutstropfen versehene Glasscheibchen zu sehen und die neue Trophäe wird wie vorher angekündigt dem »neater, happier place« zugeführt. Vorher begutachtet Dexter noch fasziniert seine neue Trophäe und wir hören: »Blood. Sometimes it sets my teeth on edge. Other times it helps me to control the chaos.« Dexter weiß um sein ambivalentes Verhältnis zu Blut.

Die finstere Inszenierung des Serienmörders Dexter mittels Lowkey-Ausleuchtung und kompromissloser, kaltblütiger Brutalität seitens des Protagonisten, entspricht gängigen Klischees, bekannt aus Serienmörderfiktionen. Auch das Setting von Dexters Tötungsritual folgt gewissen Klischees: Dexter tötet am ehemaligen Tatort des jeweiligen episodalen Opfers. Sein Opfer wird dort getötet, wo es selbst die gesetzlichen Richtlinien zu übertreten pflegte. In der Folge *Dexter* (1:1) wird der Kinderschänder eben in dem Keller des abgelegenen Hauses ermordet, in dem er seine Opfer getötet hat. Auch der Vergewaltiger aus der gleichen Folge wird im Keller einer Baustelle, wo er seine Opfer quälte und filmte, zersägt. Diese Ortsgebundenheit der Tötung an den Tatort des Mörders, der sich, genau dort, wo er sich als Täter konstituiert, in der Rolle des Opfers wiederfindet, gibt das Set-

Die Serialität des Tötens

ting der episodalen Tötungen vor. Es sind abgelegene, verwahrloste Orte, am Rande der Gesellschaft, die Dexter nachts aufsucht, um zu töten. Dieses Klischee, bekannt aus dem Genre der Kriminalserie, wird durch Dexters Opfer motiviert. Die in den 24 Folgen der beiden ersten Staffeln inszenierten 16 episodal verhandelten Morde weisen ähnliche Tatorte auf, alle spärlich ausgeleuchtet und von finsterer Atmosphäre, vom Keller eines abgelegenem Gebäudes (1:1), über einen Wohnwagen auf einem Schrottplatz (5:1), bis hin zur Autogarage (2:2) und einem ausrangierten Zugwagon (3:2). Dieses In-Szene-Setzen des Protagonisten erfährt bereits nach den ersten sechs Minuten der Serie eine kontrapunktische Erweiterung. Der effiziente Killer wird als freundlicher Nachbar, Kollege und Stiefbruder inszeniert. Die Doppelexistenz Dexters ist etabliert und wird in allen weiteren Folgen Grundlage für Spannungen, Probleme und ironische oder dramatische Lösungen sein.

Im Unterschied zu Spielfilmen, die für eine Kinoauswertung produziert werden und daher auf eine geschlossene Erzählform nicht verzichten können, nutzt *Dexter* das narrative Potenzial, das serielles Erzählen im Format der Fernsehserie ermöglicht. Der Bruch mit Konventionen beruht auf dem Zusammenführen unterschiedlicher narrativer Strategien, von Robin Nelson als »flexi-narrative« bezeichnet. Episodale Handlungsstränge, ganz in Kriminalserien-Manier, die sich zumeist mit der Serienmörderexistenz, den Tötungen durch den Protagonisten beschäftigen, werden kombiniert mit prinzipiell unendlich fortführbaren Erzählsträngen; eben ganz so wie man sie aus Soap-Operas kennt, die Protagonisten in einem Geflecht aus zwischenmenschlichen Beziehungen präsentieren. Eine dritte Erzählebene wird durch sich über eine Staffel entfaltende Handlungsstränge etabliert, die ihre Einführung in der ersten Folge einer Staffel und ihren Abschluss in der letzten erfahren. Diese drei unterschiedlichen Erzählebenen werden miteinander verknüpft und motivieren oder beeinflussen sich gegenseitig.

Serienmörder mit menschlichen Zügen: Dexter mit seiner Schwester

Es sind narrative Fragmente, die vereint eine komplexe Erzählung ergeben und eine vielschichtigere Ausgestaltung des Sujets Serienmord ermöglichen, als man es aus Kinospielfilmen der Serienmörderfiktion bisher kannte.

Allerdings vereint *Dexter* nicht nur unterschiedliche narrative Strategien der Kriminalserie und Soap-Opera. Es ist der inhaltliche Fokus, der diesen Genres zugeschrieben wird, der in *Dexter* zusammengeführt wird und die Serie zu einem Genre-Hybrid werden lässt. Das Figurenstereotyp Serienmörder wird in der erweiterten Darstellung des Serienmörders als Forensiker und Familienmensch aufgebrochen. Verdeutlicht wird die Zusammengehörigkeit der unterschiedlichen Aspekte der Figur durch ein Spiel mit Inszenierungsstrategien. Schon im Serienvorspann glaubt man verschiedene Tötungsarten auszumachen, doch wird lediglich die alltägliche Morgenroutine des Protagonisten als solche inszeniert. Die Serie spielt mit der Inszenierung alltäglicher Szenen und hinterfragt so Mechanismen der Gewaltdarstellung auf ironische Weise.

»We are all murderers in the unconscious of our desires« (Slavoj Žižek)

Es ist vor allem die Einbettung der Hauptfigur in einen familiären und beruflichen Alltag, die einen unkonventionellen Blick auf die Figur des Serienmörders ermöglicht. Der Serienmörder steht nicht länger am Rande der Gesellschaft, fernab sozialer

Interaktion. Der Zuschauer bekommt die Gelegenheit, Sympathie zu empfinden. Verstärkt wird diese Wirkung durch den wortgewandten, ironisierenden Off-Kommentar des Protagonisten, der dem Zuschauer Einsicht in die Befindlichkeit der Hauptfigur gewährt. *Dexter* spielt mit dem Gegensatz von radikaler Andersartigkeit des Serienmörders, dessen Motivation und Handlungsmuster jenseits gesellschaftlicher Konventionen liegen, und zugleich der Alltäglichkeit, der Normalität des Protagonisten, die ihn doch allzu menschlich erscheinen lässt.

> »The serial killer has come to seem the very emblem of evil, for his crimes are flagrant and self-delighting violations of taboo [...]. The burgeoning chronicles of serial killing are unnervingly illuminating and suggest that beneath a mask of civility [...] the nature of man is that of a beast of prey; indeed of madness itself. Yet to examine the mind of the serial killer is to examine the human mind *in extremis*, and should anything ›human‹ be alien to us?«[15]

Der Serienmörder ist, nach Joyce Carol Oates, also auch nur ein Mensch und wird in *Dexter* nicht allein durch seine Tötungshandlung oder sein berufliches Umfeld gezeichnet, sondern vor allem durch sein Privatleben: seine zwischenmenschlichen Beziehungen zu seiner Freundin Rita, ihren beiden Kindern und seiner Stiefschwester. Das Bild des Serienmörders wird um den sympathischen Familienmenschen erweitert und bildet so das Fundament für die Komplexität der Figur. Einteilungen in ›gut/böse‹, ›moralisch/unmoralisch‹, ›richtig/falsch‹ werden dem Zuschauer zunehmend erschwert, denn die Figur ist durchaus selbstreflexiv angelegt, und befindet sich im gleichen Dilemma wie der Zuschauer:

> »It is comforting to think of them [serial killers] as ›strangers‹ among us who are somehow not *us*. They excite our fear, our revulsion, and our desire to severly punish; simultaneously they excite our fascination, and, in some, whether secretly or openly, our admiration.«[16]

Die Figur des Serienmörders wirkt abstoßend und anziehend zugleich, und man könnte meinen, sie sei in *Dexter* als Identifikationsfigur für den Zuschauer angelegt. ❏

Anmerkungen

1. Dieser Beitrag stellt eine Zusammenfassung meiner im Herbst 2008 an der Universität Köln eingereichten Magisterarbeit dar.
2. Thomas (2004) a.a.O., S. 253.
3. Prugger (1994) a.a.O., S. 98.
4. Im September 2008 startete die erste Staffel der Serie *Dexter* in Deutschland auf RTL2.
5. Kozloff (1992) a.a.O., S. 74.
6. Dreher (2007) a.a.O., S. 122.
7. Die erste Zahl der Klammerangaben bezieht sich jeweils auf die Staffel, die zweite auf die Folge der Staffel.
8. Robertz (2004) a.a.O., S. 22.
9. Thomas (2003) a.a.O., S. 52.
10. Robertz (2004) a.a.O., S. 25.
11. Vgl. Ebd.
12. Zur Verbindung zwischen realen Serienmördern und dem Werwolf-Mythos siehe Kai Bammann, S. 330–345.
13. Fiske (2005) a.a.O., S. 242.
14. Ebenso ist die Wahl eines Blutstropfens als Memento eine äußerst fernsehfreundliche Wahl, liest man doch in der Fachliteratur über Serienmörder, dass nicht selten abgetrennte Genitalien als Trophäen dienen.
15. Oates (1994) a.a.O., S. 56.
16. Ebd., S. 58.

Literatur

Bammann, Kai (2004): *Vom Werwolf zum Serienmörder: Über den Versuch, das Unfassbare zu verstehen*. In: *Serienmord*. Hg. von Frank J. Robertz / Alexandra Thomas. München, S. 330–345.

Dreher, Christoph (2007): *Das Privileg des natürlichen Todes*. In: *Spex*, Juli/August 2007, S. 122–126.

Fiske, John (2005): *Augenblicke des Fernsehens*. In: *Kursbuch Medienkultur*. Hg. von Lorenz Engel et al. Stuttgart, S. 234–253.

Kozloff, Sarah (1992): *Narrative Theory and Television*. In: *Channels of Discourse, Reassembled: Television and Contemporary Criticism*. Hg. von Robert C. Allen. London / New York, S. 67–100.

Oates, Joyce Carol (1994): *I Had No Other Thrill or Happiness*. In: *The New York Review of Books* (24. März 1994), S. 56.

Prugger, Prisca (1994): *Wiederholung, Variation, Alltagsnähe. Zur Attraktivität der Sozialserie*. In: *Endlose Geschichten: Serialität in den Medien*. Hg. von Günter Gliesenfeld. Hildesheim, S. 90–113.

Robertz, Frank J. (2004): *Serienmord als Gegenstand der Kriminologie. Grundlagen einer Spurensuche auf den Wegen mörderischer Phantasien*. In: *Serienmord*. Hg.

von Frank J. Robertz / Alexandra Thomas. München, S. 15–50.

Thomas, Alexandra (2004): *Serienmord als Gegenstand der Kulturwissenschaften. Ein Streifzug durch das Reich der Zeichen, Mythen und Diskurse*. In: *Serienmord*. Hg. von Frank J. Robertz / Alexandra Thomas. München, S. 253–281.

Thomas, Alexandra (2003): *Der Täter als Erzähler. Serienmord als semiotisches Konstrukt*. Münster.

Žižek, Slavoj (1992): *Looking Awry. An Introduction to Jacques Lacan through Popular Culture*. Cambridge.

Dexter – Bisherige Staffeln

Dexter. James Manos. Showtime. 2006–2008.

Staffel 1
1. Dexter
2. Crocodile
3. Popping Cherry
4. Let's Give the Boy a Hand
5. Love American Style
6. Return to Sender
7. Circle of Friends
8. Shrink Wrap
9. Father knows Best
10. Seeing Red
11. Truth Be Told
12. Born Free

Staffel 2
1. It's Alive!
2. Waiting to Exhale
3. An Inconvenient Lie
4. See-Through
5. The Dark Defender
6. Dex, Lies, and Videotape
7. That Night, A Forest Grew
8. Morning Comes
9. Resistance Is Futile
10. There's Something About Harry
11. Left Turn Ahead
12. The British Invasion

Staffel 3
1. Our Father
2. Finding Freebo
3. The Lion Sleeps Tonight
4. All in the Family
5. Turning Biminese
6. Sí Se Puede
7. Easy as Pie
8. The Damage a Man Can Do
9. About Last Night
10. Go Your Own Way
11. I Had a Dream
12. Do You Take Dexter Morgan?

Staffel 4
1. Living the Dream
2. Remains to Be Seen
3. Blinded by the Night
4. Dex Takes a Holiday
5. Dirty Harry
6. If I Had a Hammer
7. Slack Tide
8. Road Kill
9. Hungry Man
10. Lost Boys
11. Hello, Dexter Morgan
12. The Getaway

Ivo Ritzer

Hip to Be Square
Serienmörder in der Pop-Musik

Von Ivo Ritzer

»Wer mit Ungeheuern kämpft, mag zusehn, dass er nicht dabei zum Ungeheuer wird. Und wenn du lange in einen Abgrund blickst, blickt der Abgrund auch in dich hinein.« (Friedrich Nietzsche)[1]

I.

Fiktionen um Serienmörder, das sind stets Fantasien um Verbrechen und Irritation, Transgression und Tabubruch, Abweichung und Subversion. Fantasien, die sich entzünden am Gegebenen, um vom Fremden zu erzählen, die ausgehen vom Seienden und ankommen beim Anderen. Fantasien um Schlitzer und Kannibalen, Todesschützen und Würger, Vergewaltiger und Nekrophile. Fantasien der Verwirrung und Verzerrung, Beklemmung und Bedrohung, Fragmente des Vertrauten jenseits des Vertrauens.

Es sind Fantasien, die uns verführen: den gewohnten Blick aufzugeben, die verfremden, was wir für Gewissheiten halten. Das Undenkbare soll gedacht werden, das Unvorstellbare vorstellbar, das Verbotene nachvollziehbar. Der Serienmörder ist dabei eine ambivalente Figur, Sirene und Sphinx zugleich: Er verführt uns, ihn zum Star zu machen, und er wird von uns deshalb verführt, weitere Taten zu begehen. »[D]er Serienkiller ist noch ein echter Held«, sagt Jean Baudrillard. »Er bringt noch etwas vom früheren Typus des Mörders mit, der noch menschliche Züge trug, während das System in seiner Banalität einfach Vernichtung bringt. Durch einen anschaulichen Mörder versuchen wir quasi die Vernichtung noch einmal zu exorzisieren. Er ist ein Vertreter dieser Logik, ein Symbol der Sehnsucht nach dem Tode anstelle von Vernichtung. Eine Kompensation, bei der vielleicht auch ein Opferungsprozeß stattfindet.«[2] Baudrillard argumentiert hier selbst seduktiv, verführt zur *sympathy for the devil*: indem er eine ästhetische Alternative vorstellt zur Welt der Uneigentlichkeit. Der Serienkiller wird erhoben zur menschlichen Bastion in einem Zeitalter inhumaner Technologie, die heroisch revoltiert gegen das Faktische, sich souverän setzt durch seine absolute Handlungsfreiheit. Das mordende Subjekt sieht sich stilisiert zu einem radikalen Außenseiter, einem Outsider, wie ihn Colin Wilson einst typologisiert hat: »Der Outsider neigt dazu, sich in existentialistischen Redewendungen auszudrücken. Er kümmert sich nicht um den Unterschied zwischen Körper und Geist oder den von Mensch und Natur; diese Begriffe bringen theologisches Denken und Philosophie mit sich. Beides lehnt er ab. Für ihn ist der einzig gewichtige Unterschied der zwischen Sein und Nichtsein.«[3] Jenseits von Gut und Böse bewegt sich der Serienmörder als Outsider und Outlaw, jenseits jeder Moral. Grenzen überschreitet er, um an sein Ziel zu kommen, das ist: die Grenze zu überschreiten. Eine perfekte Projektionsfläche für das Unmoralische und Abseitige, der Fehler im System, die Störung in der Ordnung der Dinge, gegen alle Konventionen.

Der Serienkiller, ein Wahnsinniger? Für Michel Foucault ist Wahnsinn definiert als das Andere der Vernunft. Mit dem entscheidenden Hinweis, dass die Ratio verkörpert wird durch die Mächtigen der Gesellschaft, die abgrenzen, ausschließen, zum Schweigen bringen. Gerd Bergfleth hat diese restriktive Vernunft in Verbindung gesetzt zur Technokratie, die aus der Vernunftherrschaft eine Herrschaftsvernunft macht: »Die Aufklärung hat sich nämlich klamm und heimlich weiterentwickelt zur technokratischen Rationalisierung, die unsere gesamte wissenschaftlich-technische Wahrnehmung bestimmt.«[4] Gegenüber der repressiven Vernunft glaubt Foucault an eine andere: eigentliche, ungespaltene Erfahrung des Wahnsinns, deren Geschichte er schreiben will. Die Archäologie einer Tradition, »[...] in der die Menschen miteinander in der Haltung überlegener Vernunft verkehren, die ihren Nachbarn einsperrt und in der sie an der gnadenlosen Sprache des Nicht-Wahnsinns einander erkennen«[5]. Eine solche Geschichte schreibt der Serienkiller in der Pop-Kultur, als deviantes

Subjekt, das sich auflehnt gegen sozial konstruierte Werte, Normen, Denk- und Verhaltensmuster, gegen das Gnadenlose der technokratischen Rationalität. Er ist nicht wahnsinnig, er ist ver-rückt. Ein echter letzter Held.

II.

Einen Blick werfen auf den Serienmörder in der Pop-Musik, das heißt, sich zu beschäftigen mit seiner Relation zu Klangwelten, aber auch zu Texten. »Der Erzähler – so vertraut uns der Name klingt – ist uns in seiner lebendigen Wirksamkeit keineswegs durchaus gegenwärtig. Er ist uns etwas bereits Entferntes und weiter noch sich Entfernendes.«⁶ Walter Benjamin beginnt so seinen berühmten Aufsatz, er deutet damit bereits an, wie sehr er den Verlust des Erzählens beklagt, durch die Fragmentarisierung von Erfahrung, den Verlust ihrer Mittelbarkeit. Für Benjamin ist der Erzähler kein Romancier, deshalb auch spricht er nicht vom Leser, sondern vom Zuhörer: »Wer einer Geschichte zuhört, der ist in der Gesellschaft des Erzählers; selbst wer liest, hat an dieser Gesellschaft teil. Der Leser eines Romans ist aber einsam.«⁷ Auch Pop-Musik soll im Folgenden verstanden werden als Kunst des Erzählens. Wer spricht in den Songs? Northrop Frye hat in seiner – bis hin zu Fredric Jameson und Hayden White – enorm einflussreichen Essaysammlung *Anatomy of Criticism* versucht, das Verhältnis zwischen Sprecher und Hörer auf komplexe Weise zu bestimmen. Frye spricht von einer *radical of presentation*, die er zugleich als Distinktionsmerkmal der Gattungszuordnung nutzt. Er geht davon aus, dass das Erzählte bestimmt wird von der Erzählung, der Inhalt von der Form. Generische Strukturen schaffen die Voraussetzung dafür, überhaupt erzählen zu können. Für Frye sind es keine thematischen Merkmale (wie etwa bei einer Unterscheidung zwischen Western und Science-Fiction) die Differenzen zwischen verschiedenen Gattungen schaffen, sondern allein der Modus der Adressierung: »The basis of generic distinctions in literature appears to be the radical of presentation. Words may be acted in front of a spectator; they may be spoken in front of a listener; they may be sung or chanted; or they may be written for a reader. Criticism, we note resignedly in passing, has no word for the individual member of an author's audience, and the word ›audience‹ itself does not really cover all genres, as it is slightly illogical to describe the readers of a book as an audience. The basis of generic criticism in any case is rhetorical, in the sense that the genre is determined by the conditions established between the poet and his public.«⁸ An Gattungen entlang der unterschiedlichen *radicals of presentation* nennt Frye vier Möglichkeiten: *epos, fiction, drama* und *lyric*. Im *epos* adressiert der Sprecher den Hörer direkt, in der *fiction* besteht kein unmittelbarer Kontakt. Im *drama* tritt der Sprecher zurück, in der *lyric* wird er vom Hörer quasi zufällig belauscht.

Fryes Modell der Gattungen lässt sich deshalb so fruchtbar nutzen zur Analyse von Songs über Serienmörder, zu einem *deep reading*, weil es den entscheidenden Moment der Kommunikationssituation ins Auge nimmt. Die *radicals of presentation* geben Auskunft darüber, wie der Sprecher sich positioniert gegenüber dem Hörer, und mit dem Sprecher der Killer. Wird über ihn gesprochen, bleibt er Objekt der Adressierung (wie etwa in *Killer Kaczynski* von Mando Diao). Das kann sowohl aus neutraler Perspektive erfolgen (wie etwa in *Dahmer Is Dead* von den Violent Femmes) als auch Bezug nehmen auf den *point of view* eines Opfers (wie etwa in *Victim* von den Golden Palominos). Oder aber scheint der Killer selbst zu sprechen, zum Subjekt der Enunziation zu evolvieren (wie etwa in *Night Prowler* von AC/DC)? Harmonie, Rhythmik und Melodik der Songs sind dann zu begreifen als komplementäre Ausdrucksformen der *radicals of presentation*, die durch den artikulierten Text semantisch aufgeladen werden, neue Bedeutung erfahren.

III.

Ein erste Fallstudie: *Midnight Rambler* (1969), interpretiert von den Rolling Stones. Der Song verzichtet auf den traditionellen Aufbau einer 32-taktigen Standardliedform, also die Zerlegung in vier Teile à acht Takte (zweimal Hauptteil, Bridge, Wiederholung des Hauptteils). Stattdessen arbeiten die Rolling Stones mit wiederholten Tempowechseln und Improvisationen, die dem freien *jamming* einer Blues-Session entsprechen – und so bereits dem derangierten Charakter der Erzählung Rechnung tra-

Ivo Ritzer

gen. Besonders interessant ist, wie dabei differente *radicals of presentation* alternieren, miteinander verschmelzen. Zunächst wird der Serienkiller in der dritten Person adressiert:

> »Did you hear about the midnight rambler / Everybody got to go / Did you hear about the midnight rambler / The one that shut the kitchen door / He don't give a hoot of warning / Wrapped up in a black cat cloak / He don't go in the light of the morning / He split the time the cock'rel crows / Talkin' about the midnight gambler / The one you never seen before / Talkin' about the midnight gambler / Did you see him jump the garden wall / Sighin' down the wind so sad / Listen and you'll hear him moan / Talkin' about the midnight gambler / Everybody got to go / Did you hear about the midnight rambler / Well, honey, it's no rock 'n' roll show / Well, I'm talkin' about the midnight gambler / Yeah, the one you never seen before / Well you heard about the Boston ... / It's not one of those / Well, talkin' 'bout the midnight ... / The one that closed the bedroom door«

Ausgiebig werden die Aktivitäten des *midnight rambler* beschrieben, ein *nick name*, der sich reimt auf Boston Strangler, Spitzname des Täters im tatsächlichen Kriminalfall, auf den der Song rekurriert. Wiederholt sind Gefährlichkeit und Aggressivität des Killers Thema, bleiben aber gebannt in der Objektivierung. Die Rolling Stones erfüllen so die Kriterien des lyrischen Modells, wie es Northrop Frye beschreibt: »The lyric is [...] the utterance that is overheard. [...] The lyric is [...] the poet presenting the image in relation to himself [...]. The radical of presentation in the lyric is the hypothetical form of what in religion is called the ›I-Thou‹ relationship. The poet, so to speak, turns his back on his listeners, though he may speak for them, and though they may repeat some of his words after him.«[9] Die Präsentation tritt im Lyrischen zurück, macht Raum für Dynamik und Tempo. Auch *Midnight Rambler* ist zunächst weniger bestimmt von der Relation zwischen Sprecher und Hörer als dem Irrationalen des Blues, seinem Stampfen und Jaulen, Krachen und Heulen, seiner durch und durch rhythmischen Poesie: »[...] an associative rhetorical process, most of it below the threshold of consciousness, a chaos of paronomasia, sound-links, ambiguous sense-links, and memory-links very like that of the dream. Out of this the distinctively lyrical union of sound and sense emerges. Like the dream, verbal association is subject to a censor, which (or whom) we may call the ›plausibility-principle‹, the necessity of shaping itself into a form acceptable to the poet's and his reader's waking consciousness, and of adapting itself to the sign-meanings of assertive language well enough to be communicable to that consciousness.«[10] Das Lyrische folgt in *Midnight Rambler* der Logik eines Traumes, fieberhaft, nervös, gehetzt.

Plötzlich jedoch ändert die *radical of presentation* sich inmitten des Songs. Der Sprecher selbst schlüpft in die Rolle des *midnight rambler* oder besser: gibt sich zu erkennen als das vermeintliche Objekt der Äußerung. Und relativiert somit alles, was der Hörer an Sicherheit gewonnen zu haben glaubt. Der Serienmörder tritt nun auf als Subjekt des Textes, er beginnt, den Hörer direkt anzusprechen, bis hin zur verbalen Drohung:

> »I'm called the hit-and-run raper in anger / The knife-sharpened tippie-toe ... / Or just the shoot 'em dead, brainbell jangler / You know, the one you never seen before / So if you ever meet the midnight rambler / Coming down your marble hall / Well he's pouncing like proud black panther / Well, you can say I, I told you so / Well, don't you listen for the midnight rambler / Play it easy, as you go / I'm gonna smash down all your plate glass windows / Put a fist, put a fist through your steel-plated door / Did you hear about the midnight rambler / He'll leave his footprints up and down your hall / And did you hear about the midnight gambler / And did you see me make my midnight call / And if you ever catch the midnight rambler / I'll steal your mistress from under your nose / I'll go easy with your cold fanged anger / I'll stick my knife right down your throat, baby / And it hurts!«

Mit einem Versprechen des Schmerzes endet der Song, härter ist in der Pop-Musik keine Attacke des Hörers möglich. Wo die Rolling Stones dem klassischen Blues-Schema in A-Dur während des gesamten Stücks treu bleiben, wechseln sie die literarische Gattung des Textes abrupt: Das Lyrische weicht dem Epischen. Dessen Radikalität liegt in einer neuen *radical of presentation*, in einer Betonung des Oralen: »The genre of the spoken word and the listener is very difficult to describe in English, but part of it is what the Greeks meant by the phrase *ta epe*, poems intended to be recited, not necessarily epics of the conventional jumbo size. Such ›epic‹ material does not have to be in metre, as the prose tale and the prose oration are important spoken forms. [...] I use the word ›epos‹ to describe works in which the radical of presentation is oral address [...]. Epos thus takes in all literature, in verse or prose, which makes some attempt to preserve the convention of recitation and a listening audience.«[11]

Der Wechsel vom Lyrischen ins Epische konstituiert ein Moment der Irritation in *Midnight Rambler*, das den Hörer als potenzielles Opfer des Killer-Subjekts adressiert. Der mögliche Grad an Verstörung wird jedoch ausgeglichen durch den performativen Modus des Gesangs. Auch den zweiten Teil des Songs durchzieht eine ironische Distanz, die Mick Jagger zwischen sich und das mörderische Subjekt des *midnight rambler* bzw. Boston Strangler bringt: nicht im Sinne einer bloßen Invertierung von Bedeutung, sondern als provokative Strategie, die Differenz schafft zwischen Sagen und Meinen, Kommunikation nutzt zur entropischen Verunsicherung. Zeilen wie »the knife-sharpened tippie-toe«, »or just the shoot 'em dead, brainbell jangler« oder »he's pouncing like proud black panther« weisen hin darauf, wie spielerisch Erfahrungen theatralisiert werden, wie *camp* als eine ästhetische Haltung mitschwingt im Gestus der Artikulation. »Camp sieht alles in Anführungsstrichen: nicht eine Lampe, sondern eine ›Lampe‹; nicht eine Frau, sondern eine ›Frau‹. Camp in Personen oder Sachen wahrnehmen heißt die Existenz als Spielen einer Rolle begreifen. Damit hat die Metapher des Lebens als Theater in der Erlebnisweise ihre größte Erweiterung erfahren.«[12] Das ist nicht der Boston Strangler, das ist der *midnight rambler*, das ist kein

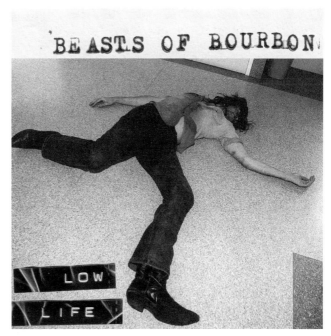

CD-Cover (*Low Life*, 2005) der australischen Band Beasts of Bourbon

Killer, das ist ein »Killer«. Der Stil triumphiert über den Inhalt, das Ästhetische über das Moralische, das Ironische über das Tragische. Statt des Ernsten das Übertriebene, statt des Authentischen das Künstliche. Diese souveräne Frivolität, diese »Erlebnisweise der gescheiterten Ernsthaftigkeit, [...] in der Entthronung des Ernstes«[13] im Umgang mit dem schrecklichen Topos setzt den Serienmord frei als ästhetisches Phänomen, das sich paraphrasieren lässt als Moment des grotesken Zugriffs auf den Hörer.

Wobei das Groteske durch zwei differente Qualitäten definiert ist: als Irrationales und Humoreskes zugleich. Wolfgang Kayser hat Ersteres betont, das Groteske als düstere Qualität der Beklemmung verstanden: als Eigenschaft, die besonders modernistischen Texten eingeschrieben sei. Im Grotesken würden Handlungen »[...] als sich vollziehendes und nicht mehr vom Menschenverstand beherrschtes Geschehen sinnfällig«[14]. Michail Bachtin macht dagegen jenes komische Potenzial stark, das aus dem Ordnungsverstoß des Grotesken hervorgehe. Für ihn entstammt das Groteske der Tradition volkstümlicher Karnevalskultur, ist ästhetisch zu definieren als semantische Stilistik, bei der eine Dominanz des menschlichen Leibes vorherrsche, asymmetrisch und heterogen, antihierarchisch und antikanonisch. Nach Bachtin inszeniert das Groteske anhand atheistischer Materialität, in Antagonismus zu Pathos und Heiligkeit, dezidert das Profane und Blasphemische – womit stets eine Apotheose kreatürlichen Menschseins sich verknüpfe. Dies führe zu jener Aufhebung der Differenz zwischen Körper und Welt, die Bachtin in seiner Analyse des Werkes von François Rabelais charakterisiert als Synthese der »[...] Grenzen zwischen Leib und Leib und Leib und Welt im Zuge eines Austausches und einer gegenseitigen Orientierung«[15]. Entscheidend für das Groteske in *Midnight Rambler* erscheint seine disruptive Wirkung auf den Hörer. Nicht nur wird er mit den Taten eines Serienmörders konfrontiert, ohne Vorwarnung verkehren sich vermeintliche Sicherheiten: bis hin zur Todesdrohung. Daraus lassen die Rolling Stones widersprüchliche Emotionen resultieren, die oszillieren zwischen verwirrtem Amüsement einer- und konsternierter Beklemmung andererseits.

Diese Rezeptionsästhetik korreliert mit neueren Studien zur Ästhetik des Grotesken, in denen beide Aspekte des Grotesken betont, die unterschiedlichen Positionen von Wolfgang Kayser und Michail Bachtin vereint werden. Man kann hier Philip Thomson folgen: »Writers on the grotesque have always tended to associate the grotesque with either the comic or the terrifying. Those who see it as a sub-form of the comic class the grotesque, broadly, with the burlesque and the vulgarly funny. Those who emphasize the terrifying quality of the grotesque often shift it towards the realm of the uncanny, the mysterious, even the supernatural.«[16] An Thomson knüpft Bernard McElroy an und begreift das Groteske grundsätzlich als kulturell flexible Doppelstruktur: »The balance between the fearsome and the playful depends not on the subject matter, but on the artist's attitude and the response he seems to be encouraging in his reader.«[17] Hier wäre zu ergänzen, dass die Reaktion des Rezipienten – unabhängig von der Intention des Autors – sehr ambivalent ausfallen kann: Deshalb, weil die Möglichkeit einer komplexen, gar widersprüchlichen Reaktion besteht. So auch in *Midnight Rambler*, einem Lied, das schrecklich und komisch zugleich wirkt. Ein heiterer Song vom Tode, der über den Abgrund des Schreckens einen Teppich aus Lust und Lachen webt, das Angsteinflößende und das Spielerische synthetisiert, als effektvolle Strategie des Poetischen.

IV.

Ein zweite Fallstudie: *Psycho* (1968), interpretiert von Eddie Noack. Wie im ersten Teil von *Midnight Rambler* scheint der Sprecher in *Psycho* sich nicht direkt an den Hörer zu wenden, die *radical of presentation* folgt einem lyrischen Modell. So wird das Moment der Bedrohung preisgegeben, zugunsten einer Einladung zur Identifikation. Der Sprecher offeriert dem Hörer, zu partizipieren an seinen Gedanken und Gefühlen, an seinem Intellekt und seinen Instinkten:

»Can Mary fry some fish, Mama? / I'm as hungry as can be / Oh lordy, how I wish, Mama / You could keep the baby quiet / 'Cause my head's killing me / I seen my ex last night, Mama / At a dance at Miller's store / She was with that Jackie White, Mama / I killed 'em both / And they're buried under Jenkin's sycamore

Don't you think I'm psycho, Mama? / You can pour me a cup / If you think I'm psycho, Mama / You'd better let 'em lock me up

Don't hand the dog to me, Mama / I might squeeze him too tight / And I'm as nervous as can be, Mama / But let me tell you 'bout last night / I woke up in Johnny's room, Mama / Standing right by his bed / With my hands near his throat, Mama / Wishing both of us was dead

You think I'm psycho, don't you, Mama? / I just killed Johnnie's pup / You think I'm psycho, don't you, Mama? / You'd better let 'em lock me up

You know the little girl next door, Mama / I think her name is Betty Clark / Aw, don't tell me that she's dead, Mama / Why, I just seen her in the park / She was sitting on a bench, Mama / Thinking up a game to play / Seems I was holding a wrench, Mama / Then my mind walked away

You think I'm psycho, don't you, Mama? / Didn't mean to break your cup / You think I'm psycho, don't you, Mama?
Mama, Mama, why don't you get up? / Say something to me mama / Mama, why don't you get up?«

Der Sprecher scheint seine Lebensgefährtin zu adressieren, in großer Verzweiflung. Er befürchtet, den Verstand zu verlieren, bemerkt, dass er den Gesetzen der Rationalität nicht länger folgen kann. In der ersten Strophe gesteht er, seine ehemalige Freundin und ihren neuen Partner ermordet zu haben, in der zweiten Strophe bekennt er, beinahe seinen Sohn getötet zu haben, in der dritten Strophe verdächtigt er sich, sich im Park an einem kleinen Mädchen vergangen zu haben, in der vierten, unvollständigen Strophe kündigt sich an, dass ihm auch seine Lebensgefährtin bereits zum Opfer gefallen ist.

Psycho ist durchzogen von einer Stimmung des Wahns, einer Atmosphäre der Paranoia. Das Morbide und Unheimliche, Beklemmende und Verstörende geht nicht zuletzt aus einer Reibung und Spannung, einem Widerspruch zwischen Besonderem und Allgemeinem, zwischen Form und Ausdruck, kurz: zwischen hochgradig expressivem Text und hochgradig konventioneller musikalischer Gestaltung des Stücks hervor. Es folgt den Traditionen der Country-und-Western-Musik, das heißt – harmonisch – der Beschränkung auf eine Tonart, also drei Akkorde des gleichen Tongeschlechts, das heißt – rhythmisch – der Beschränkung auf eine Taktform, den Fetisch der Viertelnoten, das heißt – instrumentell – der Beschränkung auf (Steel-)Gitarre, Bass und Schlagzeug. So wird zum Gewöhnlichen das Ungewöhnliche vorgetragen, eine Strategie des Kontradiktorischen, die den Hörer hineinzieht in Reden und Denken des Serienmörders, ihn zu seinem Komplizen machen will. Was auch dadurch erleichtert wird, dass Eddie Noack – konträr zu den Rolling Stones – nicht Bezug nimmt auf einen *true crime*-Stoff, ein kriminalhistorisch verbürgtes Verbrechen, sondern eine Fiktion nutzt als Fiktives, um den Serienmord als zynisches Rollenspiel zu ästhetisieren. Gerade die konservative Ästhetik der Country-Ballade wird zum Fallstrick für den Hörer, ein mobiler Signifikant, der zu flottieren beginnt zwischen Schrecken und Scherz, Horror und Humor.

Kein Wunder also, dass *Psycho* zu einem Kult-Song der postmodernen Roots-Musik avanciert ist, Cover-Versionen von Elvis Costello (1979) und den Beasts of Bourbon (1984) zeugen davon, auch Nick Caves wieder und wieder daran angelehnte *murder ballads*. Faszinierend erscheint mehr denn je die Schizophrenie des Sprechers, eine Opposition, die ihn ausschließt als funktionierendes Glied der repressiven Ordnung im Spätkapitalismus. Der Serienkiller als Schizo, das ist eine subversive Fantasie, gerichtet gegen die Axiomatik eines inhumanen Systems, gegen die Kontrollgesellschaft. Er tritt auf als Baudrillards letzter Held, als Hoffnungsträger gegen den Tyrann Ödipus, im Sinne von Gilles Deleuze und Félix Guattari: »Das Umherschweifen des Schizophrenen gibt gewiß ein besseres Vorbild ab als der auf der Couch hingestreckte Neurotiker. Ein wenig freie Luft, Bezug zur Außenwelt. Beispielsweise die Wanderung von Büchners Lenz. Wie anders dagegen jene Augenblicke beim guten Pastor, in denen dieser ihn nötigt, sich erneut gesellschaftlich: in Beziehung zum Gott der Religion, zum Vater, zur Mutter, anzupassen. Dort aber ist er im Gebirge, im Schnee, mit anderen Göttern oder ganz ohne Gott, ohne Vater noch Mutter, ist er mit der Natur. ›Was will mein Vater? Kann er mehr geben? Unmöglich! Laßt mich in Ruhe!‹ Alles ist Maschine. Maschinen des Himmels, die Sterne oder der Regenbogen, Maschinen des Gebirges, die sich mit den Maschinen seines Körpers vereinigen. Ununterbrochener Maschinenlärm.«[18] Das von der Gesellschaft marginalisierte Schizo-Killer-Subjekt ist imaginiert als deren positives Anderes, als ordnungsfeindlicher Revolutionär des Begehrens. *Psycho* artikuliert unsere verbotenen, aber keineswegs geheimen Wünsche, ein primordiales Eigentliches, das ins Bewusstsein zurückholt, was als verdrängte Repräsentation und dissoziierte Bedeutung im Raum des Symbolischen flottiert.

V.

Eine dritte, eine letzte Fallstudie: *Jack the Ripper* (1963), interpretiert von Link Wray. Im Unterschied zu *Midnight Rambler* und *Psycho* handelt es sich bei Wrays *Jack the Ripper* um ein instrumentales Stück, das heißt, ihm fehlt die semantische Dimension eines Textes, eine *radical of presentation* im Sinne Northrop Fryes. Form ohne Inhalt, eine absolute Entität, die nichts signifiziert als sich, das Selbst aber gänzlich bezeichnet. Daher steht jedes Schreiben darüber unter der Notwendigkeit eines Medienwechsels, womit sie das ganz Andere zu fassen versucht. »Die Welt existiert und der Schriftsteller spricht«, sagt Roland Barthes, »das ist die Literatur. Der Gegenstand der Kritik ist davon sehr verschieden. Er ist nicht die Welt, er ist der Diskurs, und zwar der Diskurs eines anderen: die Kritik ist Diskurs über einen Diskurs. Sie ist die ›sekundäre‹ Sprache oder ›Meta-‹Sprache (wie die Logiker sagen würden), die sich mit einer primären Sprache (oder Objektsprache, ›langage objet‹) befaßt«.[19] Das Schreiben über instrumentale Musik aber erfordert nicht nur eine axiomatische Neupositionierung, eine doppelte Volte, ist nicht nur Meta-Sprache sondern zugleich Transferleistung. Die Primärsprache ist jenseits des Sprachlichen lokalisiert, erfordert eine Verwandlung, eine Übersetzung von Klängen in Wörter und Wörtern in Schrift. Die auf den ersten Blick fehlende Signifikation der Musik scheint leicht eine Distanzierung vom Analyseobjekt zu ermöglichen. Das Semantische jedoch gewinnt über den Titel des Stücks an Relevanz, verhindert eine Reduktion der Töne auf ausgesuchte Details, macht Musik explizit zum Träger von Bedeutung.

Aufgrund des fehlenden Liedtextes ist es für Link Wray nötig, das Serienmörder-Subjekt im Titel direkt zu benennen, er kann weder einen *nick name* wählen wie die Rolling Stones noch einen pathologischen Platzhalter wie Eddie Noack. *Jack the Ripper* ist ein Stück über Jack the Ripper, die Buchstaben indizieren eine Verbindung zum bis heute vielleicht bekanntesten aller nie gefassten Serienkiller, als Raum-Zeit-Relation zwischen Zeichenträger und Objekt. Diese Relation geht direkt ein in die temporale Ordnung von Klängen, ihr synchrones wie diachrones Arrangement, das einen signifizierten Interpretanten schafft, das heißt sinnfällige Bedeutung. *Jack the Ripper* folgt klassischen Rock'n'Roll-Standards, ist strukturiert um drei Grundakkorde, gemäß dem Blues-Schema in A-Dur: Tonika (A), Subdominante (D) und Dominante (E). Es ist der treibende, pulsierende Rhythmus des Stücks, der ein Maß an Bedrohung für den Hörer erzeugt, ihn quasi verfolgt, sich fest an seine Fersen heftet, wie der Titel gebende Serienkiller. Jedoch liegt das eigentliche Skandalon von *Jack the Ripper* im Klang der Gitarre selbst begründet. Die Membran ihrer Lautsprecherbox ist perforiert, das erzeugt ein Scheppern, ein Krachen: eine Verzerrung der Töne. Was ein dialektisches Moment konstituiert, in der radikalen Übersteuerung: die Maximierung der Expression schlägt um in eine Minimalisierung des Ausdrucks, der Ton wird zum Geräusch.

Hegel hat in seiner *Phänomenologie des Geistes* unterschieden zwischen einem Sein an sich und einem Sein für anderes, zwischen Individuellem und Allgemeinem, Subjekt und Objekt: »Es fällt [...] das Letzte insofern hinweg, welches das Für sich sein und das Sein für anderes trennte; der Gegenstand ist vielmehr in einer und derselben Rücksicht das Gegenteil seiner selbst, für sich, insofern er für Anderes, und für Anderes, insofern er für sich ist. Er ist für sich, in sich reflektiert, Eins; aber dies für sich, in sich reflektiert, Eins sein ist mit seinem Gegenteile, dem Sein für ein anderes, in einer Einheit, und darum nur als Aufgehobenes gesetzt; oder dies Für sich sein ist ebenso unwesentlich als dasjenige, was allein das Unwesentliche sein sollte, nämlich das Verhältnis zu anderem.«[20] Für Hegel zeichnen sich alle endlichen Dinge durch einen Bezug auf andere Dinge aus, sie sind anders als alle anderen. Ein dialektischer Schritt: In seiner Alterität besitzt jedes Dasein seine eigene Negation, wird definiert durch seine Qualität als Anderssein. Das Anderssein jedoch sieht sich als Sein für anderes, es hebt sich selbst auf, als Negation der Negation. Mit der Anerkennung des Selbst durch den Anderen ist eine zwingende Unterwerfung des Anderen verbunden, daraus resultiert zwangsläufig eine Festlegung, eine Relation von Herrschendem und Beherrschtem, von Subjekt und Objekt: »[S]o sind sie als zwei entgegengesetzte Gestalten des Bewußtseins; die eine das selbstständige, welchem das Für sich sein, die andere das unselbstständige, dem das Leben und das Sein für ein anderes, das Wesen ist.«[21] Das Für sich sein herrscht, das Sein für ein Anderes wird beherrscht. In *Jack the Ripper* formt der verzerrte Gitarrensound ein reines Für sich sein, radikale Selbstständigkeit, die ein Dekodieren des Zeichensinns obsolet macht. Der Sound muss sich nicht unterwerfen, er muss nichts aussagen. Er klingt,

Hip to Be Square

er ist. Das Sein für ein Anderes hat der verzerrte Gitarrensound überwunden, den Akt des Sprechens. Er steht jenseits einer Funktion als Träger von Sinn, dem distinkten Effekt einer spezifischen Akkordverbindung oder einer spezifischen Instrumentierung. Keine Dialektik, keine Dichotomie gut/böse, stattdessen ein Ereignis der Intensität, in seinem Für sich sein selbst: Der Klang ist Jack the Ripper. Nicht nur *radical of presentation* und *presentation* fallen zusammen, wir hören den Killer selbst, unmittelbar und leibhaftig. Wir sind in der Zeit, einer vergehenden Gegenwart, einer bewahrten Vergangenheit, wo Aktuelles und Virtuelles sich überlagert, wo Bewusstsein und Bewusstseinsinhalt nicht länger zu trennen sind. Der Klang als Killer ist immanente Materie, untrennbar von den Dingen. Was uns Link Wray zeigt, mit *Jack the Ripper*: Wir sind immer schon Teil des Serienmörders, und der Serienmörder ist immer schon Teil von uns.

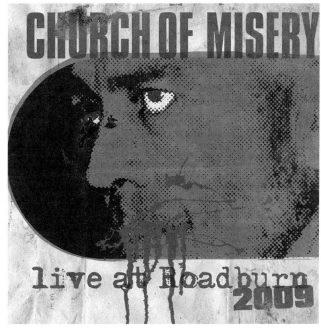

CD-Cover der japanischen Doom-Metal-Band Church of Misery

VI.

Eine Konstante, in allen drei *case studies*: die Lust am Verdrängten, am Überschreiten von Grenzen. Was auch gilt für fast alle anderen Pop-Songs über Serienkiller, unabhängig von Band und Genre. Gruppen wie Macabre (Chicago, USA) oder Church of Misery (Tokio, Japan) gründen ihr gesamtes Werk auf dieses Spiel mit finsteren Fantasien, der Abweichung vom Gewöhnlichen, dem Schritt vom Wege. Der Feind heißt stets Normativität, das Oppressive des Evidenten. Die wahre Gewalt, schreibt Roland Barthes, das ist »[...] die des *Das-versteht-sich-von-selbst* [...]: was evident ist, ist gewalttätig, auch wenn diese Evidenz sanft, liberal, demokratisch vorgestellt wird [...]: das ›Natürliche‹ ist im Grunde die allerletzte Schmach«[22]. Gegen jede Selbstverständlichkeit, für ein Erzittern, ein Beben, ein Pochen und Pulsieren. Es dominiert das Arsenal an Fiktionen und Verfremdungen, eine Befreiung vom Horror der Konsensbildung. Jean Baudrillard hat die westlichen Industriegesellschaften als eine Kultur beschrieben, in der alles andere exorziert, das Böse in eine konsensuelle Transparenz überführt worden ist. Statt Opazität bleibt nur noch endlose Wiederholung, jede Negativität fehlt, in der aseptischen »Hölle des Gleichen«[23].

Die klinisch gesäuberte Gesellschaft aber lässt das Böse wieder durchscheinen, gerade durch ihren Kult der Überprotektion. Ein solcher Störfaktor im System ist der Serienkiller, er erscheint als jenes fundamental Andere, das sich jeder Differenz entzieht, sich nicht definieren lässt über das Gleiche, sondern *ist* in seiner Andersartigkeit. Die Pop-Kultur bietet ein ideales Feld für diese Lust an der Gegenreaktion, der imaginären Revolte. Der Serienmörder-Diskurs entfaltet sich so in bewusster Aneignung, einer aktiven Praxis, die Baudrillards Modell der passiven Gefangenschaft in der bloßen Transparenz des Bösen herausfordert. Basis dafür bildet eine populäre Kultur im Sinne von Antonio Gramsci, eine Politik der ästhetischen Erfahrung: »Man muss sich abgewöhnen, die Kultur als enzyk-

Ivo Ritzer

lopädisches Wissen zu begreifen, wobei der Mensch nur wie ein Gefäß betrachtet wird, das mit empirischen Daten und rohen, unzusammenhängenden Fakten anzufüllen ist.«[24]

Im Anschluss daran lässt das Populäre sich begreifen als Gegenmodell zur offiziellen, herrschenden Kultur, als subversiver Faktor, der hegemoniale Regeln überschreitet, das Subjekt öffnet. Für jenes Andere, jenes noch nicht aktualisierte Virtuelle, das sich ankündigt, der diskursiven Formation aber sich entzieht: als widerständiger Block, als Ort der Auseinandersetzung zwischen dominanter und marginalisierter Kultur. Jenseits der Dimensionen von phänomenologischer Zeit, in einer permanenten Gegenwart. Immer bleibt so das Utopische des Gebrauchswerts mit dem Tatsächlichen des Tauschwerts verbunden, und den Scheitelpunkt dazwischen bildet der Serienkiller: ein Teufel und Engel zugleich, simultan abstoßend und anziehend. Ein echter Held also, über den in Pop-Songs gesprochen wird, der selbst in Pop-Songs zu uns spricht. Ein Meister des Todes, Historiker und *storyteller*, ein Benjamin'scher Messias: »Der Tod ist die Sanktion von allem, was der Erzähler berichten kann. Vom Tode hat er seine Autorität geliehen. Mit andern Worten: es ist die Naturgeschichte, auf welche seine Geschichten zurückverweisen.«[25] Es gilt: Das, was den Hörer zum Serienmörder in der Pop-Musik zieht, ist die Hoffnung, sein fröstelndes Leben an einem Tod, von dem er hört, zu wärmen. ❑

Anmerkungen

1. Friedrich Nietzsche (1886): *Jenseits von Gut und Böse*. Werke, Band 3. Frankfurt/M. 1979. S. 82.
2. Jean Baudrillard (1996): *Elemente der Verführung. Ein Gespräch mit Tom Lamberty, Kurt Leimer, Frank Wulf*. In: Eckhard Hammel (Hg.): *Synthetische Welten. Kunst, Künstlichkeit und Kommunikationsmedien*. Essen, S. 191–198, hier S. 196.
3. Colin Wilson (1957): *Der Outsider. Eine Diagnose des Menschen unserer Zeit*. Stuttgart, S. 41.
4. Gerd Bergfleth et al. (1984): *Kritik der palavernden Aufklärung*. München, S. 9.
5. Michel Foucault (1973): *Wahnsinn und Gesellschaft. Eine Geschichte des Wahns im Zeitalter der Vernunft*. Frankfurt/M., S. 7.
6. Walter Benjamin (1977): *Der Erzähler*. In: *Illumination. Ausgewählte Schriften I*. Frankfurt/M., S. 385–410, hier S. 385.
7. Ebd., S. 401.
8. Northrop Frye (1957): *Anatomy of Criticism. Four Essays*. Princeton, S. 245 f.
9. Ebd, S. 248 f.
10. Ebd., S. 270 f.
11. Ebd., S. 247.
12. Susan Sontag (1982): *Anmerkungen zu Camp*. In: *Kunst und Antikunst. 24 literarische Analysen*. Frankfurt/M., S. 322–341, hier S. 327.
13. Ebd., S. 335 f.
14. Wolfgang Kayser (1960): *Das Groteske in Malerei und Dichtung*. Reinbek, S. 51.
15. Michail Bachtin (1969): *Literatur und Karneval*. München, S. 17.
16. Philip Thomson (1972): *The Grotesque. The Critical Idiom*. London, S. 20.
17. Bernard McElroy (1989): *Fiction of the Modern Grotesque*. New York, S. 14.
18. Gilles Deleuze / Félix Guattari (1977): *Anti-Ödipus. Kapitalismus und Schizophrenie I*. Frankfurt/M., S. 7.
19. Roland Barthes (1969): *Was ist Kritik?* In: *Literatur oder Geschichte*. Frankfurt/M., S. 65 f.
20. G.W.F. Hegel (1807): *Phänomenologie des Geistes*. Bd. 414 der Philosophischen Bibliothek Meiner. Hg. v. H.-F. Wessels und H. Clairmont. Hamburg 1988, S. 89.
21. Ebd., S. 132.
22. Roland Barthes (1978): *Über mich selbst*. Frankfurt/M., S. 92.
23. Jean Baudrillard (1992): *Transparenz des Bösen. Ein Essay über extreme Phänomene*. Berlin, S. 131.
24. Antonio Gramsci (1983): *Marxismus und Literatur. Ideologie, Alltag, Literatur*. Hamburg, S. 25.
25. Benjamin (1977), a.a.O., S. 396.

Diskografie

Midnight Rambler (1969)
Written by Mick Jagger and Keith Richards
Performed by The Rolling Stones
Decca Records / ABKCO

Psycho (1968)
Written by Leon Payne
Performed by Eddie Noack
K-Arc Records

Jack The Ripper (1963)
Written by Mark Cooper and Link Wray
Performed by Link Wray and The Wraymen
Swan Records

Eine Poetik der Liste
Serienmord und Apokalypse in David Finchers SE7EN[1]

Von Arno Meteling

Apokalypse und Theorie

Dienstag abend ordne ich meine Plattensammlung neu.«[2] In der Popkultur um 2000 gibt es zwei Tendenzen, die in David Finchers Serienmörderfilm SE7EN (Sieben; 1995) aufeinandertreffen und eine spezifische Ästhetik des Serienmords ergeben. Die eine kann mit »ein bisschen Lust am Untergang«[3] beschrieben werden. Es geht um das Gefühl, am Ende einer Epoche oder am Ende der Geschichte selbst zu stehen, etwas, das in einen melancholisch posthistorischen oder einen apokalyptischen Diskurs mündet. Vor dem Jahrtausendwechsel konnte man deshalb deutlich feststellen, dass er schon stattgefunden hat, der Untergang der Welt. Dies natürlich nur im Kino. Konzentrierten sich die Filme zunächst vor allem auf eine Renaissance des Katastrophengenres, wie TWISTER (1996; R: Jan de Bont), DANTE'S PEAK (1997; R: Roger Donaldson) und VOLCANO (1997; R: Mick Jackson), DEEP IMPACT (1998; R: Mimi Leder), ARMAGEDDON (1998; R: Michael Bay) und GODZILLA (1998; R: Roland Emmerich), so hat man sich im Zuge der Millenniumshysterie um 1999 und 2000 in barocker Weise von der Natur abgewandt und ist mit festem Blick auf die Bücherwände, die in Film und Fernsehen so gerne inszeniert werden, zu einer abgekürzten Eschatologie übergegangen. Die Millenaristen, die Endzeitpropheten, die Y2K-Wahrsager und die Nostradamus-Gläubigen haben zumindest im Spiegeluniversum des Hollywood-Erzählkinos Recht behalten. Denn um die Jahrtausendwende kann man von einer Konzentration der Filme sprechen, die das Thema der Apokalypse heranziehen und die auffälligerweise im gleichen Zug die Spuren und Vorzeichen des Weltuntergangs in den Archiven unserer Kultur zu entziffern versuchen. Beispiele dafür sind Roman Polanskis THE NINTH GATE (Die neun Pforten; 1999), END OF DAYS (1999; R: Peter Hyams), STIGMATA (1999; R: Rupert Wainwright), LOST SOULS (2000; R: Janusz Kaminski), THE CALLING (2000; R: Richard Caesar) oder die Neuauflage von William Friedkins THE EXORCIST (Der Exorzist; 2000). Hollywood stellt sich dabei der unmöglichen Aufgabe, vom Ende der Geschichte selbst erzählen zu wollen und damit Untergang und Offenbarung zugleich in Szene zu setzen, also konstative mit performativen Aussagen in der Apokalypse zu verknüpfen.

Zeitgleich lässt sich mit dem Blick auf die Archive, die die Zukunft vorhersagen sollen, auch eine Wende zur Retrospektive erkennen. Es geht darum, schon im jungen Alter sein vergangenes Leben zu ordnen und buchstäblich »auf die Reihe zu bringen«, um es dadurch mit Sinn aufzuladen und dabei seine Identität kulturell zu legitimieren. Die Stationen dieser geordneten Reihe sind die Dinge, die sich in unseren Fotoalben, Bücher-, Kassetten- oder Plattenschränken und -regalen befinden, in unseren Sammlungen und Privatarchiven. Rob Fleming, der Held von Nick Hornbys Roman *High Fidelity* aus dem Jahr 1995, also dem Jahr, in dem auch SE7EN in die Kinos kommt, fasst diese Ästhetik der Existenz folgendermaßen zusammen: »Heute abend aber schwebt mir etwas anderes vor, und ich versuche mich zu erinnern, in welcher Reihenfolge ich die Platten gekauft habe. Auf diese Weise hoffe ich, meine Autobiografie schreiben zu können, ohne auch nur einen Stift in die Hand nehmen zu müssen. [...] Als ich fertig bin, durchströmt mich schließlich ein ganz neues Selbstgefühl, denn das ist schließlich das, was mich ausmacht.«[4] Verknüpft sind die Praktiken dieser Archivierung des ›Selbstgefühls‹ durch eine Poetik, eine Ordnung der Dinge, die man mit dem Begriff der ›Reihung‹ oder der ›Liste‹ bezeichnen könnte. In SE7EN, so die These, kreuzen diese Identität stiftenden Praktiken der Popkultur einen apokalyptischen Diskurs, und als Struktur des pa-

Arno Meteling

radigmatischen Textes der Apokalypse, nämlich der *Offenbarung* des Johannes, wird eine Poetik der Liste sichtbar. Die Rede ist von der spektakulären Figur eines Countdowns der Vorzeichen, der als sukzessives Durchstreichen einzelner Punkte auf einer Liste inszeniert wird.

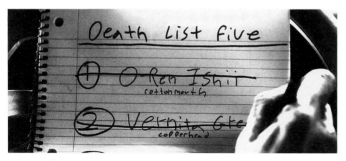

Die ›Top five‹ in KILL BILL

Es bleibt noch festzuhalten, was Kultur- und Medientheorie nur kurze Zeit zuvor zu dieser spezifisch popkulturellen und apokalyptisch aufgeladenen Struktur zu sagen haben. Denn mit dem Aufstieg der technikzentrierten Medientheorie wird eine Perspektive auf die Kulturgeschichte offenbar, die deutlich epochalistisch – im Sinne der *epochè* als zäsierendem Zeitpunkt – und mitunter apokalyptisch gefärbt ist. Statt ›Goethezeit‹ heißt es nunmehr ›um 1800‹. Die Künste werden von den technischen Medien etwa um 1880 abgelöst, also ›um 1900‹. Und ›um 2000‹ wäre sie logischerweise dann da, die Turing-Galaxis, die letzte Version des von Marshall McLuhan prophezeiten elektronischen Zeitalters. Vom Menschen ist dann längst nicht mehr die Rede. So beginnt eine einflussreiche deutsche Mediengeschichte mit dem Titel *Grammophon – Film – Typewriter* (1986) mit den prophetischen Worten: »Vor dem Ende, geht etwas zu Ende. [...] Blendwerk werden die Sinne und der Sinn. Ihr Glamour, wie Medien ihn erzeugt haben, überdauert für eine Zwischenzeit als Abfallprodukt strategischer Programme. [...] – ein totaler Medienverbund auf Digitalbasis wird den Begriff Medium selbst kassieren. Statt Techniken an Leute anzuschließen, läuft das absolute Wissen als Endlosschleife.«[5] Der Computer kassiert in dieser Vision also sogar das ausdifferenzierte System der Medien, und die Offenbarung der digitalen Apokalypse findet erst recht ohne Beisein von Menschen statt. »Aber«, so schreibt Friedrich Kittler auch in einer durch einen Absatz hervorgehobenen Zeile, »noch gibt es Medien, gibt es Unterhaltung.«[6] Es ist somit die Unterhaltungsindustrie, die uns vor dem Ende von Differenz und Beobachtung in einem elektronischen Instantan-Universum des Computers, mithin als *katechon*, vor dem Ende der Welt schützt. In die von McLuhan diagnostizierte Zäsur zwischen dem Schriftuniversum der Gutenberg-Galaxis und dem Computeruniversum der Turing-Galaxis schiebt sich also ein heimeliger Verbund von Unterhaltungsmedien: von Stereoanlagen, Kassettenrecordern und CD-Playern, Fotoapparaten, Video- und DVD-Rekordern, Kinobesuchen und so fort. Solange also die Musikindustrie noch Langspielplatten und Hollywood noch Spielfilme produzieren, ist das Ende des Menschen durch das Reich der Maschinen nicht gekommen.

Pop und Archiv

»Als Laura hier wohnte, hatte ich die Platten alphabetisch geordnet, vorher hatte ich sie in chronologischer Ordnung, angefangen mit Robert Johnson bis zu, keine Ahnung, Wham!«[7] Eckhard Schumacher macht an dem Erzähler von *High Fidelity* etwas Grundlegendes an der Popkultur fest: »Nicht wenige der mit dem Label Pop versehenen Bücher, darunter auch Hornbys *High Fidelity*, lassen sich als Texte qualifizieren, die mit der vermeintlichen Klarheit der Vergangenheit besser umgehen können als mit den Verständnisschwierigkeiten, die durch das produziert werden, was sich immer neu als Gegenwart präsentiert.«[8] Popkultur bedeutet also Hinwendung zur eigenen Vergangenheit unter dem Blickpunkt der Hitliste, der Charts, der Top Five, kurz: das Verlangen nach Ordnung, Reihung und Archivierung des eigenen Lebens. Moritz Baßler hat für die Protagonisten dieser Kultur den passenden Titel gefunden: *Die neuen Archivisten*.[9] Um aber

Eine Poetik der Liste

zu erkennen, dass es nicht nur um den deutschen, den britischen oder den amerikanischen Pop-Roman geht, reicht es, den Fernseher einzuschalten. Denn das 20. Jahrhundert ist kaum vorbei, schon wird es massenmedial anhand von Listen und Hitparaden aufgerollt. Time Life und Just Good Music präsentieren das Beste der Hitparaden aus den 1960er, 70er, 80er und 90er Jahren, und eine 1960er-, 70er-, 80er- und 90er-Jahre-Show jagt die nächste. Das (preiswerte) Format der so genannten *panel show*, in der eine Jury z. B. die 100 erfolgreichsten Love Songs aller Zeiten oder die 100 nervigsten Personen des Jahres Revue passieren lässt, ist ein signifikantes Fernsehphänomen der Jahrtausendwende. Am Ende der Epoche des 20. Jahrhunderts beziehungsweise zu Beginn des 21. Jahrhunderts wird, so könnte man zusammenfassen, eine Bewegung sichtbar, die Burkhardt Lindner für Walter Benjamins Betrachtung des 19. Jahrhunderts mit dem Begriff der ›Archäologie des Jüngstvergangenen‹ versehen hat.[10] Man versichert sich seiner Bestände, versucht ihnen im Nachhinein Sinn, Ordnung und Bedeutung zu verleihen und dabei aus seinem Leben so etwas wie Kontinuität, ein sinnstiftendes Glasperlenspiel, zu gewinnen und zum *magister ludi* seines eigenen Lebens zu werden.

Diese Entwicklung findet auf bizarre Weise ausgerechnet in der Figur des Serienmörders ihren literarischen und filmischen Protagonisten. Denn abseits von der Figur des ›Lustmörders‹ im Sinne Martin Büssers[11] oder Hania Siebenpfeiffers[12] oder der ›Kreatur‹ nach Helmut Lethen, wie sie noch im Fall ›Angerstein‹ bei Siegfried Kracauer[13] oder im Film M – EINE STADT SUCHT EINEN MÖRDER (1931) von Fritz Lang auftaucht, erhebt der Serienmörder um 2000 die Liste selbst zum Kunstwerk. Auflistungen gibt es in der Literatur zwar schon seit geraumer Zeit, beispielsweise in den Werken des Marquis de Sade, François Rabelais' oder Hans Henny Jahnns. Aber entgegen diesen Auflistungstexten, die vor allem die groteske Monstrosität großer Zahlen feiern, ist die Liste als Kulturtechnik, als poetischer Motor und als Formel für eine Ästhetik der Existenz, das heißt: als biografischer Leitfaden, ein entscheidendes Moment in der jüngeren Literatur und im jüngeren Film um 2000. Aus der biografischen Kulturtechnik ›Liste‹ wird dabei mitunter tödlicher Ernst. So besteht Bret Easton Ellis' epochaler Roman *American Psycho* (1991) beispielsweise ausschließlich aus Listen, meist von Markenartikeln, deren Aufreihung nur kurz unterbrochen wird durch die Beschreibung der verschiedenen Morde des Protagonisten. Auch in Quentin Tarantinos popkulturell äußerst einflussreichem zweiteiligem Film KILL BILL (2003/2004) findet sich die Top Five prominent als Strukturprinzip des Rachemords. Diese Poetik der Liste, genauer: des Countdowns, führt schließlich zur Apokalypse, und zwar zur *Offenbarung des Johannes*, in der es nicht wie in *High Fidelity* um die Top Fives geht, sondern vor allem um eine Menge an Siebener-Konstellationen, die als Abzählmarker fungieren. Umberto Ecos Roman *Der Name der Rose* (1980) und seine Verfilmung von Jean-Jacques Annaud (1986) sind wahrscheinlich die ersten Vertreter einer Verschleifung von Apokalypse, Archivierung und *serial killing*. Ist der letzte Name auf der Liste durchgestrichen, ist die letzte Posaune erklungen und die letzte Schale des Zorns vergossen, endet die Welt. Und was brennt selbstverständlich zum Schluss und erhellt den Jüngsten Tag? Die Bibliothek.

Der Film als Bibliothek

In David Finchers Serienmörderfilm SE7EN verbindet sich die Poetik der Liste als Countdown mit einem apokalyptischen Diskurs und führt am Sujet des *serial killings* eine Reflexion über Epochen aus, die – ganz im Sinne McLuhans und Kittlers – durch ihre Leitmedien bestimmt werden. Alle Formulare und Konventionen des neueren Serienmörderfilms treffen dabei auf SE7EN zu. Ein unbekannter Serienmörder in einer namenlosen Großstadt wird von zwei Polizisten gejagt. Der Mörder verfolgt mit seinen Taten einen bestimmten Plan. Die Detektive identifizieren das Muster der Morde und versuchen anhand der gelegten Spuren, die Identität des Täters festzustellen. Nebenbei hat das Polizeipaar William Somerset und David Mills – wie in einem *buddy movie* üblich – sich noch zusammenzuraufen und private Probleme zu regeln. Die Morde jagen Polizisten und Kinozuschauer in einem Wettlauf mit dem Serienmörder über genau abgemessene Spannungsbögen von einem blutigen *set piece* zum

Arno Meteling

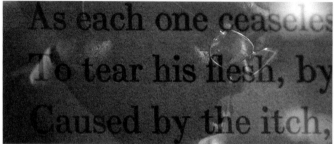

Somerset erforscht in der Bibliothek ...

nächsten – bis zum überraschenden und schockierenden Schluss, in der sich die Wege von Mörder und Detektiv entlang der Mordliste zum letzten Mal kreuzen und offenbar wird, dass die Detektive Teil des Programms, Stationen auf der Liste sind. Bis dahin herrscht, wie in den meisten Serienmörderfilmen üblich, Zenons Paradoxon von Achilles und der Schildkröte, denn die Detektive sichern und interpretieren immer nur die Spuren, die der Täter für sie ausgelegt hat.

An einer erhabenen Stelle in SE7EN steht eine ehrwürdige und mit dem Bildungswissen Alteuropas angereicherte Bibliothek. In einer Parallelmontage ausgeführt, ist diese Bibliothekssequenz das Scharnier für den kriminalistischen Einsatz des Denkens in der Handlung und dient zugleich der Gegenüberstellung der Methoden der beiden Detektive. Während der Nicht-Leser David Mills zuhause ratlos vor den Tatortfotos und -protokollen sitzt, um sich dann mit einem Bier in der Hand dem betäubenden Nullmedium Fernseher zuzuwenden, konzentriert sich der Leser William Somerset in der Polizeibibliothek auf ein älteres Medium, den Bildungskanon in Buchform – und zwar genau wie der Serienmörder vor ihm. Während Mills nach Spuren der Identität des Mörders in den Fotos sucht, forscht Somerset nach dem Hintergrund, nach dem tiefer liegenden Sinn der Morde. Das von Somerset vermutete Muster, die allegorische Realisierung der sieben Todsünden[14] als Serienmord, wird während der Recherche auf diese Weise mit Sinn aufgeladen und erfährt damit auch seine kulturelle Legitimation. John Miltons *Paradise Lost* (1667), die *Parson's Tale* aus Geoffrey Chaucers *Canterbury Tales* (1383ff.), ein *Dictionary of Catholicism* und Dante Alighieris *Purgatory* (*Purgatorio*) aus der *Divine Comedy* (*Divina Commedia*, 1320) – mit einem jeweils im *close up* herausgestellten Titelrücken in einer langen Buchreihe – bilden den christlich-literarischen Kern des im Film bildhaft gewordenen Archivs, aus dem Mörder wie Detektiv den Sinn und damit die Legitimation ihres Weltbildes und ihres Handelns schöpfen. In Großaufnahme notiert Somerset sie auf einer Liste. Der Film wird hernach durch Akte des Lesens (bei William Somerset), des Nicht-Lesens (bei David Mills) und des interpretierenden Fortschreibens (beim Serienmörder) dieses Archivs strukturiert.

Schon beim ersten Mord hinterlässt der Mörder einen literarischen Hinweis mit christlichem Hintergrund, der die Dramaturgie des Films vorwegnimmt. Es sind zwei Verse aus Miltons *Paradise Lost*: »Long is the way / And hard that out of Hell leads up to Light.«[15] In der Bibliothekssequenz werden in Großaufnahme die bekannten Illustrationen Gustave Dorés zu Dantes *Divina Commedia* und Textpassagen, die Gewalt in Form von Folter und Bestrafung am individuellen Körper zum Thema haben, mit langsamen Kamerafahrten und Zooms in Szene gesetzt. Somerset vervielfältigt die Bilder und Texte der Gewalt am Kopiergerät der Bibliothek, sodass sie wie ihre Realisierungen auf den Tatortfotos, zu denen sie durch die Parallelmontage in Korrespondenz stehen, auf den Schreibtisch von

Eine Poetik der Liste

Mills gelangen. Dieser muss sich allerdings in der folgenden Szene die Erläuterungsbände *Cliff's Notes* besorgen, um Somersets literarische Hinweise überhaupt verstehen zu können. Gespiegelt wird die Polizeibibliothek dann von der ebenfalls mit Büchern angefüllten Wohnung des unbekannten Serienmörders. Neben den klischeehaften Insignien eines obsessiven religiösen Fanatikers, wie das neonrot leuchtende Kreuz an der Wand des Schlafzimmers, beherbergt sie mehrere hundert Tagebücher, die wie im Vorspann schon sichtbar, zusammenmontierte Bilder und Texte der Gewalt beinhalten und damit das Archiv der Bibliothek handschriftlich fortschreiben. Als Blaupause der Serienmorde entpuppt sich deshalb die Interpretation der in der Bibliothek gezeigten Literatur, die in dem Sammel- und Schreibwerk von John Doe fortgeschrieben wird. Die Wohnung des Serienmörders ist mehr noch als eine Bibliothek eine Schreibstube und vor allem ein Ort, an dem paradigmatische Texte eines abendländischen Archivs interpretiert und umgesetzt werden. Ist der Serienmörder also ein Theologe oder ein Philologe?

... den christlich-literarischen Hintergrund der Morde

Medien in Medien

Er ist auf jeden Fall ein Bricoleur. In SE7EN wird der Akt des Schreibens als materialnahe Sammel-, Durchstreichungs-, Ausschneide- und Bastelpraktik inszeniert, eine Bricolage mit all ihren Identität stiftenden Implikationen.[16] Neben den Indizien zu der noch unbekannten paranoiden und psychotischen Schreibexistenz des Mörders spielt gerade der Vorspann von SE7EN, der das Pendant zur Bibliotheksszene liefert, diese Materialität von Schrift und Büchern in die Geschichte ein. Das Medium Film, so lässt sich vermuten, hat die Medien Schrift und Buch geschluckt und stellt souverän ihre Materialität zur Schau. Aber der berühmt gewordene und Stil bildende Vorspann von SE7EN ist auch schon nicht mehr lineares Erzählkino. Denn in ihm kündigt sich das neue mediale Paradigma nicht nur von Kinokultur an. Der Vorspann ist, wie jeder Hollywoodfilm seit den 1990er Jahren, nicht nur ein fotochemisch produzierter Film, die ausschnitthafte Abbildung von Realität mit fotosensitivem Material, sondern, in Analogie zu seinem Inhalt, das kombinierte Produkt mechanischer, chemischer und digitaler Bearbeitung von teilweise einzeln ausgeschnittenen und wieder zusammenmontierten Bildern, palimpsestartigen Schabungen auf dem Filmmaterial, einer geschüttelten alten Kodalith-Kamera und zuletzt von digitaler Postproduction. Die Supermedialität des Computers hat die Supermedialität des Films unterwandert und bildet inzwischen den unsichtbaren medialen Horizont filmischer Imagination.

Das Thema der Medienkonkurrenz als Leitkategorie für Historiografie und Epochalisierung hat sich somit subtil in die Codierung des Films verlagert. Vorspann und auch Titel des Films belegen das. Denn der Film läuft unter zwei unterschiedlichen Titeln im Kino, auf Videokassette und auf DVD – SEVEN und SE7EN. Innerhalb des Films erscheint der zweite Titel im Vorspann. Der ers-

Arno Meteling

Der Akt des Schreibens als Bricolage: Der Vorspann von SE7EN

te Titel SEVEN ist noch die Verschriftlichung einer Kardinalzahl, hinter der sich eine Reihe, eine Serie und damit auch ein Muster verbergen, die mehr als nur christliche oder hermetische Zahlenmystik darstellen. Der Titel bezeichnet auch das Programm des Films, denn ›Seven‹ ist als Anzahl der Todsünden nicht nur Vor-Schrift, sondern auch Performanz des Serienmörders wie des Films. So übersteigt der Manierismus, mit dem dieses Muster in SE7EN durchexerziert wird, die Folie der sieben Todsünden, wie sie z. B. in Dantes *Divina Commedia* an den sieben Terrassen des Läuterungsberges, des Purgatoriums, verräumlicht wird – anschaulich gemacht in einer Szene, die ihrer Vorbildfunktion gemäß im Film als Illustration in Nahaufnahme aus dem Kopiergerät läuft. Detective Somerset hat weiterhin genau sieben Tage im Dienst bis zur Pensionierung und liefert damit den Countdown. Der Film ist durch die Schrifteinblendung der sieben Wochentage, der Zeit, in der auch in der Genesis die Erde erschaffen wird, in sieben Kapitel unterteilt. Gebäude erhalten die Anfangszahl sieben, Somerset kommt zum Essen um sieben zu den Mills.[17] Um sieben Uhr erscheint am siebten Tag das Paket mit dem Kopf von Tracy Mills, um die siebte Todsünde zu erfüllen und die Geschichte zu beenden. Die ›Sieben‹ ist neben der Anzahl der Schöpfungstage der Welt vor allem aber die leitende Zahl der *Offenbarung* des Johannes und verweist neben zahlreichen hermetischen und numerologischen Praktiken auf die Ankunft des Jüngsten Gerichts. In dem Alternativtitel SE7EN wird der Medientransfer noch eine Spur komplizierter, denn hier schmuggelt sich in den alphabetischen Code die Zahl als Signifikat des ausgeschriebenen und verfilmten Signifikanten selbst ein. Der Signifikant der Zahl hybridisiert den Titel und weist auf die nächste Potenz der Medialität hin, den alphanumerischen Code, der die Linearität verlässt und damit schon eine mathematische Logik andeutet, die eine unilineare Zeilenreihung übersteigt. Innerdiegetisch lautet die Anweisung deshalb: Nicht Nach-Lesen, sondern Bibliotheksbenutzer zählen, speichern und abrufen. Und zugleich wird unsichtbar darauf hingewiesen: Nicht der Film ist das neue Reich der Medien, sondern die mathematische und digitale Logik des Computers.

Auffällig blendet der Film die Möglichkeit der Einbindung von Profiling, das in den 1990er Jahren zum Standard für den Serienmörderfilm geworden ist, völlig aus. Denn Profiling ist die polizeiliche Hermeneutik, die die Grenze des Nach-Lesens übersteigt. FBI-Profiler lesen die Tatorte auf eine Spur, auf eine Handschrift hin, um ein Muster von der Psyche des Serienmörders herzustellen, sie zu lesen und zu verstehen, um sie schließlich auf die Zukunft hin extrapolieren zu können – eben im Sinne divinatorischer Hermeneutik, den Serienmörder besser zu verstehen als dieser sich selbst. Filmisch schlägt sich die Figur des Profilers spätestens seit Michael Manns MANHUNTER (Blutmond; 1986), der Verfilmung von Thomas Harris' Roman *Red Dragon* (1981), in fast jedem Serienmörderfilm nieder. Gerade die Verfilmungen der Romane von Harris kreisen auch um die Psychologisierung der FBI-Profiler selbst. So ist ein Grund, warum SE7EN aus der Reihe der Serienmörderfilme ausbricht, das völlige Desinteresse an einer Hermeneutik des Profiling. Es geht nicht um Polizei-, sondern um Bibliotheksarbeit als Interpretation.[18] Der Serienmörderfilm wird dabei zwar als ein Bibliotheksphänomen inszeniert,[19] die Verweise und Querverweise zum Täter häufen sich, und die Spuren zum jeweils nächsten Mord und damit zum Masterplan des Mörders liegen auf der Hand. Dass aber eine kriminalistisch ausgerichtete Hermeneutik der Spurensicherung und der Interpretation, wie sie von Somerset personifiziert wird, allein in der Stiftung von Sinn verharrt und damit dem Countdown des Tötungsprogramms notwendig hinterherläuft, wird im Laufe der polizeilichen Recherche deutlich. Denn das Archiv, das im Film in der Bibliothekssequenz materialisiert vorliegt, liefert in aller Drastik zwar die monströse emblematische Bild- und Schriftvorlage für die Gewalttaten. Die Bedeutung, der tiefere Sinn, der Morde kann dadurch verstanden werden. Aber solange die Detektive nur den Spuren, den extra für sie präparierten Vor-Schriften des Serienmörders, folgen, so lange sie auf der Zeile seines Textes bleiben und syntaktisch denken, so lange bleiben sie den entscheidenden Schritt hinter ihm auf der Liste der Morde zurück. Erst mit der radikalen und medienreflexiven – und das heißt in diesem Fall: bibliotheksreflexiven – Außenlektüre durch das Abrufen des illegalen Meta-Archivs mit den so inoffiziellen wie illegalen FBI-Daten über die Benutzer öffentlicher Bibliotheken brechen die beiden Detektive aus dem linearen Denken der Gutenberg-Galaxis aus und finden zumindest zur Wohnung und Schreibstube des Mörders. SE7EN inszeniert deshalb aus der Perspektive medientheoretischer Epochalisierung die Altlasten und das Ende der Gutenberg-Galaxis. Der Film zeigt dies an einem Symptom, und zwar an der Krise der alphabetischen Ordnung und damit der hermeneutischen Vernunft. Der Einsatz von SE7EN in dieser Krise lautet interessanterweise aber nicht Turing-Galaxis oder elektronisches Zeitalter und verheißt eine entdifferenzierte und hyperreale Computerwelt, sondern der Film hält im Gegenteil als eine Art Interregnum, als »Zwischenreich«, wie Kittler sagt, das so nostalgische wie veraltete Erzählkino dagegen. Dies steht einerseits als Container für ein vergangenes und nicht mehr zeitgemäßes Schriftuniversum und lässt andererseits den Einsatz des Computers tunlichst noch weitgehend unsichtbar.

Serialität und Mord

Serienmörderfilme zeichnen sich durch ein Struktur- und Organisationsprinzip aus, das sie deutlich von anderen Krimis und Thrillern unterscheidet. Während der Mord im Kriminalfilm ein plötzliches und singuläres Ereignis der Diskontinuität darstellt,[20] das die symbolische Ordnung in Form des Alltags entsetzt und die Mächte dieser Ordnung in Gestalt der Polizei auf den Plan ruft, um diese wiederherzustellen, ist der Serienmord die Schaltung dieses Ereignisses auf Wiederholung. Die Aura der unerhörten Begebenheit wird zu einem Fließbandprodukt. Der Mord erweist sich dabei als Ergebnis einer wie auch immer gearteten und häufig auf das Unendliche zielenden Ökonomie des Begehrens. Elisabeth Bronfen betont in ihrer SE7EN-Lektüre dabei die ordnenden und archivierenden Akte dieser Ökonomie,[21] die in SE7EN von Mörder und Detektiv gleichermaßen ausgeführt werden, um das Skandalon des Mordes in ein referenzier- und recherchierbares Bibliotheksphänomen zu verwandeln und somit, könnte man ergänzen, in das vermeintlich überschaubare Reich der Zeichen zu verbannen. In dem selbstreferenziellen Signifikantenspiel, das der Film betreibt, wird deshalb die Allegorie zur dominanten Figur. Die

Arno Meteling

Körper, tot oder lebendig, werden zu sinnstiftenden Zeichen und Zeichenreihen erhoben. Die brutale Monstrosität der Gewalttaten wird ihrer Materialität entkleidet und als vermeintlich lesbare Form von Lettern und Bildern domestiziert. Bronfen betrachtet diesen Vorgang, so könnte man sagen, als Semiose von Gewalt und sieht darin das Angebot ihrer Depotenzierung. Wenn die Unfassbarkeit der Gewalttat also zählbar und damit erzählbar wird, wenn ihr überdies Ordnung und damit Sinn verliehen werden, dann verwandelt sich das schreckliche Reale der Bluttat in das Symbolische anachronistischer Aufzeichnungssysteme bis hin zur tödlichen Langeweile von Rechnungswesen und Buchhaltung. Letztlich lösen sich die Spannung und das Unerhörte des Ereignisses im unaufgeregten alphanumerischen Code des ökonomischen beziehungsweise bürokratischen Diskurses auf. Zumindest der Serienmord des Erzählkinos scheint dadurch zunächst zähl-, überschau- und damit handhabbar.

Aber zugleich scheint neben seiner Variationsästhetik, mit der die Morde inszeniert werden, dem *creative killing*, gerade in der Serialität und Musterhaftigkeit des Mordens der Reiz des Serienmörderfilms zu liegen. Die Unheimlichkeit als das erschrockene Wiedererkennen von Bekanntem und damit auch die Spannung des Serienmords liegen also in den kulturellen und damit ökonomischen Ordnungs- und Sinnangeboten verborgen. Monströser noch als die einzelne Bluttat scheint ein Programm durch, das diese Serien produziert, und es geht dabei nicht um ein psychoanalytisches Erfassen der Triebstruktur des Täters. Die Figur des Serienmörders in SE7EN, die oberflächlich zu faszinieren scheint, weil sie sich jeder symbolischen Ordnung und des Realitätsprinzips souverän entzieht und gleichzeitig nur den eigenen Trieb gelten lässt, das eigene Begehren exzessiv auslebt, erweist sich aus diesem Blickwinkel nicht als der genialische Selbsthelfer oder der romantische Künstler, sondern als das notwendig ausgelagerte Medium der dominanten Kultur: als ihr Agent oder Supplement. Der Serienmörder gehorcht deshalb geradezu mechanisch bis in die feinsten Manierismen einem Tötungsprogramm, das seinen Quellcode in den Archiven der abendländischen Kultur hat. Er übersetzt und interpretiert das vorhandene Archivmaterial, wie die Bestrafungen der Todsünden in der Bibliotheksszene, und verwandelt sich dabei in den verlängerten Arm, den Agenten einer unheimlichen, weil latent gewordenen Macht. Der Serienmörder kann deshalb als prothetisches Medium und ausführendes Organ einer spezifischen Kultur identifiziert werden. Er ist die korrigierende Kraft der *invisible hand* in der Ökonomie Adam Smiths, die bezeichnenderweise auch die der *gothic novel* des 18. Jahrhunderts gewesen ist.[22] Im Serienmörderfilm wird der Mord, das transzendentale Signifikat jeder Kriminalgeschichte, immer wieder zum nächsten Mord verschoben. Die Befriedigung des Begehrens nach dem Signifikat, dem Sinn des Mordes jenseits des Programms, kann in der Reihe des Serienmordes selbst nicht stattfinden, bis entweder das Muster erfüllt ist oder im Falle einer nicht-diskreten, also unendlichen Reihe, der Mörder erwischt wird. Das Verlangen von Serienmörder und Kinogänger stößt deshalb immer wieder auf die lustvolle Lücke in der Sinnstruktur des Mordens. Beide müssen auf das zugrunde liegende Programm zurückgreifen, das auf die Wiederholung des Aktes setzt, bis diese Lücke gefüllt ist. Das auf dieses Programm zurückgeworfene Begehren wird in SE7EN mit dem reflexiven Loop der Liste selbst implementiert, die die Polizisten als Variablen einsetzt. Doch die Lücke füllt sich nicht mit dem etymologischen Pendant des ›Glücks‹, der Erfüllung des Verlangens, sondern verweist rekursiv allein wieder auf das Programm der Liste.

Melancholie und Unlesbarkeit

William Somerset wird mit einer Lesebrille dargestellt, die er zuweilen hervorholt. Er ist deutlich als Leser gekennzeichnet, während David Mills der analphabetische Choleriker mit der Schusswaffe ist. Wenn man die Temperamentenlehre weiter bemüht, ist Somerset ikonografisch ein Melancholiker. Er hat eine gebückte Haltung und trägt dunkle, braune Kleidung. Weiße Augen schauen aus einem dunklen Gesicht heraus, und auch der Aspekt der melancholischen Trägheit, der *acedia*, erfüllt sich bei ihm, wie in einem für einen Polizeifilm obligatorischen Kneipengespräch deutlich wird.[23] Er wird als der letzte Humanist gezeichnet, der als »Engel der Geschichte«[24] die Grausamkeit von Welt und

Eine Poetik der Liste

Stadt nicht mehr verstehen kann und nur mehr Katastrophen sieht. Als hermeneutisch operierender Berufsleser und Bibliotheksbenutzer hat er deshalb, wie der Kinozuschauer auch, die frustrierende Rolle des handlungsunfähigen Nach-Lesers inne. Somerset kann dem Autor und Spurenleger der mörderischen Inszenierungen immer nur mit dem einen entscheidenden Schritt Verspätung folgen. So gerät SE7EN auch zu einer Inszenierung der Aporie der Lesemöglichkeiten von Stadt und Welt überhaupt. Der Hermeneut kann Schleiermachers Forderung nicht mehr nachkommen und den Autor besser verstehen als dieser sich selbst, da jener einem Tötungsprogramm folgt, das keinen singulär identifizierbaren und schon gar keinen psychologisch analysierbaren Ursprung hat. Es ist das unlesbar gewordene Archiv der abendländischen Kultur selbst, das der Serienmörder konsequent weiterführt. Die Stadt in SE7EN ist für den physiognomisch kombinierenden Detektiv in der Nachfolge von Auguste Dupin oder Sherlock Holmes ein nicht mehr lesbarer Text. Das Paradigma einer Welt der Lesbarkeit hat ausgedient.[25] Detektiv und Film werfen deshalb einen melancholischen Blick zurück auf eine Epoche der Ordnung und des Sinns, einer Zeit, in der die Welt versteh- und das heißt: lesbar war. Eine neue Ordnung, eine neue Mythologie bietet SE7EN letztendlich selbstbezüglich nur in Gestalt des Erzählkinos selbst.

Körper als sinnstiftende Zeichenketten

Die melancholischen und poetologischen Diskurse in SE7EN sind, so kann man festhalten, unauflöslich mit einem apokalyptischen Diskurs verschränkt. Die Handlung von SE7EN bewegt sich ostentativ im Zustand der *posthistoire* und löst damit, um eine Erkenntnis von Hannes Böhringer anzuführen, performativ den Zustand der Apokalypse oder zumindest der unendlichen Katastrophe ein: »Dadurch daß die Posthistoire wie das positivistische Endstadium das befürchtete katastrophale Ereignis unendlich lange aufhalten soll, verwandelt sie sich als das Katechon selbst in die Katastrophe. Die Posthistoire ist sozusagen die unendlich ausgedehnte Zeitlupe des katastrophalen Augenblicks.«[26] Die Sinnlosigkeit der Welt von SE7EN wird überdies mit einem christlich-numerologischen Diskurs, der mit der Danteschen Folie zusätzlich an das Mittelalter und damit an einen eschatologischen Diskurs gekoppelt wird, mit Sinn aufgeladen. Das Ende des Films findet dann im Tageslicht und außerhalb des städtischen Rahmens in einer Wüste statt. Es gilt für diese symbolische Apokalypse Jacques Derridas Interpretation einer Offenbarung, die zunächst nicht gezeigt werden darf: »*Apokalypto* war sicherlich ein gutes Wort für *gala'*. *Apokalypto*, ich entdecke [decouvre], ich enthülle [dévoile], ich offenbare [révèle] die Sache, die ein Körperteil, der Kopf oder die Augen, sein kann, ein geheimer Teil, das Geschlecht, oder was auch immer da verborgen zu halten ist, ein Geheimnis, diese zu verbergende Sache, eine Sache, die weder gezeigt noch gesagt, die vielleicht bedeutet wird, aber zunächst nicht dem Augenschein preisgegeben werden kann oder *darf*.«[27] Materialisiert erscheint diese verborgene Eröffnung von ›apokalypto‹ als das unsichtbare *subliminal image* des Kopfes von Tracy Mills. Der abgeschnittene Kopf der schwangeren Frau des Detectives in dem Paket darf dem Augenschein des Zuschauers nicht preisgegeben werden. Sie muss verborgen bleiben, wird aber durch den einen unsichtbaren Frame, der die Frau zeigt, ›bedeutet‹. Die Offenbarung erfüllt sich damit sowohl jenseits der Detektivgeschichte als auch jenseits der Wahrnehmungsschwelle des Kinogängers.

Zusammenfassend kann man sagen, dass die Sinnlosigkeit der Welt aus der Sicht des Melancholikers und Allegorikers in SE7EN mit einem christlichen und humanistischen Diskurs gekoppelt und dadurch mit einem Versuch der Lesbarkeit aufgeladen werden. Aber als Leser können Somerset und John Doe nur die Vorzeichen des Untergangs der Welt, also ihre Unlesbarkeit, erkennen und überdies, dass die Gewalt in der Stadt, auf die stets verwiesen wird, ihre Wurzeln ausgerechnet in einem Archiv hat, das im Kern der abendländischen Schriftkultur selbst zugrunde liegt. Der Untergang der Welt in Gewalt ist deshalb vorprogrammiert. Ob man sie mörderisch in die Tat umsetzt oder der melancholischen *acedia* verfällt, das sind zwei Seiten derselben Medaille. Zurück bleiben das erfüllte Programm des Serienmörders, das Ende der Gutenberg-Galaxis durch die Komplettierung der Liste, ihre Aufhebung im Hollywood-Erzählkino sowie der melancholische Blick des Lesers im Film zurück auf die Geschichte des Universums von Schrift und Verstand, der zugleich blind ist für die Ankunft des elektronischen Zeitalters. Dieser romantisch verklärte Blick, zurück auf die Ruinen der Geschichte gerichtet, ist in SE7EN die katachretische Figur eines tatsächlich apokalyptischen Moments, ein posthistorischer Schwanengesang. Denn das Ende der Geschichte tritt in SE7EN nicht ein. Der Film hält, indem er die Gutenberg-Galaxis kinematografisch bewahrt und ›aufhebt‹ und damit schließlich die archivierende Macht des Filmischen betont, den Untergang des Medienzeitalters und den Advent der Turing-Galaxis offen und erfüllt damit präzise den von Friedrich Kittler formulierten katechontischen Auftrag der Unterhaltungsindustrie: So lange im Hollywoodkino noch spektakuläre Bilder vom Weltuntergang oder eben vom Serienmord laufen, so lange tritt dieser nicht ein. ❏

Anmerkungen

1 Teile dieses Textes sind in erweiterter Form erschienen in: Arno Meteling (2006): *Monster. Zu Körperlichkeit und Medialität im modernen Horrorfilm*. Bielefeld.
2 Nick Hornby (1996): *High Fidelity*. Köln, S. 61. (im Original: 1995)
3 Karl Heinz Bohrer (1982): *Ein bißchen Lust am Untergang. Englische Ansichten*. Frankfurt/M.
4 Nick Hornby (1996): *High Fidelity*. Köln, S. 61. (im Original 1995)
5 Friedrich Kittler (1986): *Grammophon – Film – Typewriter*. Berlin, S. 7–8.
6 Ebd., S. 8.
7 Hornby (1996), a.a.O., S. 61. (im Original: 1995)
8 Eckhard Schumacher (2003): *Gerade Eben Jetzt. Schreibweisen der Gegenwart*. Frankfurt/M., S. 9.
9 Moritz Baßler (2002): *Der deutsche Pop-Roman. Die neuen Archivisten*. München.
10 Burkhardt Lindner (1984): *Das ›Passagen-Werk‹, die ›Berliner Kindheit‹ und die Archäologie des ›Jüngstvergangenen‹*. In: Norbert Bolz / Bernd Witte (Hg.): *Passagen. Walter Benjamins Urgeschichte des neunzehnten Jahrhunderts*. München, S. 27–48.
11 Martin Büsser (2000): *Lustmord – Mordlust. Das Sexualverbrechen als ästhetisches Sujet im zwanzigsten Jahrhundert*. Mainz.
12 Hania Siebenpfeiffer (2002): *Kreatur und Kalter Killer. Der Lustmörder als Paradigma männlicher Gewalt in der Moderne*. In: Hanno Ehrlicher / Dies. (Hg.): *Gewalt und Geschlecht. Bilder, Literatur, Diskurse im 20. Jahrhundert*. Köln, S. 109–130.
13 Vgl. Siegfried Kracauer (1925): *Tat ohne Täter*. Zitiert nach: Helmut Lethen (1994): *Verhaltenslehren der Kälte. Lebensversuche zwischen den Kriegen*. Frankfurt/M., S. 256–262.
14 SE7EN inszeniert dabei das Arrangement der ersten fünf Gewaltverbrechen in umgekehrter Reihenfolge der Todsünden des Maßes und des Zieles (*Gula*: Maßlosigkeit, *Avaritia*: Habsucht, *Acedia*: Trägheit, *Luxuria*: Wollust, *Superbia*: Stolz, *Invidia*: Neid, *Ira*: Zorn) zu den Todsünden in Dantes *Divina Commedia*, die die Ebenen des Läuterungsberges im Purgatorium bezeichnen (*Superbia, Invidia, Ira, Acedia, Avaritia, Gula, Luxuria*). Eine erste Katalogisierung der Todsünden oder Hauptlaster findet sich bei Evagrius Ponticus Ende des 4. Jahrhunderts.
15 John Milton (1667): *Paradise Lost*. Book II. Hg. von Christopher Ricks. London 1989, S. 39, V. 432–433.
16 Zugleich konnotiert die manuelle Schneide-, Klebe- und Näharbeit des Mörders die Näh- und Flickarbeiten des Serienmörders Jame Gumb / »Buffalo Bill« aus Jonathan Demmes *The Silence of the Lambs*

(1991). Sie zeigt damit eine vergleichbare Ästhetik der Existenz, die auf subkulturell markierter Heimarbeit beruht. Im Gegensatz zu Gumb zeigt der Mörder in SE7EN allerdings kein sub- oder popkulturelles Gegenmodell des White Trash zum Mainstream oder zur Hochkultur auf, sondern schreibt exakt die paradigmatischen Texte der Hochkultur fort.

17 Um dort in Form eines künstlichen Erdbebens, verursacht durch eine vorbeifahrende U-Bahn, einen Vorgeschmack auf den Weltuntergang zu erfahren.

18 Um das Lesen als »Wut des Verstehens«. Zu diesem Ausdruck von Friedrich Schleiermacher siehe Jochen Hörisch (1998): *Die Wut des Verstehens. Zur Kritik der Hermeneutik*. Frankfurt/M.

19 Vgl. Michel Foucault: *Nachwort*. In: Gustave Flaubert (1996): *Die Versuchung des heiligen Antonius*. Frankfurt/M., S. 215–251. Zur Bedeutung von Bildung in COPYCAT vgl. Jochen Fritz (2002): *How to Turn Murder into Art. Zitationelle Performanz von Identität in »Copycat«*. In: Alexandra Karentzos / Birgit Käufer / Katharina Sykora (Hg.): *Körperproduktionen. Zur Artifizialität der Geschlechter*. Marburg, S. 195–205.

20 »In dieser (wie in jeder) Kriminalgeschichte dreht sich alles um ein Verbrechen. Dies Verbrechen ist einmalig, ungewöhnlich, mehr noch un-stimmig, und übt darum auf den Leser eine ungeheure Faszination aus.« Klaus Günter Just (1971): *Edgar Allan Poe und die Folgen*. In: Jochen Vogt (Hg.): *Der Kriminalroman I*. München, S. 9–32, hier S. 13.

21 Elisabeth Bronfen (1999): *Einleitung. Der Gang in die Bibliothek. Seven (David Fincher)*. In: Dies.: *Heimweh. Illusionsspiele in Hollywood*. Berlin, S. 9–38. Ein Gegenkonzept, das mit der unüberschaubaren Komplexität einer textuellen Struktur in SE7EN argumentiert, findet sich bei Matthias Bickenbach (1998): *Voll im Bild? Die Mimesis von Literatur in Seven. Beobachtungen zur Intermedialität*. In: *Weimarer Beiträge. Zeitschrift für Literaturwissenschaft, Ästhetik und Kulturwissenschaften*. 44. Jg. H. 4./1998, S. 525–537.

22 Vgl. Stefan Andriopoulos (1999): *The Invisible Hand: Supernatural Agency in Political Economy and the Gothic Novel*. In: *English Literary History*. 66/1999, S. 739–758.

23 Zum Zeichenkomplex der Melancholie siehe Raymond Klibansky / Erwin Panofsky / Fritz Saxl (1992): *Saturn und Melancholie. Studien zur Geschichte der Naturphilosophie und Medizin, der Religion und der Kunst*. Frankfurt/M.; Wolfgang Lepenies (1972): *Melancholie und Gesellschaft*. Frankfurt/M. sowie Hartmut Böhme (1989): *Albrecht Dürer. Melencolia I. Im Labyrinth der Deutung*. Frankfurt/M.

24 Vgl. Walter Benjamin (1996): *Über den Begriff der Geschichte. IX*. In: Ders.: *Ein Lesebuch*. Hg. von Michael Opitz. Frankfurt/M., S. 669–670.

25 Hans Blumenberg (1999): *Die Lesbarkeit der Welt*. Frankfurt/M.

26 Hannes Böhringer (1985): *Die Ruine in der Posthistoire*. In: Ders.: *Begriffsfelder. Von der Philosophie zur Kunst*. Berlin, S. 23–37, hier S. 25.

27 Jacques Derrida (1985): *Von einem neuerdings erhobenen apokalyptischen Ton in der Philosophie*. In: Ders.: *Apokalypse*. Hg. von Peter Engelmann. Graz/Wien, S. 9–90, hier S. 12.

Oliver Nöding

Krankheit und Heilmittel
Der Serienmörder im Actionfilm der 1980er Jahre

Von Oliver Nöding

Einleitung

Als Anthony Hopkins in THE SILENCE OF THE LAMBS (Das Schweigen der Lämmer; 1991; R: Jonathan Demme) das Kinopublikum als intellektueller Kannibale Hannibal Lecter in Angst und Schrecken versetzte, feierte damit auch der Serienmörder eine Kinorenaissance, der im populären Film des unmittelbar vorangegangenen Jahrzehnts zur Randerscheinung degradiert worden war. Zwar trat er auch in den 1980ern sporadisch in Erscheinung – MANHUNTER (Blutmond; 1986; R: Michael Mann) muss hier ebenso genannt werden wie die zahlreichen Vertreter des Slasherkinos –, doch konnte sich sein verstörendes Potenzial in jenem Jahrzehnt nicht richtig entfalten. Mögliche Gründe dafür sind relativ schnell bei der Hand: In einem Jahrzehnt, dem man heute eine ausgeprägte Oberflächenobsession nachsagt, konnte eine Figur, die den Protagonisten wie auch den Zuschauer dazu zwang, sich mit inneren Abgründen auseinanderzusetzen, nur schwer Resonanz finden. Zudem: Warum sollte man den Feind im Inneren suchen, wenn man ihn doch ganz leicht auf der Landkarte verorten konnte? Die 1980er Jahre waren auch das Jahrzehnt von Ronald Reagan, der die Präsidentschaft angetreten war, den verlorenen Vietnamkrieg vergessen zu machen, das beängstigende Ausmaße annehmende Verbrechen im eigenen Land zu bekämpfen und nicht zuletzt den Feind hinter dem eisernen Vorhang in seine Schranken zu verweisen. So erlebte die Welt in den 1980ern eine letzte Eskalation des Kalten Krieges – auch in filmischer Hinsicht. Und kein Genre steht so symptomatisch für diese Entwicklung wie der Actionfilm, der in den 1980er Jahren florierte und eine eigene, unverwechselbare Sprache entwickelte.

Nun ist der Actionfilm keine Erfindung der 1980er Jahre, seine Wurzeln lassen sich vielmehr bis zu den Anfängen der Filmgeschichte zurückverfolgen. Der englische Begriff ›action‹ bedeutet zunächst einmal nicht mehr als ›Handlung‹ und benennt damit das wahrscheinlich erste Paradigma von Film überhaupt. Dessen Schöpfer gaben ihren Zuschauern in erster Linie ›Action‹ und also genau das, was den Film als neues Medium überhaupt interessant machte: Bewegung in ihrer reinsten Form in Schlägereien, Verfolgungsjagden oder Tortenschlachten. Die frühen Stummfilme sind von dieser Warte aus betrachtet Actionfilme – eine These, die umso evidenter erscheint, wenn man bedenkt, dass die ersten Tonfilme kontrastierend und durchaus pejorativ als ›talkies‹ bezeichnet wurden. In diesem Begriff steckt nicht nur der Hinweis auf ein neues Paradigma – Sprache –, sondern auch darauf, wie wenig Vertrauen man diesem entgegenbrachte. Wer sollte der Menge an Informationen aus zwei Kanälen – Bild und Ton – noch folgen können?[1]

Wie die Geschichte weitergeht, ist bekannt und soll an dieser Stelle nicht ausgeführt werden. Sie soll lediglich verdeutlichen, warum ›Action‹ als spezifische Determinante eines einzelnen Filmgenres problematisch, ja nahezu tautologisch ist: ›Action‹, als Handlung und Bewegung verstanden, ist definitorisch für fast jeden Film. Der Actionfilm der 1980er Jahre stellt insofern auch kein genuin ›neues‹ Genre dar, sondern einen Hybrid aus drei der populärsten amerikanischen Filmgenres: Western, Cop- und Kriegsfilm. Diese hatten in den späten 1960ern und in den Blütejahren des New Hollywood eine Neuinterpretation erfahren: Sam Peckinpah lieferte mit THE WILD BUNCH (1968) einen blutigen Abgesang auf ein Genre, das einst von strahlenden Helden geprägt worden war, Don Siegels Polizisten waren an Ost- und Westküste nicht mehr unangefochtene Hüter von Gesetz und Ordnung, sondern selbst unrettbar in eine sich immer schneller drehende Gewaltspirale verstrickt (MADIGAN [Nur noch 72 Stunden; 1968], DIRTY

HARRY [1971]) und der Vietnamkrieg machte eine Heroisierung, wie ihn die Soldaten noch im Zweiten-Weltkriegs-Film erfahren hatten, in den ihm folgenden Filmen (z. B. THE DEER HUNTER [Die durch die Hölle gehen; 1978; R: Michael Cimino] und APOCALYPSE NOW [1979; R: Francis Ford Coppola]) unmöglich. Dieser schonungslosen Demontage einst unangefochtener amerikanischer Heldentypen musste zwangsläufig eine Rekonsolidierung uramerikanischer Werte und damit ein Rückschritt hinter die Einsichten des vorigen Jahrzehnts folgen – so wie auf die politischen Rückschläge der 1960er und 70er Jahre ein Präsident wie Reagan folgen musste.[2] Das Ergebnis ist der Actionfilm, der eine ›Utopie der Aktion‹ entwirft.

Der Actionfilm der 1980er Jahre lässt sich grob in zwei Kategorien teilen: den Kriegs- oder – vielleicht treffender – den Commandofilm und den urbanen Crimefilm. In Ersterem bekommt es der Held meist mit ausländischen Aggressoren zu tun, entsprechend der damals das Tagesgeschehen prägenden Konflikte mit Russen, Arabern oder auch südamerikanischen Militärregimes und Rebellen, in Letzterem wird er mit Kriminellen, Drogendealern und jugendlichen Straftätern, die er verächtlich als ›Punks‹ bezeichnet, konfrontiert.[3] Die Grenzen zwischen Gut und Böse sind wie einst im Western klar gezogen und meist erkennt man die Zugehörigkeit schon an äußeren Merkmalen: Die Schurken tragen andere Uniformen oder sprechen mit fremdländischen Akzent, während der Held entweder als Nachkömmling des antiken griechischen Heros (man denke an die modellierten Körper von Stallone und Schwarzenegger) oder als gutbürgerlicher Mittelständler erscheint (wie z. B. Charles Bronsons Vigilanten oder Chuck Norris' Polizisten). Im Aufeinanderprallen der beiden Pole äußert sich der Wunsch nach Klarheit: Formal entspricht der Actionfilm diesem Bedürfnis mit einer Minimierung der Dialogpassagen, einer auf das einfache Plotgerüst reduzierten Handlungs- und Personenstruktur und einem Schwergewicht auf Körperlichkeit und Bewegung. Es ist vor allem diese Schwerpunktsetzung, die ihm, wie oben erwähnt, als Reaktionismus ausgelegt wird.[4] Die Helden des Actionfilms finden ihre Erfüllung in der Aktion. In dieser geraten sie förmlich in einen Rausch, werden sie befreit, erlöst,

eins. Der Kierkegaard'sche Sprung in den Glauben stellt sich im Actionfilm als Sprung aus der Kontemplation und in die Aktion dar. Genau an dieser Stelle wird auch deutlich, warum der Serienmörder im Actionfilm nicht wirklich heimisch werden konnte: Weil er das Böse im Jedermann verkörpert, den Helden auf sein Anderssein und somit auf die Verwandtschaft mit ihm hinweist, verwischt er genau die Grenzen, die der Actionheld so sehr bemüht war, aufrechtzuerhalten bzw. zu rekonsolidieren. Der Actionheld kennt keinen Zweifel, wohingegen die Protagonisten des Serienmörderfilms über die Auseinandersetzung mit dem Killer nicht selten in die Identitätskrise geraten, erkennen, dass es nur marginale Unterschiede sind, die sie von ihrem Gegner trennen. Das wirft aber auch einen Schatten auf ihre Handlungen, lässt sie an der Richtigkeit ihres Tuns zweifeln, erschüttert ihre bis dahin festen Grundsätze und Überzeugungen. Wenn der Actionheld somit auf den Serienmörder trifft, begibt er sich in doppelter Hinsicht in große Gefahr. Nicht weniger als die Grundbedingung seiner Existenz steht auf dem Spiel: die Überzeugung, auf der richtigen Seite zu stehen. Wenn diese Überzeugung in Zweifel gezogen wird, wird der Actionheld handlungsunfähig. Die Konfrontation des Actionhelden mit dem Serienmörder stellte somit vielleicht die Feuerprobe dar, die das Genre bestehen musste.[5] Mein Text wird zeigen, dass diese Prüfung jedoch von vornherein zum Scheitern verurteilt war.

Ich beziehe mich im Folgenden auf sechs Filme: SILENT RAGE (Das stumme Ungeheuer; 1982; R: Michael Miller), 10 TO MIDNIGHT (Ein Mann wie Dynamit; 1983; R: J. Lee Thompson), DEADLY FORCE (Todesschwadron; 1983; R: Paul Aaron), COBRA (Die City Cobra; 1986; R: George Pan Cosmatos), HERO AND THE TERROR (Hero; 1988; R: William Tannen) sowie DEATH WARRANT (Mit stählerner Faust; 1990; R: Deran Sarafian).[6] Mich interessierten bei der Betrachtung vor allem zwei Fragenkomplexe. Der erste konzentriert sich auf die Figur des Serienmörders: Wie wird diese Figur in das Genre integriert? Wie wird sie gezeichnet, welche ihrer Eigenschaften hervorgehoben, welche eher ausgespart? Und daran anknüpfend: Wie unterscheidet sich der Serienmörder von seinen Verwandten in anderen Genres? Es wird sich zeigen,

Oliver Nöding

dass man für den Serienmörder tatsächlich einen Platz innerhalb des engen Gefüges des Actionfilms fand – allerdings nicht, ohne ihn den genreeigenen Bedürfnissen anzupassen und somit die der Figur inhärente Ambivalenz auf ein Maß zu reduzieren, das es dem Actionhelden ermögliche, neben ihm zu bestehen, ohne an inneren Zweifeln zu zerbrechen. Zwischen HERO AND THE TERROR und THE SILENCE OF THE LAMBS liegen nur drei Jahre, was man kaum glauben mag, wenn man das sprachlose, vertierte Körpermonster aus dem einen mit dem intellektuellen, eloquenten und gar nicht so unsympathischen Kannibalen aus dem anderen Film vergleicht. Dennoch sind die Gemeinsamkeiten zwischen beiden Filmen nicht wegzudiskutieren.

Der zweite Fragenkomplex fokussiert den Actionfilm der 1980er Jahre, den ich, wie oben beschrieben, als Zäsur innerhalb des Actiongenres begreife, weil er einen kurzfristigen Rückfall hinter die zuvor gewonnenen Erkenntnisse darstellt. Lässt sich anhand eines nur marginalen Sub-Subgenres wie dem hier behandelten der Verlauf seines übergeordneten Genres schlüssig ablesen? Die vorweggenommene Antwort darauf lautet: ja. Der Serienmörder führt den Actionhelden der Reagan-Ära an seine Grenzen, macht seinen Aufstieg aus der Höhle von Platons Gleichnis, in die er sich nach den Erfahrungen der 1970er Jahre zurückgezogen hatte, und somit seinen Eintritt in die 1990er Jahre unabdingbar. Dem Serienmörder kommt damit dann trotz aller Trivialisierungen, die er über sich ergehen lassen musste, um zum Antagonisten des Actionfilms zu werden, doch wieder die Aufgabe zu, dem Protagonisten den Spiegel der Erkenntnis vorzuhalten, ihm zur Selbstwerdung zu verhelfen. HERO AND THE TERROR darf vor diesem Hintergrund geradezu als paradigmatisch angesehen werden: Er führt den Actionhelden, den die 1980er definiert hatten, an sein logisches Ende.

Beim Verfassen dieses Beitrags gab es vor allem eine Hürde zu überwinden: den Mangel an seriöser, wissenschaftlich fundierter Sekundärliteratur zum Actionfilm. Dieser lässt sich zum einen auf die eingangs erwähnten genredefinitorischen Schwierigkeiten zurückführen – es gibt Literatur zu Western, Kriegs- und Cop- bzw. Crimefilm, aber eben kaum welche zum diese zusammenfassenden Actionfilm –, zum anderen darauf, dass speziell der Actionfilm der Reagan-Ära immer noch einen ausgesprochen schlechten Ruf genießt. Zu seiner Zeit wurde er im schlimmsten Fall auf ideologiekritischer Basis als Propaganda, im günstigsten ›nur‹ als Gewalt verherrlichendes Proletariatskino oder wenig ernst zu nehmender Trash abgetan und diese Einschätzung wirkt bis heute nach. Sicherlich war diese Kritik nicht immer ganz unberechtigt, doch versperrte sie ohne Zweifel oft den Blick auf tiefer liegende Bedeutungsebenen und Motive.[7] Erst in jüngster Zeit lässt sich hier ein Umdenken und eine neue Bereitschaft zur vorurteilsfreien Auseinandersetzung erkennen, die beinahe 20 Jahre nach dem Zusammenbruch der UdSSR längst überfällig ist (hier sei auf die herausragenden Beispiele, Lichtenfelds »Action speaks louder«[8] und Neal Kings »Heroes in Hard Times«[9], verwiesen, beide bislang leider nur in englischer Sprache erhältlich). Grundlage des vorliegenden Beitrags ist vor allem eine vierteilige schriftliche Diskussion zum Thema »Serienkiller im Actionfilm« zwischen Stefan Höltgen, Marcos Ewert und mir. Sie lässt sich in einem Weblog[10] nachlesen, das von Marcos Ewert und mir seit 2006 geführt und erweitert wird und sich der oben angesprochenen sachlichen Aufarbeitung des Actionfilms der 1980er Jahre verpflichtet sieht.

Der Feind im Innern

SILENT RAGE verdeutlicht zu Beginn der Dekade eindrucksvoll die Schwierigkeiten bei der Einbindung des Serienmörders in den Actionfilm und stellt eine recht unausgewogene Mischung aus Horror-, Science-Fiction- und Krimielementen dar. Millers Film erzählt die Geschichte eines unrettbar in den Wahnsinn stürzenden Mannes, der nach einem Amoklauf vom Kleinstadt-Sheriff Dan Stevens (Chuck Norris) überwältigt und im Kampf getötet wird. Wissenschaftler benutzen den Leichnam nun für ein Experiment« und erwecken ihn nicht nur zu neuem Leben, sondern machen ihn auch nahezu unverwundbar. SILENT RAGE bedient sich einer unverkennbar vulgärpsychologischen Symbolik: Der Zweikampf zwischen Stevens und dem ›stummen Ungeheuer‹ soll wohl auf einen Kampf zwischen dem Über-Ich und dem Es verweisen. Am Ende entledigt sich Stevens des Killers, indem er ihn in

Krankheit und Heilmittel

einen Brunnenschacht, nach Lesart des Films in die Tiefen des Unbewussten, stürzt. Die letzte Einstellung zeigt, wie das solchermaßen Verdrängte jedoch wieder an die Oberfläche zurückkehrt, bevor das Bild einfriert: Man wird das Böse nicht so einfach los, allerhöchstens kann man es aus dem Sichtfeld verbannen. So naiv die psychoanalytische Ausdeutung von SILENT RAGE auch ist, so eindrucksvoll ist die Darstellung des in den Wahnsinn stürzenden Normalos. Der Film beginnt mit einem Blick auf ein vermeintliches Kirchenfenster, das sich nach einem Kameraschwenk jedoch als Oberlicht einer winzigen Kammer entpuppt, in der John Kirby (Brian Libby) schweißgebadet auf seinem Bett liegt. Von draußen dringen Geschrei und der Lärm von Maschinengewehrfeuer herein – ein Hinweis auf eine mögliche Vietnamkriegsvergangenheit, die Kirby keine Ruhe lässt? Kirby erhebt sich von seinem Bett, verlässt das Zimmer, geht eine Treppe hinunter. Als Ursache des Lärms entpuppen sich spielende Kinder: Kirby lebt hier nur zur Untermiete – ein weiterer Verweis auf die schleichende Enteignung seines Körpers durch den Geist, die bald vollendet sein wird.[11] Er geht zum Telefon und ruft seinen Arzt, einen Psychiater, an, den er um Hilfe anfleht. Er merke, wie er den Verstand verliere, die Medikamente helfen nicht mehr. Noch während der Arzt am anderen Ende antwortet, sieht der Zuschauer, wie die Fassade der Vernunft von Kirby abbröckelt: Seine Gesichtszüge frieren ein, das Leben erlischt in seinen Augen, er lässt den Hörer fallen. In den nächsten Minuten wird er seine Vermieter kaltblütig und ohne jede Gefühlsregung mit einer Axt ermorden. Diese ganze Sequenz ist durchweg ohne Schnitt inszeniert und verbildlicht beeindruckend den schleichenden Wandel vom normalen Bürger hin zum Monster. Nachdem Stevens den Mörder überwältigt hat, verlässt Millers Film jedoch die Linie des realistischen Serienmord-Films und wendet sich der Science-Fiction und hier vor allem dem Mad-Scientist-Subgenre zu. Die Action-Elemente werden beinahe ausschließlich von Chuck Norris repräsentiert, der nicht recht in den ihn umgebenden Film passen will. Um ihm die Gelegenheit zu geben, sich auszuzeichnen und seine Karatekünste zur Schau zu stellen, wird etwa eine aus dem Kontext des Filmes vollkommen herausfallende Episode um eine Bande marodierender

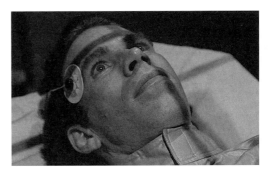

John Kirby in SILENT RAGE

Rocker eingeflochten, mit denen Stevens in einer ausgedehnten Kneipenschlägerei kurzen Prozess macht. Die Erzählstränge vom Killer und vom ihn jagenden Gesetzeshüter stehen recht unverbunden nebeneinander, was wohl auch der damals schon fast vollständig etablierten Filmpersona Norris' zuzuschreiben ist: Norris hat keine inneren Dämonen, gegen die er antreten müsste. Diese sollte er erst im Spätfilm HERO AND THE TERROR ausbilden. Der Serienmörder Kirby – eher handelt es sich um einen Amokläufer – verfügt hier im Gegensatz zu den Konventionen des Serienmörder-Films nicht über eine besonders ausgeprägte Individualität, im Gegenteil ist es gerade die totale Abwesenheit einer solchen, die ihn zur Bestie macht. Kirby ist ein Tier, ein »Affe mit Menschengesicht«[12], darauf verweist auch der Titel des Films: Das Ungeheuer ist stumm, weil keine menschliche Ratio mehr aus und in ihm spricht. Für den Helden Stevens stellt Kirby dann auch lediglich eine physische Herausforderung dar: Er muss sich einem Gegner stellen, der ihm körperlich überlegen ist, über kein normales Schmerzempfinden mehr verfügt, weder Furcht noch Skrupel kennt. Stevens mag im Kampf sein Leben riskieren, seine seelische Unversehrtheit ist jedoch ganz im Gegensatz zu den Konventionen des Serienmörder-Films niemals in Gefahr.

Biedermann und der Serienmörder

Um 10 TO MIDNIGHT noch als Actionfilm bezeichnen zu können, bedarf es zugegebenermaßen einer Dehnung dieses Begriffs, entwickelt er seine

Oliver Nöding

Warren Stacy in 10 TO MIDNIGHT

Geschichte doch in eher gemächlichem Tempo. Tatsächlich nimmt Thompsons Film in vielerlei Hinsicht schon den Serienmörder-Film, wie er erst ein knappes Jahrzehnt später wieder populär werden sollte, vorweg. Die Hauptverbindung zum Actionkino leistet Hauptdarsteller Charles Bronson, dessen Besetzung sich als geradezu brillanter Schachzug entpuppt. Als Paul Kersey in DEATH WISH (Ein Mann sieht rot; 1974; R: Michael Winner) und in dessen 1982 erschienenem Sequel DEATH WISH 2 (Der Mann ohne Gnade – Death Wish II; 1982; R: Michael Winner) trug Bronson selbst deutlich soziopathische Züge und war damit so erfolgreich, dass er diese Figur in den Filmen, die er in den 1980er Jahren für die Produktionsfirma Cannon drehte, nur noch geringfügig variieren durfte. Regisseur J. Lee Thompson orientiert sich eng an den schon in Winners Skandalfilm von 1974 angelegten Konflikten, thematisiert eine in den Augen der breiten Bevölkerung angeblich zu lasche Gesetzgebung, die Gewaltverbrecher nicht hart genug bestraft, und einen den immer brutaler vorgehenden Verbrechern hilflos gegenüber stehenden Polizeiapparat sowie das damit einhergehende Bedürfnis nach ›Law and Order‹ und ›Zero Tolerance‹, stellt seinem Hauptdarsteller jedoch einen Serienmörder entgegen, anstatt ihn wie in DEATH WISH mit marodierenden Jugendbanden zu konfrontieren. Bronson ist der Polizist Leo Kessler, der sich keine Illusionen mehr über seinen Job macht und diesen stets nach Vorschrift ausführt.

Ihm zur Seite stellt man aber den jungen, unerfahrenen Paul McAnn (Andrew Stevens), der noch voller Idealismus steckt und schockiert ist über die Gleichgültigkeit seines älteren Partners. Beide sind einem Serienmörder auf der Spur und begegnen schon bald dem Verdächtigen Warren Stacy (Gene Davis), einem gutaussehenden, gebildeten jungen Mann, der jedoch ein Alibi hat – und überaus deutlich an Ted Bundy angelehnt ist.[13] Weil Kessler von der Schuld Stacys überzeugt ist, fälscht er ganz entgegen seiner sonstigen Überzeugungen Beweise, um ihn überführen zu können. Seine Methoden fliegen jedoch auf, Kessler wird suspendiert und beginnt nun auf eigene Faust gegen den Killer vorzugehen, womit er letztlich aber nur seine eigene Tochter (Lisa Eilbacher) in Gefahr bringt und ein Blutbad provoziert. 10 TO MIDNIGHT bezieht seinen Reiz vor allem aus der Besetzung Bronsons, dessen Rächerimage Thompson geschickt nutzt, um dem Zuschauer die klare Sicht auf die Figur des Leo Kessler zu verstellen. Das Bedürfnis des Zuschauers nach Rache – das Hinfiebern auf den ›gerechten‹ Mord am Killer – stellt der Regisseur bloß, zieht ihm am Ende des Films geradezu den Boden unter den Füßen weg.[14] Kessler findet für sein eigenmächtiges Vorgehen im Gegensatz zu Paul Kersey keinen Verbündeten, sein Vorgehen bleibt anders als in Winners Film, in dem Kersey Beistand vom Detective Frank Ochoa (Vincent Gardenia) erhält, der wie Kersey von den Zuständen angewidert ist, unlegitimiert, führt ihn – einen Durchschnittsbürger mit konservativen Werten – in letzter Konsequenz an den Rand der Gesellschaft und den existenziellen Abgrund. Das Ende des Films – nach der Hinrichtung Stacys durch Kessler naht die Polizei, McAnn tritt auf seinen ehemaligen Partner zu, um ihn festzunehmen, bevor die Kamera sich entfernt – erinnert an SE7EN (Sieben; 1995; R: David Fincher). Mit diesem im Hinterkopf wird ganz klar, was sich damals wohl nur wenigen Zuschauern erschloss: Leo Kessler ist das letzte Opfer des Serienmörders.

Krankheit und Heilmittel

Serienmord als ästhetisches Konstrukt

Dass Serienmord ein willkommener Aufhänger ist, um auch schlechte Filme aufzuwerten, ist eine Erkenntnis, die wohl auch Paul Aaron, Regisseur des Wings-Hauser-Vehikels DEADLY FORCE, hatte, und die sein Film auf einer höheren Ebene selbst zu reflektieren scheint. DEADLY FORCE, dessen unpassender deutscher Titel auf eine Fehlübersetzung zurückgeht, erzählt vom Ex-Cop Stoney Cooper (Wings Hauser), der sich nach seinem Rückzug aus dem Dienst als freiberuflicher ›Problemlöser‹ verdingt. Als er von einem Freund in seine alte Wirkungsstätte Los Angeles gerufen wird, wo dessen Tochter einem Serienmörder zum Opfer gefallen ist, lässt sich der heruntergekommene Cooper nicht lang bitten. Doch die scheinbare Mordserie entpuppt sich als Finte, mit der das wahre und überaus weltliche Motiv hinter den Morden – Rache – verdeckt werden soll.[15] Der Killer handelt nicht aus eigener perverser Lust, sondern im Auftrag des Selbsthilfe-Gurus Joshua Adams (Paul Shenar). Damit die Morde als Werk eines Irren interpretiert werden, ritzt der Mörder seinen Opfern ein X in die Stirn. Dass weder ein durchgehender Modus Operandi zu erkennen ist, noch der Wahl der Opfer eine innere Logik zugrunde liegt, scheint weder die Polizei noch Cooper zu verwirren. Und so macht die Abwesenheit eines echten Serienmörders Platz für den eigentlich ›Verrückten‹ des Films: Stoney Cooper. Wings Hauser, optisch eine Kreuzung aus Clint Eastwood, Jack Nicholson und David Hasselhoff, spielt den Cooper als lebensmüden, von sich selbst überzeugten Proleten, der in Los Angeles sogleich seiner Exfrau hinterhersteigt und sowohl von der Mafia als auch von der Polizei, die ihn beide noch allzu gut in Erinnerung haben, beobachtet und gegängelt wird. Er verteilt ›liebevoll‹ und großzügig Schläge und Ohrfeigen an ihm Unterlegene – beispielsweise an seinen jugendlichen Informanten – und bewegt sich ohne jede Rücksicht und Zurückhaltung durch das nächtliche Los Angeles. Cooper ist der klassische Underdog, der durch die harte Schule der Straße gegangen ist und deren Sprache perfekt beherrscht: Zu Beginn sehen wir ihn in abgewetzten Sportklamotten beim Glücksspiel auf der Straße, wenig später sitzt er im

Kontext nicht ganz überzeugender Anlehnung an die Protagonisten des Film noir am helllichten Tag Piano spielend in einer Bar. Das Leben hat ihm immer wieder Nackenschläge verpasst, doch Cooper lässt sich nicht unterkriegen. Zu guter Letzt ist er damit erfolgreich, wohl auch, weil er die Schläge, die er von oben bekommt, nach unten weitergibt. Dass er einst Polizist war, ist dann auch weniger auf seinen Gerechtigkeitssinn als vielmehr auf das unstillbare Bedürfnis nach regelmäßigen Adrenalinschüben und einen ausgeprägten Omnipotenzwahn zurückzuführen. Diese wenig schmeichelhafte Zeichnung Coopers findet im aufgedrehten Spiel Hausers ihre Entsprechung – er hatte zu dieser Zeit eine in seiner mimischen Expressivität deutlich sichtbare Kokainabhängigkeit kultiviert – und kulminiert in diversen Nacktszenen, die eher untypisch für das Genre sind. Doch DEADLY FORCE ist zu unreflektiert, um sich diese Sicht auf seinen Protagonisten zu eigen zu machen, stattdessen verklärt er dessen durchaus asoziales Gehabe als besonders männlich. Aarons Film ist lediglich ein kleiner, preiswert inszenierter Reißer, aber dennoch nicht uninteressant, weil er zeigt, wie sich formale Intellektualismen der Inszenierung in die Matrix des Serienmörderfilms eingeschrieben haben und auch noch in dessen einfältigsten Vertretern zu finden sind. So reflektiert auch DEADLY FORCE die Medialität des Genres, wenn ein Polizist am Tatort plötzlich und überaus unvermittelt nach der Kamera greift, um sie zu verdecken, und den Zuschauer so in das Geschehen hineinzieht und es authentisiert.

Der Serienmörder als Systemfeind

Wollte man bestimmen, welcher Film das Actiongenre in den 1980ern am besten vertritt, so dürfte George Pan Cosmatos' COBRA einer der sicheren Kandidaten sein. Mit seinem die ästhetischen Exzesse eines Michael Bay schon vorwegnehmenden ›Schnittgewitter‹, den Videoclip-Sequenzen und dem Popsoundtrack, der vollkommenen Überzeichnung der Charaktere und dem nur rudimentär vorhandenen Plot verkörpert der Film den Oberflächenfetischismus seines Jahrzehnts wie kaum ein zweiter. Schon der Auftakt ist in seiner Panik schürenden Perfidität und seinem aufwiegelnden

Oliver Nöding

Der ›Night Slasher‹ in COBRA

Gestus kaum zu überbieten: Cosmatos' Film beginnt mit Stallones Stimme aus dem Off, die monoton die Verbrechensstatistik der USA herunterbetet.[16] Dazu sieht der Zuschauer eine glänzende Pistole, die sich langsam auf ihn richtet, bevor sie schließlich abgefeuert wird. Die Kugel rast auf den Zuschauer zu und in dem Moment, in dem sie die Leinwand durchschlagen müsste, setzen die Credits und der von Industrial-Percussion geprägte Score ein. COBRA erzählt vom Polizisten Marion Cobretti, der immer dann zum Einsatz kommt, wenn besondere Maßnahmen gefordert sind. Er bekommt es gleich zu Beginn des Films mit einem Amokläufer in einem Supermarkt zu tun, der sich als Kämpfer einer ›New World Order‹ ausgibt. Der so genannte ›Night Slasher‹ (Brian Thompson), ein tierhafter Massenmörder (seine Stimme ist technisch so verfremdet, dass sie an das gutturale Knurren eines Raubtiers erinnert)[17], hat eine ganze Armee von Menschen um sich geschart, mit denen er das System stürzen will. Warum, führt der Film nicht weiter aus – die New World Order bleibt Chiffre, Projektionsfläche. Auch auf eine Psychologisierung des ›Night Slashers‹ verzichtet das Drehbuch völlig und macht aus ihm ein Monster, in dem die bürgerliche Angst vor dem Anderen gebündelt wird. Der ›Night Slasher‹ widerspricht jeder kriminalpsychologischen Typisierung des Serienmörders: Er mordet ohne einheitliches Muster, er wählt seine Opfer vollkommen willkürlich aus, was bedeutet, dass wirklich niemand vor ihm sicher ist, und er hat gleich mehrere Partner, die ihm dabei zur Hand gehen. Der ›Night Slasher‹ ist eine Horrorgestalt, welche die schlimmsten Befürchtungen der Reagan-Ära verkörpert: Er ist Repräsentant eines unberechenbaren Wahnsinns, eines Verbrechens, das nicht aus wirtschaftlicher Not heraus entsteht, aber sich auch nicht bloß dem Lustgewinn verschrieben, sondern es auf das ganze System abgesehen hat.[18] Zu Beginn, wenn die Anhänger des ›Night Slashers‹ bei einer an archaische Riten erinnernden Zeremonie zu sehen sind – im Rhythmus des Soundtracks schlagen sie Äxte, Vorschlaghämmer und andere Waffen aneinander –, erkennen wir, dass sie allen Schichten der Bevölkerung entstammen: Der Motorradrocker und der Banker vereinen sich gegen die amerikanische Wohlstandsgesellschaft. Cosmatos zeichnet ein endzeitliches Horrorszenario einer Welt, die vom irrationalen Verbrechen überrannt wird und alle Anzeichen des Untergangs trägt: Der Smogdunst über Los Angeles lässt es selbst am Tag nicht richtig hell werden, die New World Order fällt über die Welt her wie ein vorzivilisatorischer Barbarenstamm, der finale Konflikt wird in einer alten Stahlfabrik[19] ausgetragen und der ›Night Slasher‹, ein Teufel in Menschengestalt, findet sein Ende in den Flammen, aus denen er gekommen ist. Cobretti ist in diesem biblischen Szenario der rettende Engel, ein Mann, der von seinem Partner als »Überbleibsel der 50er Jahre« und also einer heilen Welt beschrieben wird. ›Heile Welt‹, das ist in diesem Fall gleichbedeutend mit einer Zeit, in der Rechtsprechung mit alttestamentarischen Mitteln betrieben wurde. In der wohl berühmtesten Szene des Films sagt Cobretti, kurz bevor er einen Verbrecher förmlich hinrichtet: »You're the disease, and I'm the cure.« Cobretti ist nicht an Ursachen interessiert, er ist nur für die Symptome zuständig und verkörpert den Actionfilm der 1980er Jahre dadurch perfekt. Doch auch wenn Cobretti die Uhren kurzzeitig zurückdrehen und die Welt von der Geißel des ›Night Slashers‹ be-

Krankheit und Heilmittel

freien mag, wirklich dazugehören kann er nicht mehr. Dies verdeutlicht einerseits der Name seiner Einheit: die ›Zombie Squad‹ besteht aus ›Schläfern‹, die nur dann geweckt werden, wenn das System an seine Grenzen stößt. Andererseits erinnern uns die auffälligen Verweise an Don Siegels DIRTY HARRY (1971) daran.[20] Aber vielleicht wird die Prinzessin des Films, das Topmodel Ingrid (Brigitte Nielsen), die er vor dem Killer gerettet hat, Cobretti in die Arme der Gesellschaft zurückführen.

Simon Moon in HERO AND THE TERROR

Der Serienmörder als Trauma

1988 war die Blütezeit des Actionfilms, wie ihn das Jahrzehnt hervorgebracht hatte, schon wieder vorbei. Ein Jahr zuvor hatte Richard Donner mit LETHAL WEAPON (Zwei stahlharte Profis; 1987) ein komisches Element ins Genre gebracht und so die sich im kommenden Jahrzehnt vollziehende Entwicklung hin zum Familien- und Eventkino eingeleitet, das mit John McTiernans DIE HARD (Stirb langsam; 1988) seinen ersten populären Vertreter noch im selben Jahr wie HERO AND THE TERROR fand. Für die alten Helden war es zu spät, diesen Wandel zu vollziehen, die Versuche, sie zu modernisieren, schlugen allesamt fehl.[21] Ein gutes Beispiel dafür ist HERO AND THE TERROR, den man heute kaum anders denn als eine Reflexion über das Verhältnis seines Hauptdarstellers zu seiner Filmpersona lesen kann.[22] Norris ist der Cop Danny O'Brien, der einst mit viel Glück den blutrünstigen Serienmörder Simon Moon (Jack O'Halloran) überwältigen konnte und seitdem den Beinamen ›Hero‹ trägt. Tatsächlich hat ihn die Begegnung mit der Bestie jedoch gezeichnet: Nachts hat er Albträume und sein Heldenimage erscheint ihm als Belastung. Seine Partnerin (Brynn Thayer), eine Psychologin, hat ihn therapiert, richtig erholt hat sich Danny aber noch nicht. Doch der überraschende Ausbruch Moons wird O'Brien Gelegenheit zu einer zwar gefürchteten, aber letztlich heilenden Konfrontationstherapie geben. HERO versagt als Actionfilm und will aufgrund seiner wenig inspirierten Inszenierung auch als Thriller nicht funktionieren. Seinen Reiz bezieht er einzig und allein aus der sich aufdrängenden strukturalistischen Interpretation. Nach dieser erzählt HERO AND THE TERROR von einem Actionschauspieler, der sich von seinem eigenen Image bedroht fühlt und diesem verzweifelt zu entfliehen versucht. Moon versinnbildlicht das verhasste Genre, das den Star Norris einengt und bedroht und dem er sich stellen muss, um es zu überwinden. Dass sich Moon in einem alten Kinosaal versteckt, unterstreicht die Validität diese Interpretation, die auch durch die Abkehr des Films von etablierten Mustern gestützt wird. Es ist augenfällig, wie bemüht Regisseur Tannen ist, dem Zuschauer einen anderen, menschlicheren Norris zu zeigen: Wir sehen ihn ängstlich und verunsichert, wir sehen ihn im Zwiegespräch mit einer ihm überlegenen Frau und in einem feinen Restaurant beim Versuch, ihr einen Heiratsantrag zu machen. Die wenigen Szenen, in denen Norris seine Kampfsportfähigkeiten vorführen darf, die ihm überhaupt erst den Zutritt zum Filmgeschäft ermöglichten, sind stets als Zugeständnisse an das Publikum zu erkennen, dessen Erwartung man wohl nicht vollkommen verprellen wollte. Auf der Inhaltsebene gelingt es O'Brien am Ende natürlich, den Killer ein zweites Mal zu überwältigen und sich von seinem Trauma zu befreien.[23] Auf der Metaebene hingegen bleibt dem Betrachter kaum etwas anderes übrig, als Norris eine Niederlage zu bescheinigen. Alle Versuche, ihn zu vermenschlichen und so für eine andere Art von Film zu gewinnen, misslingen, weil Norris stets Norris bleibt und niemals O'Brien wird. Die Einsicht machte weder vor Norris noch vor den Produzenten halt: Nur ein Jahr später kehrte der Hauptdarsteller für DELTA FORCE 2: THE COLOMBIAN CONNECTION (Delta Force 2; 1989; R: Aaron Norris) zu seiner gewohnten Persona und einem besonders typischen Vertreter des Genres zurück, dem er seinen Erfolg zu verdanken hatte.[24] Mit Moon, der den Actionhelden zu einer Auseinandersetzung mit inneren Ängsten gezwungen und somit an seine Grenzen geführt hatte, hatte auch der Zuschauer gewonnen, der nach dem missglückten Experiment noch einmal das bekommen sollte, was er wollte, wenn er sich einen Norris-Film ansah: den Helden ohne Gefühle und vor allem ohne Ängste. Trotz dieses Rückschlags waren die Erfahrungen aus HERO AND THE TERROR jedoch nicht mehr zu leugnen. Der Actionheld der 1980er Jahre war an seinem Ende angelangt. Er musste sich seinen inneren Konflikten stellen, anstatt sie zu verdrängen, um weiterexistieren zu können, auch wenn das bedeutete, dass er ein anderer werden musste: Er musste seine Überzeugungen hinterfragen und seine Methoden einer Revision unterziehen, um nicht unter die Räder zu geraten. Er musste sich seiner Menschlichkeit bewusst werden und sich zu seinen Schwächen bekennen. HERO AND THE TERROR verdeutlicht, dass er dies zwar wollte, aber nicht konnte. Es blieb ihm keine andere Wahl, als abzutreten und der ihm nachfolgenden Generation Platz zu machen.

Der Serienmörder als Endgegner

Deran Sarafians DEATH WARRANT verkörpert das letzte Zucken eines Genres, das sich zum Zeitpunkt seiner Entstehung noch in einer Neuorientierungsphase befand, und markiert dessen Rückzug in die Videotheken. Auch wenn er noch einen Kinostart erhielt, erinnert er doch dramaturgisch wie formal an die unzähligen Vertreter der Kickbox- und Kampfsportfilme, die bis in die späten 1990er den Videomarkt überfluten sollten. Der Serienmörder übernimmt zwar eine für den Plot nur untergeordnete, für die Entwicklung des Protagonisten jedoch umso wichtigere Funktion: Der frankokanadische Polizist Louis Burke (Jean-Claude Van Damme), dem es gelungen ist, den Serienmörder ›Sandman‹ (Patrick Kilpatrick) dingfest zu machen, wird undercover in ein US-Gefängnis eingeschleust, um dort eine Mordserie aufzuklären und kommt so dem Treiben eines von oberster Instanz gesteuerten Organhandel-Rings auf die Schliche. Doch plötzlich wird auch der ›Sandman‹ in das Gefängnis verlegt, womit Burkes Tarnung aufzufliegen droht. Der Cop gerät in Lebensgefahr. Dem Actionfilm wird zuweilen eine latente Homophilie nachgesagt – eine Erkenntnis, die alles andere als spektakulär, genau genommen sogar ausgesprochen redundant ist: Da er meist von Männerbünden handelt, bleibt seinen Protagonisten schließlich kaum etwas anderes übrig, als ihren Sexualtrieb am eigenen Geschlecht auszuagieren, auch wenn dies nur in sublimierter Form, in Gesten und Blicken, geschieht. Das Umkippen von übersteigerten Männlichkeitsbildern in die Homophilie ist demzufolge nicht etwa als Fehlleistung und unfreiwillig komisch anzusehen, sondern nur logische Konsequenz: Sowohl Blick als auch Objekt des Actionfilms sind männlich.[25] In DEATH WARRANT tritt diese homoerotische Lesart besonders deutlich hervor, zum einen, weil Van Damme – ein ehemaliger Balletttänzer – gegenüber seinen älteren Berufskollegen ein jungenhaft-attraktives Äußeres aufweist, das er gern durch entsprechende Kleidung und Posen in Szene setzt, zum anderen, weil der Gefängnisfilm Homosexualität zwangsläufig thematisiert.[26] Burke muss im Gefängnis seine Unschuld bewahren und die zahlreichen ›aufgeheizten‹ Häftlinge auf Distanz halten, um am Ende sein Love Interest, die Polizistin Amanda (Cynthia Gibb), die als Kontaktperson für ihn fungiert und sich als seine Ehefrau ausgibt, in die Arme zu schließen. Als Bewährungsprobe muss Burke den ›Sandman‹ besiegen, erst danach erkennen die Mithäftlinge in ihm das Alpha-Männchen, das seine Partner(in) selbst auswählt, anstatt ›genommen‹ zu werden. Respektvoll weichen sie vor ihm zurück und machen ihm den Weg in die Freiheit und die Arme des Liebchens frei. Wie schon im zum Vergleich herangezogenen HERO AND THE TERROR erkennt man auch in DEATH WARRANT das heraufziehende neue Jahrzehnt, in dem Serienmördern die Funktion zukam, den Protagonisten über innere Konflikte hinwegzuhelfen. Aus dieser Sicht

Krankheit und Heilmittel

mutet sein Protagonist Louis Burke wie die männliche Version von Clarice Starling aus THE SILENCE OF THE LAMBS an: Der erfolgreiche, aber auch noch etwas unreife Polizist – nach dem Auftakt sehen wir ihn smart lächelnd durch das Polizeipräsidium tanzen – geht mit der Überwältigung des ›Sandman‹ eine symbiotische Beziehung mit diesem ein, die er erst wieder zerschlagen muss, um endgültig zum Mann zu werden. Der ›Sandman‹, dessen Name förmlich nach einer tiefenpsychologischen Interpretation schreit, ist eine kaum kaschierte Vaterfigur, was sich implizit darin spiegelt, dass

›Sandman‹ in DEATH WARRANT

er Burke als einziger erkennt, im Finale aber auch ganz explizit von ihm artikuliert wird: »Come to Daddy!«, ruft er Burke und fordert ihn damit zum Zweikampf. Erst nachdem Burke sich des Killers endgültig entledigt hat, ist seine Identität – auch seine sexuelle – nicht nur wiederhergestellt, sondern überhaupt erst gefestigt. Und dass der Konflikt mit der Bestie hier nicht mit den Mitteln der Kontemplation ausgetragen wird, wie in Demmes Werk, sondern in einem barbarischen Faustkampf, macht den Unterschied zwischen Thriller und Actionfilm, Burke und Starling, DEATH WARRANT und THE SILENCE OF THE LAMBS aus.

Schluss

Wenn es darum geht, den Serienmörderfilm historisch aufzuarbeiten, so wird den hier behandelten Filmen wahrscheinlich nur eine Fußnote zukommen. Zu sehr sind sie als Kuriosum innerhalb ihres Genres zu erkennen, zu sehr wird der Serienmörder im Actionfilm von anderen, gewichtigeren Topoi verdeckt. Dennoch lässt sich an den besprochenen Filmen erkennen, in welche Richtung sich zum einen der Serienmörder- zum anderen der Actionfilm im Anschluss entwickeln würden. Und es wird recht deutlich sichtbar, dass der ›Siegeszug‹ des Serienmörderfilms und der Niedergang des Actionfilms Hand in Hand gingen. Zeichnet sich in SILENT RAGE noch eine gewisse Unbeholfen-

heit im Umgang mit der Figur ab, so sieht man in Thompsons 10 TO MIDNIGHT schon die Psychothriller des kommenden Jahrzehnts heraufziehen. Cosmatos' zur Mitte des Jahrzehnts entstandener COBRA hingegen zeigt auf eindrucksvolle Art und Weise, wie man den Serienmörder in ein das Jahrzehnt idealtypisch widerspiegelndes Spektakel integrieren konnte. Meine Eingangsthese – der Serienmörder passte nicht in den Actionfilm der 1980er Jahre – wird ironischerweise gerade durch diesen Erfolg untermauert: Aus dem Korpus des Serienmörderfilms sticht COBRA so weit heraus, dass man sich geradezu scheut, ihn als solchen zu bezeichnen. Warum? Der ›Night Slasher‹ verkörpert nicht das überindividualisierte Böse – eine so einzigartige Individualität, dass er diese Alleinstellung durch die Auslöschung seiner Mitmenschen unterstreichen muss –, sondern sein genaues Gegenteil. Er steht sinnbildlich für das entindividualisierte Andere, vor dem sich der Normalbürger in den 1980er Jahren ängstigte: den Pöbel, die Kommunisten, Anarchisten, Punks. Und Marion Cobretti, der knallharte Cop, der den ›Night Slasher‹ seinem Schicksal zuführt, ist ebenfalls kein Wesen aus Fleisch und Blut, dem die Konfrontation mit der Bestie mehr als körperlichen Schaden zufügen könnte, sondern eine Comicfigur. Der Kampf zwischen den beiden erinnert so eher an die Auseinandersetzungen, die man aus den Superheldencomics kennt: Es ist ein Kampf, der auf einer rein körperlichen Ebene stattfindet. Die beiden letzten besprochenen Filme, HERO AND THE TERROR und DEATH WARRANT, stehen dem diametral entgegen. Es sind klassische Umbruchsfilme, die auf der Schwelle zwischen zwei Jahrzehnten stehen und deshalb zerrissen und zwiespältig sind. In ihrer Behandlung der Serienmörder-Thematik, aber auch formal, stehen sie den Thrillern der 1990er Jahre recht nah: Sie unterwerfen ihre Protagonisten einem Prozess der Vermenschlichung, der symptomatisch für die Bestrebungen des Actionfilms der späten 1980er und 90er Jahre ist, reduzieren gleichzeitig die vormals prägenden Actionszenen zugunsten einer Introversion der Handlung, einer – wenn auch einfach gestrickten – Psychologisierung. Mit diesem Wandel war der Actionfilm, wie ihn die 1980er Jahre geprägt hatten, an seinem logischen Endpunkt angekommen: Seine Helden mussten einsehen, dass sie den archimedischen Punkt, von dem aus sie Entscheidungen von weltpolitischer Bedeutung trafen, nicht einnehmen konnten, ohne sich selbst schuldig zu machen. Der Feind aus der Sowjetunion, demgegenüber man sich immer als der ›Gute‹ fühlen konnte, existierte nicht mehr, der Blick musste nach einem Jahrzehnt der offen ausgetragenen Konflikte wieder nach innen gehen. Und was der Actionheld dort sah, machte ihm Angst. Dieser Angst konnte er auf zweierlei Weise begegnen: durch Rückzug in die Pensionierung – die Stars des Actionfilms der 1980er durchschritten in den 1990ern mit Ausnahme von Schwarzenegger, dessen Glück es war, dass man ihn sowieso nie als ›Menschen‹ wahrgenommen hatte, ein Karrieretief, verschwanden ins Fernsehen oder in die Videotheken – oder in die Ironie, die den Actionfilm der 1990er Jahre bestimmen sollte und jegliche Handlung relativierte. Dem leeren Blick des desillusionierten Soldaten John Rambo folgte das selbstzufriedene, spitzbübische Grinsen John McClanes, dem zwar resignierten, aber doch entschlossenen Bekenntnis zur Sache und zum Land die Erkenntnis, man sei »zu alt für diese Scheiße«[27]. Die Auseinandersetzung mit dem Serienmörder mag nicht die Ursache für diese Entwicklung gewesen sein; aber er fungierte als Katalysator, der die Narben an Geist und Seele, welche die alten Helden erlitten hatten, zum Vorschein brachte und die eine Wachablösung un-

abdingbar machten. Der Actionfilm der 1980er zelebrierte ein Kino der Körperlichkeit: Doch im Konflikt mit dem Serienmörder musste diese Körperlichkeit letztlich vor dem Geist kapitulieren. ❑

Anmerkungen

1 Das Argument, dass der Ton im Allgemeinen und die Sprache / der Dialog im Besonderen Film verkomplizieren und ›verunreinigen‹, hat in Alfred Hitchcock einen prominenten Vertreter gehabt. So sagt er in Truffauts *Mr. Hitchcock, wie haben Sie das gemacht*: »Die Stummfilme waren die reinste Form des Kinos.« (Truffaut, S. 53) Oder: »Wenn man im Kino eine Geschichte erzählt, sollte man nur den Dialog verwenden, wenn es anders nicht geht. [...] Es ist bedauerlich, dass das Kino mit dem Aufkommen des Tonfilms in einer theaterhaften Form erstarrt ist.« (Ebd.) Diese Argumentation wird in auf den Kopf gestellter Version auch gegen den modernen Actionfilm gewendet, wenn man ihm nachsagt, mit seiner Konzentration auf Aktion (gefährliche) Komplexitätsreduktion zu betreiben. Der Paradigmenwechsel, der seit den Stummfilmtagen stattgefunden hat, tritt in der gegensätzlichen Wertung ein und desselben Arguments besonders zu Tage.

2 Es verwundert nicht, dass dem Präsidenten sein letzter Filmauftritt als gewissenloser Killer in Don Siegels THE KILLERS (Der Tod eines Killers; 1964) – ein Film, der maßgebliche Vorarbeit für die später vervollkommnete Destruktion seines Genres leistete – später ausgesprochen unangenehm war.

3 Diese Zweiteilung ist wie erwähnt äußerst grob und nicht dazu geeignet, das Genre des Actionfilms, wie es sich in den 1980er Jahren darstellte, umfassend zu beschreiben. Für eine erste Orientierung ist sie aber gerade wegen ihrer Einfachheit sehr effektiv.

4 Man beachte etwa, wie oft Filme wie THE TERMINATOR (1984; R: James Cameron) oder COBRA (Die City Cobra; 1986; R: George Pan Cosmatos) von der Filmkritik diffamiert wurden, indem man als Beleg für ihre vermeintliche Einfalt die geringe Zahl der gesprochenen Wörter heranzog und ihr die Zahl der in diesen Filmen verübten Morde und Gewalttaten gegenüberstellte.

5 Stefan Höltgen stellt etwa fest: »Die Actionhelden werden zu regelrechten Familientypen, wenn ein Serienmörder im Spiel ist.« Siehe http://belmondosfunkhundd.blogspot.com/2007/06/psychopath-vs-soziopath.html.

6 Einen weiteren, den vierten Film der DIRTY HARRY-Reihe (SUDDEN IMPACT [Dirty Harry IV – Dirty Harry kommt zurück]; 1983; R: Clint Eastwood),

7   Was vielen Kritikern entging: Der Actionfilm leugnet die postmoderne Krise nicht einfach. Der Held kann mit seinem beherzten Eingreifen vielleicht die Welt retten, aber er stigmatisiert sich damit selbst zum Außenseiter, zum Outcast. Seine Rücksichtslosigkeit und seine Entschlossenheit machen ihn auch zu einer Gefahr für seine Umwelt, in der er deshalb keinen Platz hat.
8   Eric Lichtenfeld (2004): *Action speaks louder. Violence, Spectacle and the American Action Movie.* Wesport, CT.
9   Neal King (1999): *Heroes in Hard Times: Cop Action Movies in the U.S.* Philadelphia.
10 http://belmondosfunkhundd.blogspot.com
11 Die hier nur kurz umrissene Hausmetaphorik wird besonders durch zahlreiche Türszenen gestützt, auf die hier ausführlicher eingegangen wird: http://belmondosfunkhundd.blogspot.com/2007/05/der-feind-im-inneren.html.
12 Marcos Ewert unter http://belmondosfunkhundd.blogspot.com/2007/05/der-feind-im-inneren.html.
13 Warren Stacy fährt wie Bundy einen VW Käfer und läuft zum Showdown des Films in einem Wohnheim Amok. Dass es sich dabei entgegen dem Fall Bundy um ein Schwestern- und nicht um ein Studentinnenwohnheim handelt, darf man vielleicht auch als Anspielung auf den Serienkiller Richard Speck sehen, wie Marcos Ewert dies unter http://belmondosfunkhundd.blogspot.com/2007/06/psychopath-vs-soziopath.html vorgeschlagen hat.
14 10 TO MIDNIGHT erinnert in seiner Strategie an Friedkins RAMPAGE (1987), in dem der Zuschauer dazu gezwungen wird, auf die Hinrichtung eines Serienkillers hinzufiebern, um am Ende erkennen zu müssen, dass staatliche Exekutionen barbarisch sind.
15 Eine Strategie, die in der Geschichte des Serienmörderfilms nicht neu ist, wie Stefan Höltgen anmerkt; vgl. http://belmondosfunkhundd.blogspot.com/2007/07/kampf-der-asozialen.html.
16 »In America, there's a burglary every eleven seconds, an armed robbery every sixty-five seconds, a violent crime every twenty-five seconds, a murder every twenty-four minutes, and two hundred and fifty rapes a day.«
17 »At first glance, his bulging jaw makes him look positively simian, as he does later when, disguised as a hospital janitor, he walks with his shoulders hunched. In such images, the Night Slasher seems to occupy a lower state of evolution. This is supported by his guttural voice; his constant, heavy sweat (it sprays when he talks; and the mania with which he and his cult ›prey on the weak‹ in their hope to affect a ›New Order‹ [...]« Lichtenfeld (2004), S. 74.
18 Eric Lichtenfeld bezeichnet das Prinzip, das sich hinter der New World Order verbirgt, als »psychosis in numbers« (S. 73).
19 Lichtenfeld schreibt über das Fabriksetting: »[...] the industrial setting is definitive for the genre [...] It is what Hell would be if Hell was a union shop.«, und betont die »masculinity of the environment«.
20 Cobrettis Partner wird gespielt von Reni Santoni, der in DIRTY HARRY wiederum den Partner Harry Callahans spielte, und Andrew Robinson, der in Siegels Film noch in der Rolle des Killers Scorpio zu sehen war, ist nunmehr Cobrettis Vorgesetzter. Und die ›New World Order‹ erscheint laut Lichtenfeld als Synthese der Schurken aus den ersten beiden DIRTY-HARRY-Filmen. Das Resultat dieser Synthese ist eine »army [...] defined not by a sense of duty or ideology but by its violence and insanity [...].« (S. 73).
21 Man denke etwa an die verzweifelten und erfolglosen Versuche Stallones, sich als Komödiendarsteller zu etablieren: OSCAR (Oscar – Vom Regen in die Traufe; 1991; R: John Landis), STOP! OR MY MOM WILL SHOOT (Stop! oder meine Mami schießt; 1992; R: Roger Spottiswoode).
22 Oder als ›Abschlussfilm‹ wie Marcos Ewert vorschlägt: http://belmondosfunkhundd.blogspot.com/2007/10/im-wendekreis-des-norris.html.
23 In einer Szene, die Vergleiche zum bereits besprochenen SILENT RAGE förmlich erzwingen.
24 Und um den Rückschritt noch deutlicher zu machen, durfte auch Billy Drago, der in HERO AND THE TERROR noch eine untypische Rolle als Psychologe hatte, in DELTA FORCE 2 wieder einen besonders eindimensionalen Bösewicht spielen.
25 Wenn man beobachtet, wie oft die Kamera in Actionfilmen den Körper des Protagonisten einfängt, ihn in Großaufnahme buchstäblich zelebriert und mit sanften Bewegungen zu liebkosen scheint, wird der homoerotische Gehalt dieser Filme sehr augenfällig. Hier wird ein fetischistischer Blick auf das Objekt der Begierde geworfen: Der Blick des Mannes erträumt den Über-Mann.
26 Im allgemeinen Sinne geht es im Gefängnisfilm immer um die Bewahrung der eigenen Identität. Dies erweist sich vor allem deshalb als schwierig, weil die staatliche Institution des Zuchthauses alles daran setzt, seine Insassen umzuerziehen oder gar völlig zu brechen. Dass DEATH WARRANT dieses Sujet mit dem Serienkiller-Topos kreuzt, ist also als ausgesprochen konsequent zu bezeichnen.
27 Danny Glovers Charakter Roger Murtaugh wiederholt dieses Credo geradezu mantraartig in Richard Donners LETHAL WEAPON-Filmen (1987–1998).

Christian Hoffstadt

Zum Tod lachen?

Von Christian Hoffstadt

»*Das Lachen entspringt der Vorstellung der eigenen Überlegenheit.*« (Charles Baudelaire, *De l'essence du rire*)

Serienmord im Film ist eine ernste und tragische Sache – könnte man meinen. Bei genauerer Beobachtung finden sich allerdings einige Serienmörderfilme, die komische Elemente enthalten bzw. gänzlich komisch inszeniert sind. Dabei reicht die Bandbreite von subtiler Ironie bis zu offenem Sarkasmus und komödienhaftem Slapstick.

In diesem Beitrag soll versucht werden, einige Filmbeispiele unter dem Aspekt der komischen Gewalt[1] zu betrachten, wobei die theoretische Trennung von tragisch und komisch und die in der Theorie häufig postulierte Folgenlosigkeit von Komik hinterfragt werden soll.[2] Der Begriff der Gewalt steht hier statt des Mordes im Mittelpunkt, da er diesen als Gewaltakt miteinschließt und zugleich erlaubt, das Verhältnis des Mediums zum Zuschauer mitzubeobachten. Dabei werden möglichst weite Definitionen von Gewalt im Sinne von körperlicher, sprachlicher, symbolischer und medialer Gewalt (die nicht zuletzt den Zuschauer mit einbezieht) sowie von Komik als filmischer Struktur (nicht: als subjektive Wahrnehmung des Zuschauers) zugrunde gelegt. Um diese Strukturen sichtbar zu machen, empfiehlt es sich, ethische Fragestellungen vorerst zurückzustellen.[3]

Stellen wir uns ein Kino vor, in dem einige jüngere Zuschauer sitzen und einen Serienmörderfilm sehen. Einige reagieren auf den Film so, wie Aristoteles es vorhergesehen hatte, nämlich mit ›Schaudern und Jammern‹, andere jedoch grölen und lachen, finden das Gezeigte offensichtlich komisch und unterhaltsam. Von einer solchen Perspektive aus müssten wir feststellen, dass es wohl am Subjekt liegt, einen Serienmörderfilm komisch oder tragisch zu finden. Die einen empfinden offensichtlich das tragische Element, beispielsweise die brutale Ermordung eines Opfers, die anderen sind belustigt über die ›coole‹ Art, wie der Serienmörder vorgeht. Nach Helmuth Plessner könnte man argumentieren, dass sich die Spannung, die in solchen Filmen aufgelöst wird (und die der Spannungsauflösung in Witzen usw. nicht unähnlich ist), den Betrachter entweder zum Lachen oder Weinen bringt.[4] Es findet eine Entgrenzung statt, die den betrachtenden Zuschauer dazu bringt, die emotionale Spannung nach außen abzuführen – so kann das Schreckliche uns zum Lachen, das Schöne uns auch zum Weinen bringen.

Die beschriebene Kinoszenerie ist allerdings kein wissenschaftliches Setting, sondern eine Filmszene, die in einer Spiel-im-Spiel-Struktur die Wirkung von Serienmörderfilmen in einem Serienmörderfilm thematisiert. Die Rede ist von SCREAM 2 (1997) bzw. der SCREAM-Trilogie (1996–2000) Wes Cravens.

Bevor ich auf einzelne Filmbeispiele und ihre Formen der Verknüpfung von Komik und Gewalt eingehen werde, sind einige Vorbemerkungen zu Letzteren sinnvoll. Das Begriffspaar Komik und Gewalt ist absichtlich asymmetrisch gewählt, um ein ständiges Zurückfallen in binäre Theorien von gewaltfreier Komik und gewalthaltiger Tragik zu vermeiden – wobei diese Trennung bei genauerer Betrachtung eher eine Erfindung der Moderne zu sein scheint, Gewalt, Tod und Leichen gehören, wenn man Aristoteles Glauben schenkt, durchaus zum Spektrum unterhaltsamer Komödien.[5]

Die Theoriebildung zur Komik in den 1970er und 80er Jahren hingegen hat sich an moralisch unzweifelhaften und folgenlosen Beispielen abgearbeitet, wodurch Gewalt und Tod nicht komisch sein können: Gewalt ist nur dann komisch, wenn sie ›enthoben‹, also ohne Konsequenzen ist. Sogar Mord und Totschlag können komisch sein (z. B. im Kasperltheater), wenn sie folgenlos sind.[6]

Ein klassisches Beispiel für die Umsetzung dieser Produktionsregel ist die Zeichentrickfigur Wyle E. Coyote, die zwar tausend Tode stirbt, aber immer wieder lebendig wird.[7] Was aber geschieht, wenn Film- und Kulturwissenschaften nun diese Theorien auf einen riesigen Bestand an Filmen (und anderen Medien) anwenden, die dieser Regel bzw. diesem

Zum Tod lachen?

Erklärungsmuster von Komik nicht entsprechen? Wie kann dann erklärt werden, dass der Tarantinoeske *laughter and terror* komische Gewalt und komischen (Serien-)Mord als Mischform inszeniert, ohne die Folgen zurückzunehmen?

Einen guten Hinweis liefert Noël Carroll, der den Beginn der Vermischung der Genres feststellt:

> »During the last decade or so, the subgenre of the horror-comedy has gained increasing prominence. Movies such as BEETLEJUICE, a triumph of this tendency, are predicated upon either getting us to laugh where we might ordinarily scream, or to scream where we might typically laugh, or to alternate between laughing and screaming throughout the duration of the film.«[8]

Er stellt fest, dass diese Tendenz nicht auf den Film beschränkt ist und Comedy und Horror als zwei Seiten einer Medaille zu sehen sind; dies lässt sich sowohl für das Horrorfilmgenre als auch für Suspense-Thriller u. a. nachweisen – ein Beispiel ist Alfred Hitchcock, der seinen Film PSYCHO (1960) als Komödie sah.[9]

Carroll liest Freuds Aufsatz über das Unheimliche als Bestätigung dafür, dass die unbewussten Mechaniken hinter Humor und Horror dieselben sind.

> »The psychological feelings typically associated with humor include a sense of release and sensations of lightness and expansion; those associated with horror, on the other hand, are feelings of pressure, heaviness, and claustrophobia. Thus, it may appear initially implausible that such broadly opposite affects can attach to the same stimulus.«[10]

Wie wir später sehen werden, spielen aktuelle Filme genau mit der Möglichkeit, Szenen schlagartig umkippen zu lassen – vom Komischen ins Tragische und umgekehrt. Es gibt auch, wie wir sehen werden, Beispiele dafür, dass Filme die Gratwanderung schaffen, beide Elemente gleich stark zu inszenieren.

> »Adding humor to violence, or violence to humor, is an ancient winning formula, indeed [...]. Comedy has embraced assorted cruelties to elicit laughter [...]; and serious drama has drawn in comical chararcters to provide comic relief, expressing itself in laughter, after scenes deemed distressing to the point of jeopardizing enjoyment.«[11]

Vielen Filmen geht es dabei eben nicht um die von Medienwächtern befürchtete Trivialisierung von Gewalt im Sinne eines einfachen Sich-lustig-Machens über ernste Themen.[12] Gewalt im Film dient vielmehr häufig als Störung von Ordnung, im Bachtin'schen Sinne auch als Karneval, als Umkehrung der Verhältnisse und als Hinweis für den Zuschauer, seine Position zu überdenken (z. B. in moralischer Hinsicht).

Natürlich ergibt der Hinweis darauf, dass das Mainstream-Kino, besonders in den 1980er und 90er Jahren, die Rolle des *amusingly brutal hero* erfolgreich eingeführt und damit auch die Art der Rezeption durch die Zuschauer nachhaltig verändert hat, Sinn. Auch auf Seiten der Bösewichte wird Gewalt komisch dargestellt – man denke z. B. an A NIGHTMARE ON ELM STREET (Nightmare – Mörderische Träume; 1984; R: Wes Craven) oder CHILD'S PLAY (Chucky – Die Mörderpuppe; 1988; R: Tom Holland).

Lothar Mikos weist darauf hin, dass die aktuelle Medien-Gewalt-Debatte bislang noch sehr undifferenziert mit Unterschieden zwischen Genres und dem Bezug zwischen Komik und Gewalt umgeht. So gibt es durchaus komische Genres mit gewalthaltigen Elementen, aber auch Horror- bzw. Gewaltfilme, die humorvolle Einlagen bieten.[13] Die Frage ist, ob Gewalt jeweils in einem anderen Kontext etwas anderes bedeutet bzw. bewirkt; er vermutet, dass Komik dazu dienen kann, über Dinge zu lachen, die man ansonsten nicht zum Lachen fände bzw. über die zu lachen moralisch verpönt wäre. In diesem Sinne muss komische Gewalt nicht verharmlosend sein, sie kann auch als Entlastung und kritische Reflexionsinstanz dienen.[14] Nichtsdestotrotz kommt er zu dem Schluss:

> »[I]m Ergebnis wird in komischen Filmen niemandem ein ernsthafter Schaden zugefügt – und wenn das neue Haus in Schutt und Asche liegt, dann freuen sich die komischen Helden, mit dem Leben davongekommen zu sein.«

Wir werden an einigen Beispielen wie SERIAL MOM (1994; R: John Waters) sehen, dass es durchaus Serienmord-Komödien geben kann. Richtig ist aller-

123

Christian Hoffstadt

›Leben imitiert Kunst, die Leben imitiert‹: SCREAM 2

dings die Feststellung, dass die Positionierung des Zuschauers bzw. das Mitfühlen mit den Protagonisten eine erhebliche Rolle dafür spielen, ob eine Szene komisch wahrgenommen werden kann.

Die filmische Sozialisation spielt bei der Wahrnehmung von Komik und Gewalt eine große Rolle und ist auch eine gewisse Variable, die es bei einer wissenschaftlichen Einschätzung zu bedenken gilt.[15] Dennoch kann man behaupten, dass die Folgenlosigkeit des Gezeigten davon abhängt, ob dem Zuschauer bewusst bleibt, dass er ›nur einen Film sieht‹ oder ob er in das Geschehen hineingezogen wird (›Immersionseffekt‹). Für den ersten Fall lässt sich auf jeden Fall bestätigen: »Everybody knows that violence is funny – that is, if it happens to someone else, if it does not really hurt, and if it is part of a show.«[16] Wenn fiktive Figuren sterben, hat dies natürlich für die reale Welt keine Folgen. Gerade in Formen des Slapstick und der Farce wird durch die ständige Übertreibung und die Überformung dem Zuschauer bewusst gemacht, dass das Ganze nur ein ›Spiel‹ ist, über das man lachen darf.

Im Folgenden komme ich zu einigen Filmbeispielen, anhand derer die Funktion von Komik in Verbindung mit Gewalt gezeigt werden soll.

Die SCREAM-Trilogie

In einem klassischen amerikanischen High-School-Setting treibt ein Serienmörder sein Unwesen, der eine ›komische‹ Maske trägt. Der Film hält dramatische Gewalt und Komik weitgehend auseinander, komische Elemente sind häufig in Szenen zu finden, in denen das normale Leben der Protagonisten gezeigt wird. Besonders auffällig sind hier die Dialoge der Schüler, die eine Filmklasse belegt haben bzw. in der Videothek arbeiten: Sie debattieren im Film über die Imitation der Kunst durch die Wirklichkeit und der Wirklichkeit durch die Kunst, das heißt, sie rätseln, ob der Mörder einer Filmvorlage nacheifert. Der Film treibt das auf die Spitze, indem die Realität der Protagonisten und das mediale Interesse an den Morden vermischt werden. Bereits ab Teil 1 der Reihe thematisiert der Film, dass die Taten des Mörders verfilmt werden, was in Teil 2 und 3 tatsächlich genutzt wird, um das Spiel-im-Spiel-Setting weiterzutreiben. Die Figur Randy, die in einer Videothek arbeitet, erklärt in Teil 1 den Anwesenden einer Party anhand eines Horrorvideos, nach welchen Mechanismen Horrorfilme funktionieren. Man dürfe beispielsweise nie sagen »Ich komme gleich wieder«, wenn man den Raum für eine Weile verlasse, weil man dann garantiert ermordet würde. Der Film führt also auf einer ironischen Ebene die Funktionsweisen einfacher Serienmordfilme vor, was komisch wirkt und die Schock- und Horroreffekte des Films ironisch konterkariert.

SCREAM 2 beginnt mit der zu Beginn beschriebenen Szene, in der das Publikum im Film den Film ›STAB‹ anschaut. Dabei tragen viele der Zuschauer die schwarze Kutte und die Maske des Mörders als Fanartikel, was die Identifikationsmöglichkeit des Zuschauers mit dem Mörder parabolisch und sarkastisch vorführt. In dieser Umgebung fällt es dem ›echten‹ Mörder leicht, weitere Morde zu begehen – Realität und mediale Darstellung vermischen sich, was der Film performativ vormacht.

Teil 2 der Reihe spitzt die Selbstironie weiter zu, indem die Filmklasse nicht nur darüber debattiert, ob die Formel ›Leben imitiert Kunst, die Leben imitiert‹ richtig ist; es entspinnt sich auch eine Diskussion darüber, ob Fortsetzungen ›Scheiße‹ sind, womit

Zum Tod lachen?

der Film, der ja eine Fortsetzung ist, sich selbst thematisiert.

Der Film beherbergt ein weiteres Spiel-im-Spiel in Form einer Theateraufführung, deren Bühne am Ende auch für das Finale dient. Aufgeführt wird ein fiktives Kassandra-Theaterstück, das einen griechischen Chor beinhaltet. Die Masken des Chors verweisen auf die Maske und Gesichtslosigkeit des Mörders, zugleich aber auch auf antike Vorstellungen von Komik und Gewalt.

Teil 3 spielt in großen Teilen auf dem Filmset der Verfilmung von ›STAB 3‹. Die mittlerweile ermordeten Figuren der ersten Teile tauchen hier wieder auf – nämlich als Schauspieler zweiter Ordnung, die die Figuren in der Film-im-Film-Reihe darstellen und die vergangene ›Filmrealität‹ zitieren. Dieses in Teil 3 maximal ausgereizte *mise en abyme*-Schema enthält zwar eine scharfe Medienkritik, macht aber zugleich deutlich, dass Realität und Fiktion bzw. mediale Repräsentation nicht eindeutig zu trennen sind. Das Leben der Protagonisten ist mittlerweile Bestandteil einer ständigen medialen Darstellung, die ›STAB‹-Drehbücher Bestandteile ihres Lebens: Der Mörder tötet die Darsteller in der Reihenfolge der Morde im SCREAM-1-Film. Damit greift die Filmreihe insgesamt die Frage der Identität und ihrer medialen Vermittlung auf, die häufig komisch inszeniert ist: So taucht beispielsweise Carrie Fisher auf, die sich explizit nicht (!) selber spielt. Schlussendlich verwendet der Film viele komische Elemente, die allerdings nur auf der Ebene der Spiel-im-Spiel-Verwirrung und der Reflexion der Filmmechanismen direkt mit Gewalt und Tod verknüpft sind.

THE LAST HORROR MOVIE

Julian Richards' 2003 erschienener THE LAST HORROR MOVIE beginnt mit einem klassischen Serienmörderfilm, wird aber durch die Aufnahmen einer anderen Person, die die Kassette überspielt hat, in einer Art *fake documentary* alsbald unterbrochen. Man sieht einen Serienmörder, der sich teilweise

Sympathisch: Der Serienmörder in BEHIND THE MASK: THE RISE OF LESLIE VERNON

selbst filmt oder von einem Kameramann filmen lässt, und der abwechselnd Familienfeste und seine Mordtaten filmt – also quasi die Höhepunkte von Komödie und Tragödie: Hochzeit und Tod. Der Mörder spricht dabei ständig mit dem Zuschauer und zwingt diesen, sich über seine Rolle bewusst zu werden. Der Film spielt dabei mit den Erwartungen des Zuschauers, Erdrosselungen sind nur gespielt (für eine Theateraufführung), andere (aber nur indirekt gezeigte) Folterszenen sind hingegen echt. Auch wenn die Art der Inszenierung nur selten komisch ist, ist sie doch hochironisch, indem nämlich gezeigt wird, dass der Zuschauer sich für moralisch besser hält – obwohl er sich doch ›echte‹ Morde anschaut. Der Film spielt unablässig mit den Erwartungen des realen Zuschauers und bezieht diesen am Ende auf besondere Weise ein: Als Ausleihender der Videokassette ist er selbst das nächste Opfer.

BEHIND THE MASK

Ganz ähnlich lässt sich in BEHIND THE MASK: THE RISE OF LESLIE VERNON (2006; R: Scott Glosserman) ein angehender ›Serienmörderstar‹ von einem Filmteam begleiten. Er erklärt dem Team seine Vorhaben, plant teilweise gemeinsam mit ihnen den Ablauf am Tatort[17] und witzelt mit der Filmcrew darüber. Das Spielerische der Übungsphase schlägt jedoch um, die Filmcrew bekommt allzu spät mit, dass sie eine echte Mordserie filmen wird. Der Mörder schickt sie zwar wegen ihrer moralischen Bedenken weg, weil sie ein

Christian Hoffstadt

Das Lachen bleibt im Halse stecken: C'EST ARRIVÉ PRÈS DE CHEZ VOUS

– wie der Mörder es nennt – ›Wir können nichts dagegen machen‹-Gesicht ziehen, sie sind aber längst Teil seines Mordplanes: Sie erkennen zu spät, dass sie Teil der Inszenierung sind, nicht externe Beobachter. Die anfängliche Planung von Killer und Filmcrew, die auch ein *final girl* vorsieht, also eine junge Frau, die entkommen soll, wird hier enttäuscht, aus der zu Beginn komischen Surrealität und Enthobenheit der Übungsphase wird am Ende Ernst. Ganz ernst nimmt sich der Film aber auch nicht, steckt doch die Reporterin, die das Team begleitet, den Killer am Ende in eine Apfelpresse.

Hier wird der Mörder als sympathisch dargestellt, der Zuschauer kann sich mit dem Gewitzel zwischen Mörder und Filmcrew identifizieren. Dennoch bleibt neben komisch-ironischen Elementen der ernste Unterton nie verborgen: Der Beobachter ist Teil des Geschehens, und er ist dafür verantwortlich, die Dinge, die er sieht, einzuschätzen.

MANN BEISST HUND

Der Mörder in C'EST ARRIVÉ PRÈS DE CHEZ VOUS (Mann beißt Hund; 1992; Rémy Belvaux, André Bonzel, Benoît Poelvoorde) redet zu Beginn charmant über das Versenken von Leichen, ähnlich wie ein Fernsehkoch über die Zubereitung eines Gerichts. Er wird als lustiger Mensch innerhalb seiner Familie gezeigt, wobei die Diskrepanz zwischen Spiel (Kinder mit Spielzeugpistole) und realer Gewalt (Zusammenschnitt von Pistolenmorden) deutlich in Szene gesetzt wird. Die Lustigkeit des Mörders wirkt häufig stark überdreht, z. B. wenn er in der Kneipe Tricks zeigt und das Filmteam, das ihn aufnimmt, mit in das Geschehen involviert, indem er sie z. B. zum Trinken und Feiern einlädt. Er erzählt bei dieser Gelegenheit, dass er zwei Araber eingemauert hat – Richtung Mekka. Nach einem Mord an einem Farbigen schaut er mit seinem Kollegen nach, ob Farbige wirklich so große Geschlechtsteile haben – und ist abgestoßen von der Bestätigung seiner Annahme: »Dieser Junge ist kaum 18 und hat schon ein Teil wie ein Polarbär.« Die Komik entsteht hier durch die unerwartete Auflösung, zugleich ist dem Zuschauer aber auch bewusst, dass das Lachen darüber unangemessen ist. Die Komik liegt damit in der Absurdität der Situation bzw. der unerwarteten Grenzüberschreitung (hier: rassistische/sexuelle Vorurteile).

Diese Tendenz des Films wird noch deutlicher, wenn der Zuschauer entdeckt, dass der an sich gebildete und sozialkritische Mörder Freude daran hat, seine Opfer auf besonders originelle Weise umzubringen: Weil er eine alte Dame, die Herzpatientin ist, ohne körperliche Einwirkung getötet hat, teilt er aus Freude die Beute mit dem Filmteam, das er zukünftig auch finanziell fördert.

Auch in diesem Film ist das Medium bzw. das Filmteam in das Geschehen involviert. Daraus entsteht zuweilen eine Komik der Medialität, wenn z. B. kein Ton aufgenommen wird, weil der Toningenieur etwas für den Mörder sucht und den monologisierenden Mörder alleine vor der Kamera stehen lässt. Dies wird häufig konterkariert von der Gewalt des Mediums bzw. harter Schnitte und Zooms auf Gewaltszenen. Im weiteren Verlauf erschießen Mörder und Filmteam gemeinsam ein zweites Filmteam, das auftaucht, und ›nur‹ auf Video, nicht auf Filmmaterial dreht.

Bei einem der häufigen Besäufnisse betrinken sich Mörder und Filmteam mit einem sonderbaren Drink namens ›Dead Baby Boy‹, während der

Zum Tod lachen?

Mörder ein Quiz veranstaltet: »Mit wie viel Ballast versenkt man eine Kinderleiche?«

Bei seiner Geburtstagsfeier bekommt der Mörder passenderweise ein Holster geschenkt und erschießt einen am Tisch sitzenden ›Freund‹, mit dessen Verhalten er nicht einverstanden ist – und isst dann seinen Kuchen weiter. Hier wird nicht nur deutlich, dass der Film immer einen ernsten Grundton behält, sondern auch, dass durch die *fake documentary* ständig die Frage nach der Rolle des Beobachters und seines Eingreifens gestellt wird. Hier ist sowohl das Lachen im Film wie auch das des Zuschauers eines, das im Halse stecken bleibt und ein groteskes Gefühl erzeugt.

Die Mutter als Racheinstanz: SERIAL MOM

SERIAL MOM

SERIAL MOM zeigt eine typische amerikanische Vorstadtsiedlung und ihre häusliche Idylle, die stark überzogen dargestellt wird. Unheilvoll kreist das Gespräch am Esstisch der Protagonistenfamilie um Serienmord und Hass.

Tatsächlich vermutet man zu Recht hinter der Idylle etwas anderes – die Mutter macht von zuhause obszöne Anrufe, um eine ungeliebte Nachbarin zu tyrannisieren, weswegen auch die Polizei ermittelt. Die Komik hierbei ist eine entlarvende, im Verlauf wird klar, dass die Motive der *serial mom* sich gegen Marotten der Nachbarn richten.

Beim Elternsprechtag spricht der Lehrer über die morbide Neigung ihres Sohnes zu Horrorfilmen, wobei aber nicht der Junge, sondern die Mutter auffällig ist. Danach überfährt die Mutter den Lehrer einfach.

Alltagssprachliche Bedeutungen von ›Man sollte sie umbringen‹ usw. werden wörtlich genommen und damit Sprache wie Darstellung leicht überzogen/komödiantisch dargestellt. Komisch inszeniert ist ebenfalls, dass die Familie bald darauf kommt, dass die Mutter die Mörderin ist, die als eine Art moralische Racheinstanz in der kleinbürgerlichen Gesellschaft auftritt. Der Sohn und seine Freundin verstecken die Mutter in der Videothek; dort weigert sich gerade eine Kundin, GHOST DAD (1990; R: Sidney Poitier) zurückgespult zurückzugeben – darauf der Sohn: »That's the influence of all these family films«. Dass die Mutter kurz darauf die betroffene Frau mit Geflügel erschlägt, während diese ANNIE (1982; R: John Huston) (!) anschaut (nicht ohne dabei mahnend »Rewind!« zu rufen), zeigt deutlich, dass die Motive der Mutter positiv dargestellt werden. Einerseits ist die *serial mom* dabei eine Racheinstanz gegen eine neue Liberalität, andererseits wird sie auch gerade für ihre politische Unkorrektheit geliebt – bei einem Rockkonzert wird die *serial mom* explizit von der Subkultur gefeiert.

Da die Mutter gefasst wird und vor Gericht kommt, vermutet der Zuschauer nun eine Verurteilung – aber nichts dergleichen geschieht: Die Mutter verteidigt sich bei dem Prozess selbst und entlarvt im Gegenzug die Zeugen als nicht normal. Hier zeigt der Film deutlich seine Sympathie für die *serial mom*, die auch nach dem gewonnenen Prozess weitermorden darf (eine Geschworene muss sterben, da sie weiße Schuhe nach dem Labor Day getragen hat).

Slapstick-Varianten

Eine weitere Spielart der Komik bieten einige Slapstick-Filme, die meist ernsthafte Serienmördervorlagen aufs Korn nehmen. Dort wird häufig die ›vierte

Christian Hoffstadt

Wand‹ der Darstellung ignoriert und deutlich mit dem Zuschauer kommuniziert. So werden z. B. in PANDEMONIUM (Freitag der 713.; 1982; R: Alfred Sole) kommentierende Einblendungen wie *Es könnte auch Dir passieren* montiert, die die Handlungsebene durchbrechen und eine komische Wirkung haben. Auch in STUDENT BODIES (Was macht der Tote auf der Wäscheleine?; 1981; R: Mickey Rose) werden Einblendungen genutzt, um auf komische Art eine Metaebene zwischen Handlung und Zuschauer herzustellen – in diesem Beispiel laufen immer aktuelle *body count*s für den Zuschauer ins Bild oder Einblendungen wie *Bewusstlos, aber nicht tot (Wichtiger Plot-Hinweis)* werden eingeblendet, was eine Medienkritik an der einfachen Struktur der jeweiligen Vorlage ist. Auch die Figuren, allen voran der ironisch betitelte ›Breather‹, welcher der Mörder ist, sprechen teilweise nicht auf der Figurenebene, sondern äußern komische Selbstkommentare wie »Warum laufen die immer weg vor mir?«. Natürlich wird auch hier ironisch aus den Vorlagen zitiert: Das wiederkehrende Kriterium für Mordopfer, ihre frühe sexuelle Aktivität, wird des Öfteren komisch abgewandelt: »Ich muss Dich leider umbringen, auch wenn Du vorher nicht gebumst hast.«

Auch SHRIEK IF YOU KNOW WHAT I DID LAST FRIDAY THE THIRTEENTH (Schrei wenn du weißt, was ich letzten Freitag den 13. getan habe; 2000; R: John Blanchard) bezieht sich zitatreich und komisch auf die I KNOW WHAT YOU DID LAST SUMMER-Reihe (1997–2006). Offensichtlich wird hier, dass viele der Filme, die keine eigene komische Gewalt entwickeln, sondern ernst inszenierte Gewalt von Filmvorlagen komisch interpretieren, eklektizistisch aus einem Fundus von bekannten Filmen und Klischees schöpfen. So wird die Eingangsszene aus SCREAM gleich in zwei Filmen, sowohl in SCARY MOVIE (2000; R: Keenen Ivory Wayans) als auch in SHRIEK IF YOU KNOW WHAT I DID LAST FRIDAY THE THIRTEENTH persifliert. Auffällig ist dabei, dass sowohl Elemente aus dem Original persifliert und überspitzt werden (Carmen Electra flieht in SCARY MOVIE – vor der Entscheidung stehend, dem Schild *Death* oder *Safety* zu folgen – natürlich in die falsche Richtung), aber auch neue Elemente, vor allem aus angesagter Alltags- und TV-Kultur implementiert werden (das heißt persiflierte Elemente aus anderen Filmen wie auch interessante Querbezüge; in SHRIEK IF YOU KNOW WHAT I DID LAST FRIDAY THE THIRTEENTH wird gezeigt, dass der Mörder eigentlich eine Eishockeymaske wie der Mörder in FRIDAY THE 13TH (Freitag, der 13.; 1980; R: Sean S. Cunningham) trug, sich aber verbrennt, woraufhin die Maske zerläuft und so aussieht wie in SCREAM). Natürlich werden diese durch *overacting* und überzogene Gags erkennbaren Slapstickvarianten konterkariert durch Machwerke, die eine subtilere Art des schwarzen Humors inszenieren wie beispielsweise SATAN'S LITTLE HELPER (2004; R: Jeff Lieberman).

Schlussfolgerungen

Auch wenn dieser Beitrag nur ein erster Ausblick auf das Phänomen sein soll, sind doch einige Formen der Komik und Gewalt erkennbar geworden, die in Serienmörderfilmen auftauchen. Der komische Anteil ist dabei sehr unterschiedlich und erstreckt sich von subtiler Ironie, die zum Nachdenken anregt, bis zur temporeichen Blödelei, die selbstreflexiv die eigenen Vorläufer und Klischees aufs Korn nimmt. Erstaunlich ist im Rückblick, wie viele Filme jeglicher Machart eine Medienkritik implizieren, die auf die (moralische) Rolle des Zuschauers und des Filmenden abzielt. In diesem Sinne ist zu hoffen, dass in Zukunft der Komik eine größere Rolle in der Untersuchung von Serienmörderfilmen und gewalthaltigen Filmen im Allgemeinen zukommen wird, da ihre Rolle nach einer ersten Einschätzung keine trivialisierende, sondern meist eine reflektierende und erhellende ist. Also schließe ich mit der These: Serienmord darf komisch sein! ❑

Anmerkungen

1. Diese Arbeit dient gewissermaßen als Startschuss zur Untersuchung des Phänomens der komischen Gewalt, die in der Buchreihe *Komik und Gewalt* ab 2009 regelmäßig unter verschiedenen Aspekten stattfinden wird. Vgl. www.komik-und-gewalt.de (Ich danke Anne Peiter herzlich für die produktiven Anmerkungen zur ersten Fassung des Textes.)
2. Vgl. die Arbeiten in Wolfgang Preisendanz / Rainer Warning (Hg.) (1976): *Das Komische*. München.
3. Vgl. zu diesem Themenkomplex Thomas Hausmanninger / Thomas Bohrmann (Hg.) (2002): *Mediale*

Gewalt. Interdisziplinäre und ethische Perspektiven. München, sowie Dietmar Mieth (2006): *Gewalt im Film und das Spiel der Ästhetik mit der Ethik.* In: *Ethik und Ästhetik der Gewalt.* Hg. von Julia Dietrich / Uta Müller-Koch. Paderborn, S. 79–100.
4 Helmuth Plessner (1950): *Lachen und Weinen. Eine Untersuchung nach den Grenzen menschlichen Verhaltens.* München.
5 Erhellend ist in diesem Zusammenhang nicht nur die Relektüre der Aristotelischen *Poetik*, sondern auch der Aufsatz von Peter Brunette (1991): *The Three Stooges and the (Anti-)Narrative of Violence: De(con)structive Comedy.* In: *Comedy/Cinema/Theory.* Hg. von Andrew Horton. Berkeley/Los Angeles/Oxford, S. 174–187, der Comedy und Violence querliest.
6 Karlheinz Stierle (1976): *Komik der Handlung, Komik der Sprachhandlung, Komik der Komödie.* In: *Das Komische.* Hg. von Wolfgang Preisendanz / Rainer Warning. München, S. 237–268, hier S. 251.
7 Die jüngeren Leser seien an die Happy Tree Friends verwiesen.
8 Noël Carroll (1999): *Horror and Humor.* In: *The journal of aesthetics and art criticism* 57/2, S. 145–161, hier S. 45.
9 Ebd., S. 146.
10 Ebd., S. 145.
11 Cynthia King Jablonski / Dolf Zillmann (1995): *Humor's Role in the Trivialization of Violence.* In: *Medienpsychologie* 1, S. 122–133, hier S. 122.
12 Ebd., S. 123.
13 Lothar Mikos (2002): *Kann Gewalt denn lustig sein? Ästhetik der Gewaltdarstellung in Cartoons und Komödien.* In: *tv diskurs* 22, S. 12–17, hier S. 12.
14 Für emanzipierende Effekte der Komik vgl. Susanne Schäfer (1996): *Komik in Kultur und Kontext.* München, S. 28.
15 Stefan Höltgen (2007): *Im Anfang war die Tat. Jack the Ripper im frühen Film.* In: *Lustmord: Medialisierungen eines kulturellen Phantasmas um 1900.* Hg. von Susanne Komfort-Hein / Susanne Scholz. Königstein/Ts., S. 73–87, hier S. 80.
16 Maarit Kaimiao (1990): *Comic Violence in Aristophanes.* In: *Arctos* 24, S. 47–72, hier S. 47.
17 Wie in SPOORLOOS (Spurlos verschwunden; 1988; R: George Sluizer) gibt es durchaus komisch inszenierte Momente in dieser künstlichen Übungsatmosphäre. Ist es dort die Übung des Mörders, um das Auto des Opfers zu schleichen und es zu betäuben (was ohne Opfer tatsächlich komisch wirkt), ist es in BEHIND THE MASK das Spiel mit den Erwartungen der Filmcrew und des Zuschauers. So fragt in der Planungsphase der Kameramann erwartungsvoll: »Was passiert denn mit der Apfelpresse«, und der Mörder antwortet: »Damit werden Äpfel gepresst ...«, woraufhin der Kameramann lacht.

Roland Seim

Schnitt-Stellen
Die Zensurgeschichte des Serienmörderfilms in Deutschland am Beispiel von THE TEXAS CHAINSAW MASSACRE

Von Roland Seim

„Die Hölle ist nicht bloß eine religiös-ethische, sie ist auch eine ästhetische. Wir stehen inmitten des Bösen und des Übels, auch inmitten des Hässlichen. Die Schrecken der Unform und der Missform, der Gemeinheit und Scheußlichkeiten umringen uns in zahllosen Gestalten von pygmäenhaften Anfängen bis zu jenen riesigen Verzerrungen, aus denen die infernale Bosheit zähnefletschend uns angrinst. In diese Hölle des Schönen wollen wir hier niedersteigen." So beginnt Karl Rosenkranz 1853 seine *Ästhetik des Häßlichen*.[1] Und Friedrich Nietzsche schrieb 1887 in seiner *Genealogie der Moral*: „Leiden-sehn tut wohl, Leiden-machen noch wohler [...] Ohne Grausamkeit kein Fest: so lehrt es die älteste, längste Geschichte der Menschen."[2]

„Bad news are good news", wissen heute die Medienprofis. „If it don't bleeds, it don't leads", also, wenn's nicht blutig ist, wird's keine *Schlag*zeile. Friedenszeiten füllen keine Seiten in den Geschichtsbüchern. Während Glück, Freude und Harmonie auch in der Kulturgeschichte kaum den Stoff für spannende Storys liefern, besitzen Serienmörder – ähnlich wie Amokläufer oder Terroristen – nicht nur in der Sensationsberichterstattung, sondern auch im Spielfilm eine schillernde Faszination.

Zwar möchte diese Exponenten eines Profaninfernos niemand zum Nachbarn haben, aber als mediale Projektionsfläche unserer Idiosynkrasie, von Angstlust an den negativen Seiten, der Gewalt, dem unfassbar Bösen, der Finsternis und Tragik des Leids und der Verbrechen üben sie einen so starken Reiz aus, dass es nicht erstaunt, wenn Serienmörder vor allem in den USA gleichsam als Popstars gelten. Sie bringen die Alltagskulturikone des Einzelgängers durch die Negation des Sozialen auf den wunden Punkt. Es gibt unzählige Bücher und Filme, ja sogar Sammelbilder zu Ted Bundy, Henry Lee Lucas, Ed Gein, Charles Manson, Jeffrey Dahmer oder John Wayne Gacy.[3] Der Mörder als Mythos; als lüsternes Ventil unterdrückter bürgerlicher Perversion zwischen Eros und Thanatos und Sündenbock zugleich wird er zum Topos. England hat seinen Jack the Ripper, Frankreich Gilles de Ray, Russland Andrej Tschikatilo und Deutschland Fritz Haarmann, wobei es seit 1945 allein hierzulande 75 ermittelte Serienmörder gab, sowie 23 Mordserien, die unaufgeklärt blieben.[4] Spektakuläre internationale Fälle der letzten Zeit wie der des kanadischen Schweinezüchters Robert Pickton, der mindestens sechs Frauen zu Wurst verarbeitet haben soll, des russischen so genannten »Schachbrett-Mörders« Alexander Pitschuschkin, der 2007 gestand, 61 Männer mit einem Hammer erschlagen zu haben, oder des französischen Ehepaares Fourniret, das 2008 wegen siebenfachen Mädchenmordes vor Gericht stand, üben eine morbide Faszination aus.

So liegt es nahe, dass derlei monströse Taten den Stoff für Verfilmungen bieten, um dem Zuschauer einen gruseligen Schauer über den Rücken zu jagen, zumal wenn der Horror auf Fakten beruht, gleichwohl aber die schützende Leinwand zwischen uns und dem Abgrund liegt. Sie wird in mehrfacher Hinsicht zur Projektionsfläche. Der Serienmörder-Stoff besticht vor allem durch die drei Spannungselemente Täter, Opfer und Gesellschaft mit einer Mischung aus Psychologie, Tabubrüchen und Rachefantasien.

Frühe und mutige Versuche, Serienmörder auf die Leinwand zu bannen, stellen Fritz Langs M – EINE STADT SUCHT EINEN MÖRDER (1931), in den 1960er Jahren Hitchcocks PSYCHO (1960) und FRENZY (1972) sowie Michael Powells PEEPING TOM (Augen der Angst; 1960) mit Karlheinz Böhm dar, dessen brave SISSI-Filmkarriere (1955-57; R: Ernst Marischka) dank dieser verstörenden Rolle allerdings beendet war.

Durch spätere Hollywood-Serienmörder-Blockbuster wie THE SILENCE OF THE LAMBS (Das Schweigen der Lämmer; 1990; R: Jonathan Demme), NATURAL BORN KILLERS (1994; R: Oliver Stone), SE7EN (Sieben; 1995; R: David Fincher), HANNIBAL (2001; Ridley Scott), COPYCAT (Copykill; 1995; R: Jon Amiel), KISS THE GIRLS (Denn zum Küssen sind sie da; 1997; R: Gary Fleder) und SCREAM (1996; R: Wes Craven) sowie durch TV-Serien wie *CSI* (USA 2000 ff.) oder *Dexter* (USA 2006 ff.), mit dem Profiling auch und vor allem von Mehrfachtätern, etablierte sich die Thematik. Gewalt stellt in der Mainstream-Popkultur ein mehr oder weniger anerkanntes Stilmittel dar, dessen vorläufigen Endpunkt physisches Körperkino wie die (z. T. indizierten) HOSTEL- und SAW-Reihen (2005 ff. / 2004 ff.) bildet. Das sah zu Beginn der Horrorfilm-Welle Mitte der 1970er Jahre noch ganz anders aus.

Der Horrorfilm – ein Genre zwischen Verbot und Faszination

Undergroundstreifen wie THE TEXAS CHAINSAW MASSACRE (Blutgericht in Texas; 1974) (im Folgenden ›TCM‹ abgekürzt) von Tobe Hooper genossen anfangs nur in Fankreisen einen schillernden Ruf. Den Hautgout des Verbotenen verdanken sie nicht zuletzt den vielfältigen Bemühungen von Jugendschützern, Polizei, Staatsanwälten und Richtern, die gegen diese vermeintlichen Ausgeburten des neuen Massen- bzw. ›Schmuddelmediums‹ Video Sturm liefen, das Anfang der 1980er Jahre mit seinen ›Horrorzombieschlitzerfilmen‹ den Siegeszug durch die Wohnzimmer antrat. Hunderte solcher Filme wurden vor allem in diesem Pionierjahrzehnt neuer Massenmedien wie Video und Privatfernsehen von der Bundesprüfstelle indiziert oder gerichtlich verboten, darunter auch viele Serienmörder-Streifen im erweiterten Sinne.

Indizierung bedeutet, die Bundesprüfstelle für jugendgefährdende Medien (BPjM, gegründet 1954 in Bonn) veröffentlicht den Titel eines Medienobjektes im *Bundesanzeiger* und setzt ihn auf den Index. Im Sommer 2008 befinden sich dort allein über 3.000 Videos/DVDs. Diese Entscheidungen werden von einem 3er- (im vereinfachten Verfahren) oder 12er-Gremium in nicht-öffentlicher Verhandlung gefällt. Auf einer Liste A stehen Medien, die als »moral- oder sozialethisch desorientierend« und damit als jugendgefährdend eingestuft sind, auf Liste B kommen Objekte, die nach Ansicht der Bundesprüfer zudem gegen Strafrecht verstoßen. Eine Indizierung hat weitreichende Vertriebsbeschränkungen, die über das eigentliche Jugendverbot hinausgehen. Solche Medien dürfen nicht mehr an Minderjährige verkauft oder verliehen werden; jede öffentliche Werbung – auch im Internet – ist untersagt. Bei eBay, Amazon oder in Online-Antiquariaten dürfen sie nicht mehr gehandelt werden. Auf dem Postweg darf man sie nur per Übergabeeinschreiben an Volljährige verschicken. Bei indizierten Druckschriften greift der höhere Mehrwertsteuersatz von 19 statt 7 Prozent. Seit 2003 können Filme, die eine FSK-Freigabe haben, nicht mehr auf den Index gesetzt werden. Indizierungen gelten zunächst für 25 Jahre. Danach können sie von dem Vorsitzenden der BPjM erneuert werden.

Bundesweite allgemeine Beschlagnahmen oder Einziehungen können nur von Gerichten verfügt werden. Formaljuristisch verjähren sie nach zehn Jahren. De facto verbleiben sie aber danach in den Verbotslisten, die in *BPjM-Aktuell*, dem amtlichen Mitteilungsorgan der BPjM, veröffentlicht werden – nur grau hinterlegt. Häufigste Verbotsgründe im Medienbereich sind § 131 StGB (Gewaltdarstellung), § 184 (Pornografie) und § 130 (Volksverhetzung). Zivilrechtliche Medienverbotsgründe wie Verletzung der Persönlichkeitsrechte spielen in unserem Zusammenhang keine Rolle. Strafrechtliche Totalverbote (das betrifft zzt. über 600 Filme, Bücher, Tonträger etc.) bewirken, dass jeglicher Handel (Verkauf, Verleih, Import, Export, Anbieten, Bewerben, Überlassen etc.) mit solchen Medien auch für Erwachsene untersagt ist. Der private Besitz ist, bis auf die zu Recht verbotene Kinderpornografie[5], weiterhin erlaubt.

Doch zurück zum eigentlichen Thema. Erinnert sei hier z. B. an indizierte Genreklassiker[6] wie HENRY: PORTRAIT OF A SERIAL KILLER[7] [1994 ind.], die A NIGHTMARE ON ELM STREET[8]- [1986 ind.], HALLOWEEN[9]- [Teile 2–5 seit 1983 ind.] und FRIDAY THE 13TH-Reihe[10] [seit 1983], von denen einzelne Teile auch beschlagnahmt wurden.

Roland Seim

Ed Gein

Bei den derzeit rund 250 wegen Gewaltdarstellung bzw. -verherrlichung auch für Erwachsene verbotenen Filmen seien hier einige inkriminierte Beiträge des Serial-Killer-Genres erwähnt, wie LO SQUARTATORE DI NEW YORK (Der New York Ripper; 1982; R: Lucio Fulci [1988 verb.]), DON'T OPEN 'TIL CHRISTMAS (Fröhliche Weihnacht; 1984; R: Edmund Purdom [1990]), MANIAC (1980; R: William Lustig [1983]), TENEBRE (Tenebre – Der kalte Hauch des Todes; 1982; R: Dario Argento [1987]), MOTHER'S DAY (Muttertag; 1980; R: Charles Kaufman [1985]), PSYCHO KILLER (1983; R: William Byron Hillman [1991]), BUIO OMEGA (Sado – Stoß das Tor zur Hölle auf; 1979; R: Joe D'Amato [1987]), DIE SÄGE DES TODES (1981; R: Jesus Franco [1986]), THE BURNING (Brennende Rache; 1981; R: Tony Maylam [1987]), SLUMBER PARTY MASSACRE (1982; R: Amy Holden Jones [1989]), THE PROWLER (Forke des Todes; 1981; R: Joseph Zito [1989]), DRIVE IN MASSACRE (Drive-In Killer; 1977; R: Stu Segall [1991]) und (bedingt) I SPIT ON YOUR GRAVE (Ich spuck' auf dein Grab; 1978; R: Meir Zarchi [1987]).

Am verstörendsten sind solche Filme immer dann, wenn sie – wie vor allem bei HENRY: PORTRAIT OF A SERIAL KILLER – der immanenten Logik des zwanghaften Mörders kühl folgen, ohne ihn dafür zu verurteilen oder zu bestrafen. Hier können auch einzelne Zensurschnitte die nihilistische Message nicht wirklich entschärfen.

Alle diese Filme zeichnet ein expliziter Distanzverlust aus, den Stefan Höltgen in seinem Aufsatz *Take a Closer Look*[1] beschreibt. Kamera und Zuschauerblick dringen immer weiter in die Wunden der Opfer dieser zumeist billig, aber im Sinne eines *creative killing*-Prinzips effektvoll gemachten Slasher-Filme ein, die auf maximale Sichtbarkeit setzen. Sie sind Angriffe auf die Rezeptionsgewohnheiten und Ekelschwellen des Zuschauers sowie gesellschaftliche Tabus. Die namenlosen Opfer werden zu einer Art makabrem Kunstobjekt, ein *Natura morta* im wahrsten Sinne. Da die einzelnen Schockeffekte innerhalb einer Rahmenhandlung bis zur nächsten ›Stelle‹ eine gewisse Serialität wie in einer Nummernrevue aufweisen, bietet sich das Thema Serienmörder geradezu an.

Die mit dieser schon sehr speziellen Ästhetik nicht vertrauten Jugendschützer und Juristen sehen im Verbot die einzige Möglichkeit, die Gesellschaft vor solchen medialen Exzessen zu bewahren. Wie den Gerichtsurteilen und Beschlagnahmebeschlüssen zu entnehmen ist, aus denen ich noch zitieren werde, wenden sie die für das soziale Zusammenleben gültigen Moralvorstellungen auch auf fiktive Kulturobjekte an, in der Annahme, durch die Interdiktion der Fantasieprodukte ihre Beweggründe und das dem Konsum zugrundeliegende Rezeptionsbedürfnis aus der Welt schaffen zu können, da sie meinen, dass fiktive und reale Gewalt einander bedingen. Vom Kettensägen- zum Schulmassaker scheint es dann kein weiter Weg zu sein, wie die Tatsache, dass TCM einer der Lieblingsfilme des Amokläufers Robert Steinhäuser gewesen sein soll, zu belegen scheint. »Über die Kontrolle der Bilder glaubt man eine Kontrolle über die Wirklichkeit zu bekommen«, schreibt Gabriele Meierding in ihrem Buch *Psychokiller* (S. 73).

**THE TEXAS CHAINSAW MASSACRE:
Vorlage und Inhalt**

Die Story um den kettensägenden »Leatherface« (Gunnar Hansen) und seine degenerierte Hinterwäldlerfamilie rekurriert weitläufig auf den Roman

Psycho von Robert Bloch aus dem Jahr 1959, der nicht nur Hitchcock zu seinem gleichnamigen Film animierte, sondern auch Hooper als Inspiration gedient hat. Blochs Buch und wohl auch Hoopers Film[12] beziehen sich auf den Fall des nekrophilen Farmers und vermutlich zwei- oder dreifachen Frauenmörders Edward Gein. Genau ließ sich nicht mehr rekonstruieren, wie viele der ca. 15 Leichen er lediglich exhumierte und welche auf sein eigenes Konto gingen.[13] Bei seinen Nachbarn in Wisconsin galt er als wunderlicher, aber harmloser Sonderling. Als die Polizei ihn 1957 verhaftete, entdeckte sie, dass Ed Gein sich aus der Haut seiner Opfer Masken und aus den Knochen Möbel hergestellt hatte. So bestanden etwa die Armlehnen der Stühle aus echten Armen. Wegen seiner Schizophrenie wurde er nicht zum Tode verurteilt, sondern blieb bis zu seinem Lebensende 1984 mit 78 Jahren in der geschlossenen Psychiatrie. Ed Gein gilt unter Horrorfans als Prototyp aller messer- und axtschwingenden Irren.

TCM ist also nur bedingt ein authentischer *true crime*- bzw. Serienmörderfilm. Die Handlung dieses 83-minütigen ›meat-movies‹ dürfte bekannt sein: Eine Gruppe von fünf Teenagern bekommt bei einem Landausflug erst Probleme mit dem Auto, und dann mit der ortsansässigen Kannibalenfamilie von »Leatherface« Die Backwood-Freaks verwursten in einem ehemaligen Schlachthof Touristen zu Rauchfleisch. Dort nimmt das Titel gebende Unheil seinen Lauf, an dessen Ende nur Sally als *final girl* entkommen kann. Streng genommen wird nur ein Protagonist (der Mann im Rollstuhl) mit einer Kettensäge getötet.

Dabei ist die Gewaltdarstellung nach heutigen Maßstäben vergleichsweise dezent, nicht zuletzt, da die deutsche Fassung um rund fünf Minuten gekürzt war und ohnehin vieles nur angedeutet wird. Ähnlich wie John Carpenter arbeitet Hooper (zumindest im ersten Teil) eher mit Suspense, Suggestion und düsterer Atmosphäre als mit Blut-und-Gedärme-Tricks. So ist z. B. – entgegen der Behauptung in der Indizierungsbegründung vom 20. Dezember 1982 – gar nicht zu sehen, wie ein Opfer an einen Fleischerhaken gehängt wird. Vielmehr stacheln Musik, Ausleuchtung und Schnittfolgen die Fantasie des Zuschauers an, auch wenn der Film aus heutiger Sicht durchaus einige Längen hat – etwa wenn »Leatherface« minutenlang einer kreischenden *scream-queen* hinterherrennt. Hoopers Körper-Horror verzichtet zwar weitgehend auf die Psychologisierung des Täter-Opfer-Verhältnisses, zitiert dafür aber kollektive Gewaltfantasien. Die metaphorische Bedeutung des avantgardistisch motivierten Tabubruchs Kannibalismus liegt im Subtext: Das System zerstört sich selbst, jede Kontrolle geht verloren.[14] Die arbeitslosen Schlachter sind zu Schlächtern pervertiert. Die Fragmentierung des Körpers und aller sinnstiftenden Normen verströmt die fatalistische Ausweglosigkeit einer schäbigen Endzeit. Die dünne Haut der Zivilisation wird aufgebrochen. Verfall und Untergang sind die Folge.

Frank Trebbin beschreibt den Film in seinem Lexikon *Die Angst sitzt neben Dir* als ein »[...] sehr wegweisendes und äußerst aufwühlendes B-Picture«, das »ein Zerrbild amerikanischer Wertvorstellungen von der Frontier-Romantik eines Lederstrumpf bis zur Vorstellung der intakten Mittelklassefamilie« darstellt.[15] Er resümiert: »Ein interessanter, vielschichtiger und diskussionswerter Genrebeitrag, der mit Sicherheit noch Generationen weiterer Filmemacher beeinflußen wird.«

TCM wurde mit einem Low-Budget von rund 100.000 US-Dollar gedreht. Er spielte allein an der US-Kinokasse über 30 Mio. Dollar ein. Aufgeschlossene Filmwissenschaftler attestieren Regisseuren wie Tobe Hooper und George A. Romero, ihnen gehe es bei ihrer repulsiven Splatterästhetik um Authentizität, um die möglichst realistische Darstellung von personaler wie struktureller Gewalt – die Filme bilden gleichsam einen Spiegel der Gesellschaft.

Mindestens einen ebenso bezeichnenden Spiegel der jeweiligen gesellschaftlichen Befindlichkeit offenbart das, was wir eigentlich nicht sehen sollen. Zensurgeschichte ist immer auch Kulturgeschichte.[16] Zensur bringt nicht selten eine eigene Ästhetik hervor, sei es, um durch betonte Tabubrüche aufmerksamkeitssteigernde Verbote oder zumindest kontroverse Debatten zu provozieren, sei es, um durch symbolische Verschlüsselungen oder vorauseilenden Gehorsam der Selbstkontrolle bzw. Selbstzensur drohende Verdikte zu umgehen.

Denn die deutschen Jugendschützer, Staatsanwälte und Richter sehen die Ästhetik des Grauens natürlich anders, wenn sie das Betrachten von Zom-

Roland Seim

bies und Serienmördern untersagen. § 131 StGB wurde mit der Gesetzesänderung von 1973 eingeführt. Seitdem ist es möglich, »»Schriften/Filme, die Gewalttätigkeiten gegen Menschen in grausamer oder sonst unmenschlicher Weise schildern und dadurch eine Verherrlichung oder Verharmlosung solcher Ge-

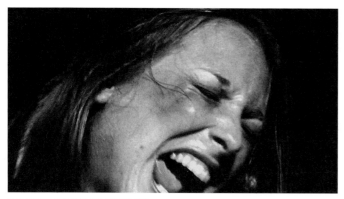

THE TEXAS CHAINSAW MASSACRE

walttätigkeiten ausdrücken«, auch für Erwachsene zu verbieten. Durch die weitere Gesetzesverschärfung von 1985 kam noch der schwammige Aspekt der »in einer die Menschenwürde verletzenden Weise« als Verbotsgrund hinzu.

Zum Verbot von THE TEXAS CHAINSAW MASSACRE

Eines der ersten und prominentesten Opfer war TCM, der zusammen mit Slashern wie MOTHER'S DAY, ANTROPOPHAGUS (Man-Eater – Der Menschenfresser; 1980; R: Joe D'Amato) und MANIAC als Inbegriff der verdammenswerten Horrorfilm-Welle galt. Tobe Hoopers Film kam als Video gekürzt auf den deutschen Markt und 1982 auf den Index der Bundesprüfstelle. In der Begründung[17] heißt es u. a.: »Der Film hat die Wirkung, die Wertbegriffe bei Kindern und Jugendlichen bezüglich Gewaltanwendung überhaupt und Gewaltanwendung im Zusammenhang mit Sexualität zu verwirren.« (S. 3). »Da der Film verrohend wirkt, ist er als jugendgefährdend anzusehen, ohne daß es einer näheren Prüfung bedarf, ob seine Reception geeignet ist, eine

sozialethische Desorientierung herbeizuführen.« (S. 4). 1985 verfügte das Landgericht München die allgemeine (bundesweite) Beschlagnahme wegen Gewaltverherrlichung. Dieses Schicksal teilt er übrigens mit den anderen oben erwähnten ›Klassikern‹. Offenbar wollte der Staat signalkräftige Exempel statuieren.

Im Beschlagnahme-Beschluss von 1985 heißt es u. a.: »Die krankhaften Täter – ein gesunder Mensch könnte sich kaum in dieser Weise verhalten – versuchen, ihre abartigen Konflikte durch scheußliche Grausamkeiten und Mord an Unschuldigen zu lösen. Die Verharmlosung der Gewalttätigkeiten liegt insbesondere darin, daß die drei Brüder ihre Handlungen immer wieder als nicht besonders schlimm rechtfertigen. Die Rahmenhandlung dient ausschließlich dazu, nackte, effekthaschende [sic!] und grausamste Gewalttätigkeiten darzustellen. Sie kann als Farce bezeichnet werden. Ein solcher Film unterscheidet sich von gängigen Western oder Kriminalfilmen, in denen teilweise ebenfalls grausame Schilderungen enthalten sind und die dennoch nicht von § 131 StGB erfaßt werden. Der Film ›Ketten-Sägen-Massaker‹ ist sicher kein Werk der Kunst, so daß bereits aus diesem Grunde auf die Bedeutung des Kunstvorbehaltes des Art. 5 Abs. 3 GG nicht eingegangen zu werden braucht. Nach alledem stellt der Film weder eine Berichterstattung über Vorgänge des Zeitgeschehens oder der Geschichte dar (§ 131 Abs. 2 StGB) noch zielt er auf das kritische Bewußtsein des Betrachters ab. Er liefert auch keinen Denkanstoß hinsichtlich der Problematik der Ursachen von grausamer Gewalt, sondern er versteht sich als Horrorfilm, der von brutalen und geschmacklosen Szenenfolgen lebt.«[18]

Uneins waren sich die Juristen über den Umgang mit Importvideos: Während die in Holland veröffentlichte US-Fassung THE TEXAS CHAINSAW MASSACRE 1993 nur indiziert wurde, beschlagnahmte das AG Tiergarten den niederländischen Titel »Kettingzaagmaniak« im gleichen Jahr, jedoch ohne dass er auf den Index kam.

Schnitt-Stellen

THE TEXAS CHAINSAW MASSACRE 2 – Story und Verbot

Nach dem Verbot des ersten Teils fand sich kein deutscher Verleiher, der das Risiko einer Veröffentlichung des 1986 in den USA erschienenen zweiten Teils auf sich nehmen wollte, obwohl dieser mit Dennis Hopper in der Hauptrolle deutlich ironischer (allerdings auch expliziter) als schwarze Komödie angelegt ist, bei der die Kettensäge oft wie ein grotesker Phallus wirkt. Die Story: In unterirdischen Katakomben verarbeitet die »Sawyer«-Familie weiterhin Menschenfleisch. Dennis Hopper als Texas-Ranger verbündet sich mit einer Radiomoderatorin, um der Familie das Handwerk zu legen. Hooper versucht, an den Erfolg des ersten Teils anzuknüpfen; dabei setzt er auf Schock statt Suspense. Obwohl (oder vielleicht gerade weil) Tom Savinis *special effects* an die Grenze des Erträglichen gehen, hinterlässt der Film einen zwiespältigen Eindruck zwischen überdrehtem Comic und bizarrer Schlachthausatmosphäre, und floppte an den US-Kinokassen.

Während MGM/UA die gegenüber der ursprünglichen US-Rohschnittfassung allerdings auf 90 Minuten gekürzte Version in den Niederlanden mit der (höchsten) Freigabe ›ab 16‹ ungehindert veröffentlichte, wagte in Deutschland kein Label, den Film auf Video oder DVD zu vermarkten. Die Furcht vor den deutschen Behörden war begründet. Allerdings konnte das Münchner Werkstattkino nicht ahnen, dass sogar die Originalfassung des Kinofilms verboten werden könnte, als es TCM 2 am 14. August 1990 vorführte. Gegen die Beschlagnahme durch Staatsanwalt Herbert Freund vom Amtsgericht München legte das Werkstattkino Berufung ein, die vom Landgericht München 1994 verworfen wurde. Die Richter verurteilten den verantwortlichen Filmvorführer Wolfgang Bihlmeier »Im Namen des Volkes« wegen Gewaltdarstellung und hielten das Verbot aufrecht. Ich zitiere einige aussagekräftige Passagen der Urteilsbegründung von Dr.

THE TEXAS CHAINSAW MASSACRE 2

Ember, Vorsitzender Richter am Landgericht: »Die Strafkammer hat besonders menschenverachtend das Zersägen eines menschlichen Körpers in diesem Film erachtet. Die Tötung eines Menschen, auch wenn dieser auf grausame Art und Weise erfolgt, mag noch nachvollziehbar sein (wenn auch nicht richtig), hingegen ist das Zersägen eines menschlichen Körpers als Leichenschändung zu bezeichnen. [...] Die teilweise positive Aufnahme des Films in der Presse und in der Kritik kann den Angeklagten nicht entlasten. Es ist allgemein bekannt, daß Filme und Werke unterschiedlich aufgenommen werden, sowie die Tatsache, daß Billigjournalismus bereit ist, auch wertlose Filme zu glorifizieren. [...] Der Sachverständige Dr. Kuhlbrodt hat die Auffassung vertreten, daß durch den vorliegenden Film in Anknüpfung an das Vietnam-Drama unter Aufzeigung der männlichen Gewalt gegenüber Frauen Gewalt bekämpft werde und so auch der Film dazu angetan sei, Gewalt zu überwinden. Der Film sei ein Kunstwerk, welches kein gleichrangiges Verfassungsgut verletzen würde. [...] Das Gericht vermag sich diesen Ausführungen nicht anzuschließen. [...] Nach Auffassung der Strafkammer ist der Film TCM 2 keine Kunst, sondern lediglich Unterhaltung. Daher steht der Film nicht unter dem Schutz des Art. 5 Abs. 3 Satz 1 GG. [...] Das Wesen eines Kunstwerks ist, daß es auf Dauer geschaffen wurde. Kunst hat einen sehr strengen doch gerechten Richter, nämlich die Zeit. Werke, die Jahrzehnte, Jahrhunderte

Roland Seim

oder gar Jahrtausende überleben, sind und bleiben Kunstwerke. Ist die Absicht des Autors jedoch nur kurze Unterhaltung zu bieten und ist das Werk dann anschließend in Vergessenheit geraten, so kann es sich nicht um ein Kunstwerk handeln. [...] In zehn Jahren wird der Film nicht mehr vorführbar sein, weil die Thematik den Menschen möglicherweise überhaupt nicht mehr interessieren wird. [...] So sind z. B. Comic-Hefte für Kinder mit Sicherheit keine Kunst. [...] Anders verhält es sich mit weltberühmten Märchen. Diese Werke leben heute noch, werden auch von Erwachsenen gelesen und stellen Kunst in höchster Vollendung dar. [...] Die Strafkammer maßt sich diese Kritik an, da sie der Auffassung ist, daß auch Mitglieder der Strafkammer Kunstverstand haben. [...] Bei der Strafzumessung hat die Strafkammer strafmildernd berücksichtigt, daß der Angeklagte nur mit bedingtem Vorsatz gehandelt hat. Letztlich spricht auch für ihn, daß der Film lediglich in einem kleinen Kino vor wenigen Zuschauern aufgeführt wurde. Schließlich wollte der Angeklagte den Zuschauern »etwas besonderes« anbieten. Unter Berücksichtigung all dieser Umstände hielt die Strafkammer die Verhängung einer Geldstrafe von 60 Tagessätzen (á DM 30,-) für angemessen.«[19]

Und wie reagieren Fans und Filmindustrie auf die Zensur? Die Beschlagnahme/Einziehung von Kinofilmen kommt eher einem Totalverbot gleich als die von Videos/DVDs, da hier nicht alle Kopien konfisziert werden können. So blüht auf Filmbörsen und Flohmärkten der Schwarzmarkthandel mit den raren und teuren Originaltapes. Einige Labels brachten Bootleg-Re-Issues unter falschem Namen heraus, was gleich mehrfach illegal war. Und in Zeiten des Internet besteht die Möglichkeit des Downloads. Eine beliebte (aber auch gefährliche) Verbotsumgehungsstrategie ist der Import ausländischer Versionen. Sie können vom Zoll eingezogen werden und zu Strafanzeigen führen. So verbot das Amtsgericht Tiergarten 1996 und 1999 Laser-Discs von TCM 2 sowohl in der englischsprachigen Version als auch mit japanischen und kantonesischen Untertiteln. Erstaunlicherweise ist das niederländische Video davon nicht ausdrücklich betroffen. Beide Teile, bei »Midnight Movies« auf DVD veröffentlicht, wurden 2004 bzw. Ende 2006 indiziert und auf Teil B der Liste gesetzt, die nach Meinung der Bundesprüfstelle strafbare Medienobjekte enthält.

Die Filmindustrie möchte strafrechtlichen Ärger vermeiden und neigt zu selbstzensorischen Schnitten im Veröffentlichungsvorfeld, um eine niedrige Altersfreigabe und reibungslose Verkaufbarkeit sicher zu stellen. Die Internet-Seite schnittberichte.com dokumentiert solche zensorischen Eingriffe. Die 2003 der Bundesprüfstelle vorgelegte Schnittfassung von Laser Paradise wurde als »im wesentlichen inhaltsgleich« ebenfalls indiziert. Begründung: »Auch wenn ein großer Teil der besonders grausamen Szenen herausgeschnitten wurden und auf Close-Ups gänzlich verzichtet wurde, so stellt sich auch die geschnittene Fassung als eine Aneinanderreihung von Tötungs- und Verletzungshandlungen dar. Der Inhalt des Films ist darauf gerichtet, eine Gruppe von Männern darzustellen, die in der Abgeschiedenheit ihres Hauses darauf warten, Fremde [...] zu schlachten. Dieses Ziel ist dem Zuschauer dauerhaft präsent, auch wenn die Tötungsszenen im einzelnen nicht mehr gezeigt, sondern nur noch angedeutet werden.« Erst eine von der FSK ab 16 Jahren freigegebene, um rund 15 (auf nunmehr 68) Minuten gekürzte »Editio castigata ad usum Delphini« von TCM 1 wird nun bei Amazon.de feilgehalten, bei der alle expliziten Gewaltszenen eskamotiert wurden. Die Bewertungen der Fans sind einhellig. Die verstümmelte Fassung ist für unter einen Euro zu haben, während das alte Originaltape auf Filmbörsen für über 100 Euro unter der Hand gehandelt wird. Jörg Buttgereit meinte in einem Interview, das ich Anfang der 1990er Jahre mit ihm geführt habe: »Blut ist fürs Horrorgenre, was der Kuß für den Liebesfilm ist.«[20] Hier das Stilmittel Filmblut zu entfernen ist so, als würde man aus einer Oper die Arien oder aus einem Fußballspiel die Tore herausschneiden.

Versuche der Filmindustrie, mit LEATHERFACE – TEXAS CHAINSAW MASSACRE III (1990; R: Jeff Burr) und THE RETURN OF THE TEXAS CHAINSAW MASSACRE (TCM – Die Rückkehr; 1994; R: Kim Henkel) massenkompatible Sequels und mit MICHAEL BAY'S TEXAS CHAINSAW MASSACRE (2003; R: Marcus Nispel) ein teenagertaugliches Remake der Sägen-Saga auf den Markt zu bringen, dürfen als wenig innovativ gelten. TCM – DIE RÜCKKEHR steht übrigens seit 1999 auf dem Index, Michael

Bays Film von 2003 wurde am 14.10.2007 auf Pro7 gesendet. Den Kult-Charakter des Originals erlangten sie nicht. Die bislang letzte Neuverfilmung des Stoffes, das Prequel TCM – THE BEGINNING (2006; R: Jonathan Liebesman), drehte die Gewaltschraube wieder an und wurde für die Kino-/DVD- und TV-Auswertung gekürzt.[21] Auch Christoph Schlingensiefs DAS DEUTSCHE KETTENSÄGENMASSAKER (1990) (in dem übrigens Staatsanwalt und TCM-Gutachter Dr. Dietrich Kuhlbrodt mitspielt) darf eher als derbe Satire denn als ernsthafter Beitrag zum Genre des Serienmörderfilms gesehen werden, zeigt aber, dass »Leatherface« auch bei uns zu einer popkulturellen Stilikone des Abseitigen geworden ist. Die Münsteraner Turbine Classics GmbH erwarb im Frühjahr 2008 die exklusiven Home-Entertainment-Rechte am ersten TCM. Die Medienfirma bemüht sich nun um eine Streichung des Films vom Index. Außerdem will sie gerichtlich prüfen lassen, ob dieser Meilenstein des Exploitation-Kinos immer noch gegen § 131 StGB verstößt, oder ob unsere heutigen Rezeptionsgewohnheiten diesen 34 Jahre alten Klassiker nicht als vergleichsweise harmlos interpretieren.

Schlussbetrachtung

TCM steht paradigmatisch für das alte Dilemma beim Thema Horrorfilm, Mediengewalt, Jugendschutz und Zensur. Jeder sieht solche Filme durch seine spezifische Berufsbrille: Für Fans und geneigte Filmwissenschaftler sind sie eine authentische Kulturform; für postmoderne Kunsthistoriker und Bildwissenschaftler können sie im Sinne eines erweiterten Kunstbegriffes des *iconic turn* phänomenologisch oder semantisch interpretierbare Dokumente sein; während Juristen darin Strafrelevantes und Jugendschützer bedenklichen Verrohungsschund erkennen. Dabei vermag niemand zu definieren was Kunst ist, auch Juristen nicht. In Amerika kam TCM ins Museum[22], in Deutschland in die Asservatenkammer.

Selbst Medienwirkungsforscher sind sich uneins über die Folgen von Gewaltdarstellungen. Kommt drauf an, wie der Jurist sagt – z. B., ob es sich bei den Rezipienten um Minderjährige aus bildungsfernen Prekariatsschichten handelt, oder ob man sich im akademischen Diskurs über Ikonografie, Ästhetik und Semiotik des Devianten austauscht, um zwei Extrempositionen zu markieren.

Die meisten Horrorfans sehen derlei Filme eher sportlich und analysieren etwa die Spezialeffekte, ohne dass darunter die Empathie im wahren Leben litte. In effigie kann Mediengewalt durchaus eine kathartische Funktion haben. Kritiker hingegen fürchten eine Verrohung und Gewöhnung durch Verherrlichung und Verharmlosung, die gar zur Nachahmung solcher Gewaltmuster führen könnte, und fordern Verbote. In aller Regel scheitert Zensur, da sie die Neugier erst recht anfacht. Außerdem sind Filme eher ein Spiegel der Gesellschaft, denn ein Auslöser ihrer Missstände.

Einerseits ist der Mensch eine ziemlich violente Spezies, die auch in allen Kulturformen gerne Gewalt darstellt (Schlachtengemälde, Märtyrerbilder, Literatur von Homer über Shakespeare bis Bret Easton Ellis und nicht zuletzt: Filme). Andererseits versucht man, mit Gesetzen, Kontrollen und Zensureingriffen, diese Faszination einzudämmen, vorgeblich, um Gewaltbereitschaft zu verhindern. Sex und Tod sind die stärksten Reize. Vor allem die tendenziell anarchischen Körpergenres Horror und Pornografie, die Angst oder Lust erregen, sollen durch Verbote und Zensur kontrolliert werden. Da man den eigenen Tod nicht (bzw. nur einmal) erleben kann, stillen wir unsere Neugier darüber durch das Betrachten im Film. Marcel Duchamp meinte: »Und übrigens sterben immer nur die anderen.« Mediale Serienmord- und Gewaltfantasien sind faszinierend, solange sie einen nicht selber betreffen.

Im Zweifel gegen den Angeklagten, mag man angesichts der Vielzahl von Verboten, Indizierungen und Kürzungen auch bei TCM denken. Die Realität ist allerdings grauenhafter als jeder noch so gruselige Film. Sie lässt sich nur nicht so leicht zensieren. ❏

Anmerkungen

1   Rosenkranz (1853), hier Leipzig 1990, S. 11.
2   Zit. nach Fuchs (1995), S. 11.
3   Der Online-Buchhändler Amazon.de listet rund 200 deutschsprachige Titel zum Thema ›Serienmörder‹ auf. Siehe hier z. B. das Buch von Schechter/Everitt (1997), wo auf S. 86 die Official Ed Gein Fan Club membership certificate and lapel pin abgedruckt sind.

4 Vgl. Harbort (2004).
5 Komplizierter wird es allerdings, wenn auch künstlerische Werke wie Comics oder digital erzeugte Inhalte als ›Kinderpornografie‹ definiert werden.
6 Die Jahreszahlen in eckigen Klammern bezeichnen das Datum der jeweiligen Indizierung (ind.) oder Beschlagnahme (verb.), nicht das Entstehungsdatum der Werke.
7 HENRY – PORTRAIT OF A SERIAL KILLER; 1987; R: John McNaughton.
8 1984 ff.; R: Wes Craven (et al.)
9 1978 ff.; R: John Carpenter (et al.)
10 1980 ff.; R: Sean S. Cunningham (et al.)
11 Höltgen (2006) in Köhne/Kuschke/Meteling (Hg.), S. 20–28.
12 Obwohl Hooper dies nicht ausdrücklich zugab, sind die Parallelen z. B. hinsichtlich der Ausstattung frappierend.
13 Siehe dazu z. B. Fuchs (1995), S. 110 ff. und den Artikel von Jörg Buttgereit in *Splatting Image* Nr. 13/1993, S. 31 ff.
14 Vgl. Stresau (1991), S. 194 f.
15 Trebbin (1998), S. 328. Er bezieht sich damit auf Hardy (1993), S. 298.
16 Siehe dazu die Diss. von Seim 1997, passim.
17 Liegt dem Autor in Originalkopie vor.
18 Zit. aus BPS-Report, Nr. 1/1986, S. 13. Murad Erdemir indes meint in seiner juristischen Dissertation über Filmzensur: »Vielmehr handelt es sich bei diesem Film, dessen Inhalt erfreulicherweise nicht das hält, was der Originaltitel verspricht, schon tatbestandlich um keine Gewaltverherrlichung im Sinne des § 131 StGB.« Erdemir (2000), S. 127. Auch Meirowitz 1993 und Beisel 1997 betonen, bei TCM handele es sich um Filmkunst.
19 Die relevanten Passagen des Urteils sind als Faksimile abgedruckt in: Seim/Spiegel (Hg.) (2006): »Ab 18«, S. 269–275.
20 Das Interview ist abgedruckt in: Seim/Spiegel (Hg.) (20068), hier S. 216.
21 Die bei Warner Home Video erschienene ›Unrated‹-Fassung wurde am 30.4.2008 indiziert.
22 Ich danke Stefan Höltgen für den Hinweis, dass offenbar jeder in den USA gedrehte Film automatisch in die Filmsammlung des New Yorker Museum of Modern Art aufgenommen wird.

Literatur

Beisel, Daniel (1997): *Die Kunstfreiheitsgarantie des Grundgesetzes und ihre strafrechtlichen Grenzen*, Diss. jur. Heidelberg.

Clover, Carol J. (1993): *Men, Women and Chainsaws. Gender in the Modern Horror Film*. London.

Erdemir, Murad (2000): *Filmzensur und Filmverbot. Eine Untersuchung zu den verfassungsrechtlichen Anforderungen an die strafrechtliche Filmkontrolle im Erwachsenenbereich.* (zugl. Diss. jur., Marburg 1999) Marburg.

Fuchs, Christian (1995): *Kino Killer. Mörder im Film*. Wien.

Harbort, Stephan (2004; 2. Auflage): *Mörderisches Profil: Phänomen Serientäter*. München.

Hardy, Phil (Ed.) (1993): *Horror – The Aurum Film Encyclopedia*. London.

Meirowitz, Karel (1993): *Gewaltdarstellungen auf Videokassetten: grundrechtliche Freiheiten und gesetzliche Einschränkungen zum Jugend- und Erwachsenenschutz.* (Diss. jur., Hamburg 1993) Berlin.

Rosenkranz, Karl (1853): *Ästhetik des Hässlichen*. Leipzig 1990.

Köhne, Julia / Ralph Kuschke / Arno Meteling (Hg.) (2006; 2. Auflage): *Splatter Movies. Essays zum modernen Horrorfilm*. Berlin.

Meierding, Gabriele (1993): *Psychokiller. Massenmedien, Massenmörder und alltägliche Gewalt*. Reinbek.

Schechter, Harold / David Everitt (1997): *The A to Z Encyclopedia of Serial Killers*. New York.

Seim, Roland (1997): *Zwischen Medienfreiheit und Zensureingriffen*. (Diss. phil., Univ. Münster 1997) Münster; hier 2008 (6. Auflage).

Seim, Roland / Josef Spiegel (Hg.) (1995): *»Ab 18« – zensiert, diskutiert, unterschlagen*. Münster; hier 2006 (8. Auflage).

Stresau, Norbert (1991; 3. Auflage): *Der Horror-Film. Von Dracula zum Zombie-Schocker*. München.

Trebbin, Frank (1998): *Die Angst sitzt neben Dir*. (Gesamtausgabe) Berlin.

Killer-Spiele
Serienmord und Serienmörder im Videospiel

Von Stefan Höltgen

Das Motiv des Serienmords und des Serienmörders ist in allen Mediengattungen vertreten. Vorrangig in Literatur und Film, jedoch ebenfalls im Comics[1], in der bildenden Kunst, der Malerei[2], Musik[3], Fotografie[4] und im Videospiel. Das Videospiel greift es als letztes – etwa zu Beginn der 1980er Jahre – auf. Dies hat technologische und kulturhistorische Gründe, die im Folgenden erörtert werden sollen. Ich will zunächst versuchen eine allererste Chronik des Killer-Spiels[5] nachzuzeichnen und anhand dieser auf medientypische Ästhetiken und Narrationsstrategien aufmerksam machen. Zugleich sollen die intermedialen Bezüge der Spiele – insbesondere zum Spielfilm – und eine Progressionsästhetik, die bei Krimi- und Horror-Sujets nicht unüblich ist, anhand der Technik der Spielsysteme herausgestellt werden.

Wie bei der Auseinandersetzung mit der künstlerischen Adaption von Serienmord unumgänglich, stößt man auch bei Videospielen zum Motiv auf Eingrenzungs- und Definitionsprobleme. Diese erhalten – darum soll es am Ende meines Textes noch einmal zentral gehen – vor dem Hintergrund der Mediengewaltdebatte zudem eine besondere Brisanz. Das Videospiel hat als die jüngste Kunstgattung ganz besonders mit Vorurteilen und Ängsten, Anfeindungen und Zensur zu kämpfen. In dem Maße, wie die Technologie der Videospiele fortschreitet, finden darin immer häufiger Serienmord-Themen Platz und tragen die Zensur- und Verbotsdebatten aus dem zuvor verteufelten Medium Film ins Videospiel.

Die Definitionsprobleme beginnen bereits mit der Frage, ab wann Serienmord als solcher bezeichnet werden kann.[6] Diese Probleme werden auch in die Medien und deren Fiktionalisierung des Tattypus getragen. Im Videospiel erhält die Frage, ob es sich um Serienmord handelt, und wer der virtuelle Serienmörder ist, eine zusätzliche Komplizierung dadurch, dass es in sehr vielen Spielen um das repetitive Töten virtueller Spielfiguren geht. Ich halte es daher für sinnvoll, folgende Eingrenzungen vorzunehmen: Killer-Spiele sind erstens solche Spiele, in deren Peritexten (im Titel, der Anleitung, den Cut-Scenes usw.) ein zum Synset ›Serienmord‹ gehörender Begriff (also Begriffe wie ›Serienkiller‹, ›Serial Killer‹, ›Psychokiller‹ usw.) oder der Name eines kriminalhistorischen Serienmörders auftaucht. Zweitens solche Spiele, in denen der Spieler die Figur eines Ermittlers übernimmt, der in fiktionalen oder kriminalhistorischen adaptierten Settings Jagd auf den/die Serienmörder macht. Drittens solche Spiele, in denen die Spielfigur Opfer eines Serienmörders werden kann. Und viertens solche Spiele, in denen der Spieler die Figur eines Serienmörders übernimmt und andere Spielfiguren töten muss.

Für alle vier Möglichkeiten gibt es Beispiele in der Videospiel-Geschichte. Am – in mehrfacher Hinsicht – problematischsten dürfte jedoch die letzte Kategorie sein; v. a. Action-Shooter, zumal solche, die aus der First-Person-Perspektive gespielt werden, aber auch Action-Adventures bieten dem Spieler die Möglichkeit, die Rolle eines Mehrfachtäters zu übernehmen. Fasst man an dieser Stelle das Phänomen ›Serienmord‹ zu weit, müssten darunter aber noch etliche andere Spiele fallen: zahlreiche Arcade-Spiele seit *Spacewar!* (MIT / nicht veröffentlicht[7], 1961), in welchem man mit seinem Raumschiff *nach und nach mehrere* gegnerische Raumschiffe abschießen muss (vulgo: deren virtuelle Besatzungen tötet), Autorennspiele wie die *Burnout*-Reihe (Criterion Games / Electronic Arts 2002–2008), in denen man *wahllos möglichst viele virtuelle* Verkehrsteilnehmer in wahrscheinlich tödliche Unfälle verwickeln muss, und natürlich sämtliche Spiele mit kriegerischen Handlungsschauplätzen, in denen man alle feindlichen Antagonisten bekämpfen (zumeist erschießen) muss. Es scheint also sinnvoll, das Kriterium ›serielles Töten‹ in Subjekt wie Objekten weiter einzugrenzen. Serienmord ist dann im Spiel, wenn die Täterfigur aus im Spiel-

Stefan Höltgen

geschehen oder seinen Peritexten erwähnten oder – bei kriminalhistorischen Tätern – im Weltwissen des Spielers bekannten *psychopathologischen Motiven* mehrere virtuelle Figuren vor oder während des Spielverlaufs tötet oder töten wird. Diese Definition ist kriminalistisch zwar nicht unumstritten (ich verweise noch einmal auf die Definition Harborts in diesem Band), hat in der Literatur- und Filmgeschichte jedoch einen recht fest eingrenzbaren Tätertypus hervorgebracht, dessen Motive, Vorgehensweisen und Biografie beinahe genretypischen Tradierungen folgt. Nur *beinahe* genretypisch deshalb, weil Killer-Spiele wie auch Serienmörderfilme kein eigenes Genre bilden, sondern sich als Motiv in mehrere Genres einschreiben. Es gibt Serienmörder in Action-, Arcade-, Adventure-, Shooter-, Stragie-, Fighting-, Puzzle-, Escape- und Point-and-Click-Spielen. Für meinen Beitrag habe ich 30 Spiele recherchiert und teilweise[8] gesichtet, das heißt: an- oder durchgespielt. Einzelne davon werde ich im Folgenden detailliert vorstellen, v. a., wenn diese das Motiv Serienmord zentral behandeln. Andere, in denen der Tattypus am Rande auftaucht, finden nur kursorische Erwähnung.

Eine kleine Killer-Spiel-Chronologie

Zunächst Statistisches: Die 30 nachfolgend behandelten Killer-Spiele sind zwischen 1983 und 2010 erschienen bzw. werden noch erscheinen. Damit laufen sie neben Home- und Personal-Computern (im Folgenden PC) auf fünf Konsolen-Generationen[9] der 8-, 32-, 64-, 128- und 256-Bit-Ära. Sechs Spiele sind in den 1980ern, fünf Spiele in den 1990ern und 19 Spiele seit dem Jahr 2000 erschienen (davon allein acht im Jahre 2009). Bei zehn der Spiele handelt es sich um Exklusivtitel (die nur für ein Spielsystem erhältlich sind), die meisten wurden für drei und mehr Plattformen adaptiert – zumeist für verschiedene Konsolen, Handhelds, Handys[10] und Homecomputer/PC um möglichst alle Marktsegmente zu bedienen. Bei zwölf Spielen handelt es sich um Action-Spiele (und deren Subgenres: Action-Adventure und Action-Shooter), neun Spiele lassen sich dem Adventure-Genre zurechnen, drei (die *Serial-Killer*-Reihe, 2009 von 123bee veröffentlicht) sind reine Point-and-Click-Spiele, eines (*City Killer*, 1987, Franksoftware) ist ein Arcade-Spiel und eines (*Batman: Arkham Asylum*, Rocksteady/Eidos 2009) bedient im Spielverlauf mehrere Genres. Sechs Titel hatten eine oder mehrere Fortsetzungen, drei basieren auf kriminalhistorischen Fällen (Jack the Ripper) neun Titel auf filmischen Vorlagen. Eines der Spiele ist ab zwölf Jahren freigegeben, sechs ab 16 Jahren, fünf ab 18 Jahren, eines von diesen ist von der Bundesprüfstelle für jugendgefährdende Medien (BPjM) indiziert worden und drei wurden wegen Verstoßes gegen § 131 StGB beschlagnahmt. 14 Spiele haben keine Einstufung, weil sie entweder (noch) nicht in Deutschland erschienen sind oder vor 1994 auf dem Markt kamen. Erst seither prüft die Unterhaltungssoftware Selbstkontrolle (USK) Spiele und vergibt Altersfreigaben.

Die 1980er: Pixel Killer

Zu Letzteren gehören auch gleich die frühesten Killer-Spiele. Im Jahre 1983 veröffentlicht das Software-Haus Wizard Video zwei Spielmodule für Ataris VCS-Konsole, kurz nachdem Atari das VCS-2600-Nachfolgemodell 5200 auf den Markt gebracht hatte. Mit lizenzierten Spielfilm-Adaptionen hatte die Firma das Videospiel-Geschäft Anfang der 1980er zu einer ersten Blüte getrieben, bevor es 1983/84 beinahe vollständig zusammenbrach. Man könnte das Erscheinen der für erwachsene Spieler vorgesehenen Titel *Halloween* und *The Texas Chainsaw Massacre* schon allein vor diesem Hintergrund erklären, waren Ästhetiken zu Zeiten von Medienumbrüchen (Kino vs. TV) doch stets einer radikalen Reform unterzogen worden, um einen Neubeginn mit veränderter Nutzerschaft zu wagen. Im Action-Spiel *Halloween* übernimmt man die Rolle der aus dem John-Carpenter-Film bekannten Babysitterin Laurie Strode und rettet durch ein großes Haus irrende Kinder vor dem gleichzeitig anwesenden wahnsinnigen Killer Michael Myers. Das Spiel läuft im Prinzip so lange, bis der Killer die Spielfigur ermordet (indem er ihr den Kopf abschlägt) – während ein Ermorden der Kinder ohne Konsequenzen bleibt. Man kann sich gegen den Killer zur Wehr setzen, indem man ihn mit einem Messer, das man zuvor einsammeln muss, attackiert. Er stirbt davon jedoch nicht (was zur Typik des Slasher-Films zählt),

Killer-Spiele

aber tritt die Flucht an. Erstaunlich sind die harten Splatter-Effekte des Spiels: Greift der Mörder die Kinder oder die eigene Spielfigur an, so schneidet er deren Köpfe ab und Pixel-Blut spritzt auf den Boden. Es dürfte der erste Splatter-Effekt der Videospiel-Geschichte sein, der hier zu sehen ist. *The Texas Chainsaw Massacre* versetzt den Spieler in die Rolle der aus dem gleichnamigen Tobe-Hooper-Film bekannte Killer-Figur »Leatherface«. Als dieser verfolgt man weibliche Opfer über ein mit Abfall und Knochen übersätes Feld – in der Hand die titelgebende Kettensäge. Mit ihr sägt man die Opfer in der Mitte durch – ein Prozess, der aufgrund der sehr geringen Grafikauflösung nur erahnbar ist. Ebenso vage bleiben die Schreie der verfolgten Frauen, die als heller Piepton ausgegeben werden. Im Gegensatz zu *Halloween* geht das Spiel für den Killer definitiv schlecht aus: Irgendwann ist das Benzin seiner Kettensäge verbraucht, der Bildschirm wird schwarz und ein *final girl* läuft auf den mittlerweile nicht mehr steuerbaren Killer zu und versetzt ihm einen Tritt in sein Hinterteil!

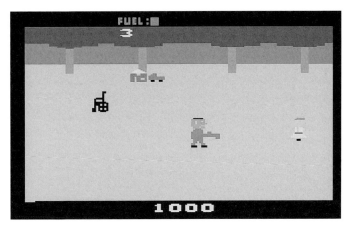

The Texas Chainsaw Massacre

Zu den Slasher-Film-Reihen FRIDAY THE 13TH (1980ff.) und A NIGHTMARE ON ELM STREET, (1984ff.) sind ebenfalls 8-Bit-Videospiel-Adaptionen erschienen. 1985 veröffentlicht Domarc Software für die Homecomputer Commodore 64 (im Folgenden C64), Sinclair ZX Spectrum und Amstrad bzw. Schneider CPC das Spiel *Friday the 13th*, in welchem man durch das Feriencamp Crystal Lake – im Freien und in verschiedenen Gebäuden – nach dem Killer sucht und diesen zur Strecke bringen muss, bevor er alle Camp-Besucher ermordet hat. Hierzu wählt man zu Beginn einen von fünf Charakteren aus und sucht den Gegner in etwa 20 Spielsettings. Da er sich als Urlauber getarnt hat, fällt er unter den übrigen Protagonisten erst dann auf, wenn er angreift. Das Spiel kombiniert quasi die Settings der beiden Spiele *Halloween* und *The Texas Chainsaw Massacre* und verhilft – wohl auch durch bessere Speicher- und Grafikmöglichkeiten – zu einem komplexeren Spielverlauf. 1989 wurde es für das Nintendo Entertainment System (im Folgenden NES) von der Firma Pack-In-Video Co. noch einmal adaptiert und dabei leicht variiert; v. a. die Freiräume sind nun größer angelegt und es gibt eine Übersichtskarte. Zwar fehlen hier die Statisten, dafür sind Arcade-Elemente eingebaut: Zombies (!) stellen sich der Spielfigur in den Weg und müssen mit Steinen oder eingesammelten Messern beworfen werden. Auch hier ist es das Ziel, den Aufenthaltsort des Killers herauszufinden und ihm in einem Zweikampf zu begegnen.

Das erste Killer-Spiel, das wahrscheinlich nicht[1] auf einem Film basiert, ist *City Killer* (Franksoftware / Systems Editoriale, 1987), ein Action-Spiel, bei dem man aus der Ego-Perspektive ein Fadenkreuz über eine dicht ›befahrene‹ mehrspurige Straße lenkt und wahllos auf von links nach rechts vorbei ziehende Zielscheiben, Geldsäcke, Dinosaurier (!), Footballs (?), Hunde

Friday the 13th

Stefan Höltgen

und Autos schießen muss. Den angedeuteten perspektivischen Hintergrund bildet eine Stadt-Skyline, die dem Spiel zu seinem Titel verholfen hat. Man erhält für jeden Treffer Punkte und schießt ein virtuelles Magazin mit 50 Schuss leer. Danach heißt es: *Game over*. Neben den Schussgeräuschen läuft während des gesamten Spiels als Hintergrundmusik die *Battle Hymn of the Republic* – ein Militärmarsch, was zumindest entfernt daran erinnert, dass berüchtigte Amokschützen wie Charles Whitman[12] bei den US-Marines das Schießen gelernt haben. Das Spielprinzip erinnert an Schießspiele in Jahrmarktbuden, aber die Tatsache, dass man lediglich ein Fadenkreuz sieht und damit insinuiert wird, man schieße aus der Ego-Perspektive einer Spielfigur, macht *City Killer* im Zusammenhang mit seinem Titel für meine Betrachtung interessant – basiert doch das gesamte First-Person-Shooter-Genre auf demselben Prinzip. Das 1989 für C64, NES und PC publizierte Spiel *A Nightmare on Elm Street* (Rare Ldt.) weist große Ähnlichkeit zur NES-Version von *Friday the 13th* auf. Bemerkenswert hieran ist, dass das Spiel einen Wach- und einen Traummodus hat. Im Wachmodus bewegt man sich vor einer Sidescrolling-Landschaft und muss über Spinnen, Fledermäuse und Ratten hinweghüpfen oder diese durch Schläge beseitigen. Man betritt Häuser und sammelt die darin verteilten Knochen des Killers Freddy Krüger ein. Bewegt man sich nicht oder wird von gegnerischen Figuren getroffen, verringert sich die ›Sleep Meter‹-Anzeige – ist sie bei Null angelangt, befindet man sich im Traummodus, in dem die Gegner irrealer sind. Dort begegnet man auch dem Traum-Killer und kann nur erwachen, wenn man ein(en) Radio(Wecker) findet.

Die 1990er: Killer-Spiel-Serien

Das Spiel *Waxwork* (1992; Horrorsoft/Accolade) für Commodore Amiga (im Folgenden Amiga) und PC basiert auf dem gleichnamigen Spielfilm aus dem Jahre 1988 von Anthony Hickox. Es bezieht sich locker auf die Rahmenhandlung des Films – im Wesentlichen nutzt es dessen Handlungsschauplatz (ein Wachsfigurenkabinett), in welchem man auf der Suche nach dem verschollenen Bruder ist und animierten Ausstellungssubjekten begegnet. Darunter befindet sich auch Jack the Ripper – dem man gleich als einem der ersten Exponate gegenübersteht. Betritt man die Szenerie, findet man sich – wie in Hickox' Film – auf dem ihr zugrunde liegenden Schauplatz wieder: hier also im Londoner Whitechapel des Jahres 1888. In der nächtlichen Gasse liegt eine verstümmelte Frauenleiche vor einem und ein wütender Mob glaubt man selbst sei der berüchtigte Ripper. Ziel der Episode ist es, die Identität des Killers zu lüften, um ihn am Ende des ersten Spieldrittels bei einem Duell gegenüberzustehen.

Wie bei nicht wenigen Adventures dieser Zeit wird auch in *Waxwork* mit Animationen noch gespart. Der Screen besteht aus einer Point-of-View-Perspektive auf den Handlungsort, gerahmt von Tasten und Feldern, die für die Spielsteuerung notwendig sind. Die Bewegungen sind sprunghaft von Szenerie zu Szenerie. Wohl deshalb sind die recht blutrünstigen Bilder des Spiels (nicht nur in der Ripper-Sequenz) nicht so immersiv ausgefallen, dass sie hierzulande eine Jugendgefährdung[13] dargestellt hätten. Zudem geht die Gewalt nicht vom Spieler und seiner Figur aus, sondern von dessen Widersacher.

City Killer

Killer-Spiele

Von der vierteiligen Videospiel-Reihe *Clock Tower* (ASCII Entertainment) sind die ersten drei Folgen zwischen 1995 und 1999 für die PlayStation (Teil 1 und 2 zusätzlich für den PC und das Super Nintendo Entertainment System – im Folgenden SNES) erschienen. Mit ihnen hält der Serienmörder Einzug in das Survival-Horror-Genre. Im ersten Teil *Clock Tower – The First Fear* (1995, nur in Japan erschienen) spielt man das 14-jährige Mädchen Jennifer. Ihre Adoptiveltern verschwinden und deren Sohn entpuppt sich als »Scissorman«-Serienmörder, der mit einer Gartenschere Menschen ermordet. Ziel des Spiel ist es, Jennifer am Leben zu erhalten – den Killer bekämpfen kann man nicht. Der zweite Teil *Clock Tower* (1997) schließt an den ersten an: Jennifer ist aufgrund der Vorkommnisse in der Psychiatrie. Während die Medien das »Scissorman«-Massaker ausschlachten, begegnet ihr der tot geglaubte Killer wieder – es stellt sich heraus, dass es sich um den Bruder des Täters handelt, der nun als *Copycat*-Killer auftritt. Der nachfolgende Teil *Clock Tower 2 – The Struggle Within* (1998; Agentic) ändert die Hauptfigur in die ebenfalls jugendliche Alyssa Hale, die nächtens träumt, sie selbst würde Menschen ermorden, welche sie nach dem Erwachen dann aber tatsächlich tot auffindet. Sie entdeckt, dass sie von einem Serienmörder mit dem Namen Mr. Bates (!) besessen ist, den sie nur von sich fernhalten kann, indem sie ein von ihrem Vater geerbtes Amulett trägt. Das Spiel greift ein Motiv auf, das nicht lange vorher im Spielfilm BRAINSCAN (1994; R: John Flynn) zentral gewesen ist[14] und inkorporiert es ins Videospiel. Die ersten drei Folgen der *Clock-Tower*-Reihe ähneln noch sehr dem Point-and-Click-Spielprinzip aus *Waxwork*, wenngleich die Figuren sich nun bewegen – und zwar genau zu dem Punkt, auf den man im Bild klickt. Das Besondere an allen drei Spielen ist, dass die Spielfigur völlig machtlos ist und lediglich vor dem Killer flüchten kann, mit dem Ziel, das Spielende zu erleben. *Clock Tower* adaptiert damit konsequent das *final girl*-Konzept des Slasher-Films, ohne jedoch auf dessen oftmals phallische Konnotation zurückzugreifen.[15]

Shadow Man (1999; Acclaim/Acclaim) ist ein Action-Adventure mit Fantasy-Story: Als Superheld Shadow Man muss man das Böse davon abhalten sich der Welt der lebenden zu bemächtigen und dazu ins

Waxworks

Totenreich reisen. Dort treiben fünf Serienmörder ihr Unwesen – einer davon ist Jack the Ripper (bzw. Spring Heeled Jack[16]), der im Prologfilm des Spiels vorgestellt wird. Danach finden keine Referenzen mehr an ihn statt und das Spielgeschehen verfolgt auch das Serienmord-Motiv nicht weiter.

New Millennium: Die Menschenjagd beginnt (realistischer zu werden)

Mit der PlayStation 2 (im Folgenden PS2), der bis heute meistverkauften Videospiel-Konsole, betritt im Jahr 2000 eine neue Konsolen-Generation das Parkett und es findet ein bedeutsamer Epochenwandel in der Spielästhetik statt. Rechenleistung, Grafik- und Soundfähigkeit der PS2 erreichen und übertreffen die meisten zeitgenössischen Spiele-PCs

Clock Tower 3

Stefan Höltgen

und ermöglichen so realistischere Spiele. Davon zehrt auch das Killer-Spiel, zuerst ersichtlich am bislang letzten Teil der *Clock-Tower*-Reihe, welcher die Point-and-Click-Steuerung nun endgültig hinter sich lassen kann. Die im dritten Teil eingeführte Alyssa ist auch wieder die Hauptfigur von *Clock*

Manhunt

Tower 3 (2003; Capcom), die abermals ganz ohne Waffen auf der Flucht vor einem Serienmörder ist und nebenher ihre verschwundene Mutter zu finden versucht. Ein neues, interessantes Element des Spiels ist, dass die Angst der Figur je nach Bedrohungssituation so stark wird (sichtbar an einem anwachsenden Panik-Balken), dass Alyssa beim Erreichen des Maximums kaum noch steuerbar ist. Dies überträgt sich als sich stetig verstärkende Vibration durch die Rumble-Funktion des PS2-Controllers auf die Hand des Spielers und steigert den Immersionseffekt beträchtlich. Zudem wechselt – wie später bei Survival-Horror-Spielen häufig zu sehen – die Blickperspektive je nachdem, wohin man die Figur steuert, was zusammen mit den flüssigen Animationen den cineastischen Anschein des Spiels noch unterstreicht.

Eines der populärsten und umstrittensten Killer-Spiele erscheint im selben Jahr wie *Clock Tower 3*:

Das Action-Spiel *Manhunt* (2003; Rockstar/Rockstar) für PS2, Xbox und PC. Darin übernimmt man die Rolle eines zum Tode verurteilten Mörders, der von einem Medienmogul aus dem Gefängnis geholt wird, um für diesen einen Snuff-Film zu inszenieren. Dazu wird die Spielfigur in Gegenden versetzt, in der brutale Gangs ihr Unwesen treiben. Man arbeitet sich nun langsam voran, indem man Gegner ermordet und so die eigene Ausstattung verbessert: Beginnend mit einer Glasscherbe, über eine Plastiktüte bis hin zu mächtigeren Waffen. Die Morde müssen in aller Heimtücke ausgeführt werden (durch Anschleichen aus dem Schatten, Überfall von hinten etc.) und werden von einem Hubschrauberteam gefilmt. Dessen Bilder bekommt der Spieler zwischendurch immer wieder zu sehen. Obwohl das Entwicklerteam von Rockstar sein Spiel als Satire auf die Medienwelt verstanden wissen wollte[17], reagierten die Kritiker ablehnend und unterstellten dem Spiel unverhohlenen Zynismus. Die Ablehnung gipfelte in einem Totalverbot von *Manhunt* in Deutschland wegen Verstoßes gegen den § 131 StGB (»Gewaltverherrlichung«), beschlossen vom Amtsgericht München I im Jahr 2004. Hierauf werde ich am Ende des Textes noch einmal zurückkommen.

Aufgrund ihrer realistischen Ästhetik und Horrormotive wurden auch die beiden 2004 erschienenen Spiele *Silent Hill 4 – The Room* (Konami/Konami) und *The Suffering* (Surreal Software / Midway Games) nicht für Jugendliche freigegeben. Bei Ersterem handelt es sich um die Fortsetzung des überaus populären Survival-Horror-Spielreihe *Silent Hill* (1999–2009). Im vierten Teil, erschienen für PS2, Xbox und PC, ist der Widersacher der Spielfigur der Serienmörder Walter Sullivan (der bereits in *Silent Hill 2* von 2001 eine kleine Rolle spielte). Das Spiel stellt diesbezüglich ein *spinoff* des zweiten Teils dar. Darüber hinaus unterscheidet es sich in der Konstruktion des Spielverlaufs und der Steuerung stark von den Vorgängern und nachfolgenden Teilen. In der Alptraumwelt, die sich hinter den Wandlöchern der zum Gefängnis gewordenen Wohnung der Spielfigur auftun, muss man dem Treiben des Mörders zeitweise hilflos zusehen, der einen natürlich auch selbst bedroht und verwundet. Ein ganz ähnliches Setting bietet der Shooter *The Suffering*, der für dieselben Plattformen erschienen ist: Ebenfalls versucht man einem Gefängnis zu entkommen – dieses Mal jedoch einem staatlichen, in dem Monster ihr Unwesen treiben. Aus der First- oder wahlweise auch Third-Person-Perspektive kämpft man sich den Weg frei und begegnet dabei verschiedenen Serienmördern, die in Form der Hinrichtungsarten, durch die sie gestorben sind, auftreten. Darunter befindet sich beispielsweise ein wahnsinniger Killer, der sich als elektrische Energie durch die Stromleitungen des Gefängnisses bewegt – sicherlich eine Anspielung auf Wes Cravens übernatürlichen Serienmörderfilm SHOCKER (1989), in dem sich ein elektro-exekutierter Serienmörder durch das Stromnetz bewegt. Nach *Clock Tower* führt *The Suffering* ein weiteres neues Element in das Killer-Spiel ein: Die Art, wie man sich Gegnern gegenüber verhält – ob man sie tötet oder am Leben lässt – entscheidet maßgeblich den Spielverlauf. Die Möglichkeit, moralische Spielentscheidungen[18] zu treffen, ist v. a. vor dem Hintergrund der virtuellen Gewaltanwendung eine Bereicherung für das Videospiel, weil damit ein interaktives Element in die Spielhandlung tritt – zuvor war dies schon in den so genannten Spielbüchern (*game books*) zu finden, die jedoch nie die Popularität von Videospielen erreichten.

The Next Generation: Der Boom des Killer-Spiels

Ende 2005 betritt mit Microsofts Xbox 360 die siebte Konsolen-Generation das Spielfeld und verhilft (zusammen mit der 2007 erschienenen PlayStation 3 von Sony – im Folgenden PS3) den Videospielen zu ihren bislang realistischsten Erscheinungsformen. In nur fünf Jahren erlebt das Serienmordmotiv im Videospiel einen vorher nicht gekannten Boom: Spiele wie *The Suffering* und *Manhunt* werden fortgesetzt, neue Reihen wie *Condemned* und *Still Life* ins Leben gerufen und v. a. die Spieladaption von Serienmörderfilmen wird wieder aufgenommen.

Condemned: Criminal Origins (2005; Monolith Prod. / Sega) für Xbox 360 und PC macht den Anfang und wird – wie schon *Manhunt* – in Deutschland zusammen mit der Fortsetzung *Condemned 2: Bloodshot* (2008; Monolith Prod. / Sega) – aufgrund von »Gewaltverherrlichung« beschlagnahmt – und das, obwohl diese Fortsetzung, wie auch die Fortsetzung *Manhunt 2* (2007; Rockstar / Rockstar Games) in Deutschland aufgrund der repressiven Jugendschutzgesetze gar nicht erst erschienen war. In *Condemned: Criminal Origins* übernimmt man die Rolle eines Polizeiermittlers, der nur über wenig Waffen und Munition verfügt und die meisten Konflikte im Nahkampf (aus der First-Person-Perspektive) absolviert. Dabei kommen Glasscherben, Nagelbretter und ähnliche gefundene Gegenstände als Waffen zum Einsatz, was zu recht blutigen Auseinandersetzungen führt. Die Entwickler des Spiels haben sich nach eigener Aussage an Serienmörderfilmen wie SE7EN (Sieben; 1995; R: David Fincher) und THE SILENCE OF THE LAMBS (Das Schweigen der Lämmer; 1990; R: Jonathan Demme) orientiert. Damit ist wohl v. a. die Ausgestaltung von Ermittler- und Täterfigur gemeint: Ersterer ist – wie in SE7EN – ein aus persönlichen Motiven in einen Serienmordfall involvierter FBI-Agent; Letzterer legt einen ähnlichen Modus Operandi an den Tag wie die »Buffalo Bill«-Figur aus THE SILENCE OF THE LAMBS: Der »Matchmaker« genannte Serienmörder gruppiert Leichenteile der Opfer zu grotesken Schaufensterpuppen-Szenarien. Die Spielfigur ist nun einerseits auf der Suche nach dem Serienmörder und andererseits – wie aus vorherigen Spielen bekannt – auf der Flucht vor der Polizei, da diese sie für tatbeteiligt hält. Der zweite Teil *Condemned 2: Bloodshot* (für PS3 und Xbox 360 erschienen) spielt etwa ein Jahr nach dem Ende des ersten Teils. Die Spielfigur ist mittlerweile dem Alkoholismus verfallen und gerät durch Zufall in die Fahndung nach einer Sekte, die am Tod eines Kollegen schuldig ist. Das Spielprinzip gleicht dem des Vorgängers – ähnlich zu *Clock Tower 3* muss man in bestimmten Situationen eine Flüssigkeit trinken (dort: Lavendelwasser zur Angstbekämpfung, hier: hochprozentigen Alkohol, damit man ruhige Hände bekommt

Stefan Höltgen

und gezielte Schüsse abgeben kann). Der aus dem ersten Teil bekannte Serienmörder »X« spielt auch in Teil 2 eine Rolle. Er tötet zu Beginn jenen Kollegen der Spielfigur und versucht im weiteren Verlauf Techniken einer Geheimsekte namens »Oro« zu erlernen, mit denen er seine Fähigkeiten erweitern

Condemned: Criminal Origins

kann. Das Spiel setzt die Erzählung seines Vorgängers zwar fort, transponiert dessen Ästhetik jedoch in die nächste Konsolen-Generation, sodass v. a. Grafik und Sound realistischer wirken – man könnte dies durchaus als ›Runderneuerung‹ der ursprünglichen Spielidee bezeichnen. Außer der Tatsache, dass die Story paratextuell an die Serienmordgeschichte des ersten Teils anschließt, ist das Motiv in *Manhunt 2*, zu spielen auf der PS3, der PlayStation Portable (im Folgenden PSP) und der Nintendo Wii (im Folgenden Wii), nicht vorhanden. Hier übernimmt man nicht mehr die Rolle eines Serienmörders, sondern eines aus der Psychiatrie (die mit ihren Patienten medizinische Experimente anstellt) ausgebrochenen Mannes, der zusammen mit einem ihn zu allerlei Brutalitäten anstiftenden Mitausbrecher dem Übel auf den Grund geht.

Mit *Still Life* (2005; Microïds / Flashpoint AG) für PC und Xbox sowie *Still Life 2* (2009; GAME-CO Studios / rondomedia) für den PC kehrt das Killer-Spiel noch einmal zum Point-and-Click-Genre zurück. Im ersten Spiel werden parallel zwei Serienmordfälle gelöst – der eine im Prag der späten 1920er Jahre, der andere im Chicago der Gegenwart. Dass sich beide Fälle ähneln und damit der Serienmörder anscheinend die Jahrzehnte überdauert und Kontinente gewechselt hat, stellt sich bald heraus und verhilft dem Spielgeschehen zu einem fantastischen Element. Die Fortsetzung des Spiels knüpft vage daran an. Die FBI-Ermittlerin aus dem ersten Teil wird mit einem neuen Fall konfrontiert, bei dem der Killer Frauen foltert, tötet und DVDs mit seiner Tat an die Polizei sendet. Der Spieler spielt abwechselnd die Ermittlerin und eine Journalistin, um den Fall zu lösen. Dabei kommt es auch zu mehreren Zeitsprüngen. Das Setting ist nun dreidimensional und es gibt eine Sprachausgabe.

2005 erscheint die Fortsetzung *The Suffering 2: Ties that Bind* (Surreal Software / Midway Games), die an den ersten Teil anschließt: Von der Gefängnisinsel zurück in Baltimore wird die Spielfigur bald wieder von unheimlichen Kreaturen verfolgt und versucht, dem Problem auf den Grund zu gehen und – dies hat sich zu einem Standardmotiv im Killer-Spiel entwickelt – das Verschwinden der eigenen Familie aufzuklären. Im Verlauf des Spiels gelangt die Spielfigur zu einer Haftanstalt, in der man es mit den Geistern von Serienmördern zu tun bekommt. Auch hier lässt sich wieder zwischen First- und Third-Person-Perspektive wählen und auch hier entscheidet das Spielerverhalten (gut/böse) über den Fort- und Ausgang des Spiels. *Indigo Prophecy* (2005; Quantic Dream / Atari) in Deutschland unter dem Titel *Fahrenheit* für PC, PS2 und die Online-Netzwerk Xbox Live erschienen, versetzt den Spieler zunächst in die Rolle eines Serienmörders, der herauszufinden versucht, warum er Morde begeht. Dann übernimmt man aber auch die Rollen zweier Ermittler, die den Mörder verfolgen – man jagt sich also zeitweise selbst. Gerade diese Multiperspektivität auf das Phänomen Serienmord verhilft dem Spieler zu einem originären Zugang zum Thema, wie er sich wohl ausschließlich im Videospiel realisieren lässt. Eines der – zum Zeitpunkt der Produktion dieses Textes – aktuellsten Killer-Spiele ist

Killer-Spiele

Batman: Arkham Asylum (2009; Rocksteady Studios / Eidos) für PS3, Xbox 360 und PC basiert, wie der Titel bereits andeutet, auf dem Batman-Franchise, das sich von den Comics ab 1939 über TV-Serien (1966ff.) und Kinofilme (1943–2008) bis hin zum Videospiel (1986ff.) verbreite(r)t hat. In jedem fiktionalen Superhelden-Kosmos gibt eine Vielzahl unterschiedlichster Gegner und so tritt auch Batman hin und wieder gegen Serienmörder an. Im aktuellen Spiel begegnet man während des Spielens mit der Batman-Figur auch dem psychopathischen Killer ZsasZ – darauf beschränkt sich allerdings der thematische Bezug zu diesem Motiv.

Clicks and Cuts: Die Zukunft des Serienmords im Videospiel

Für das Jahr 2009 sind noch drei weitere Killer-Spiele angekündigt, von denen zwei auf filmischen bzw. TV-Vorlagen beruhen. Im Herbst wird ein Survival-Horror-Spiel zur bislang sechsteiligen Filmreihe SAW (2004–2009) veröffentlicht: *Saw* (Zombie Studios / Konami) wird das ›Spiel‹-Prinzip der Filme aufnehmen und erweitern, wie der Publisher auf seiner Webseite verlauten lässt:

> »Jigsaw has killed your partner and destroyed your life. Now he has trapped you in an abandoned insane asylum that he alone controls. If you can defeat his brutal traps and survive, you may just discover the truth behind what drives this twisted serial killer. [...] SAW is a third-person perspective, survival horror game based on the SAW film franchise [...]. The timeline for the game takes place between the movies: SAW and SAW II, giving the game its own story, yet fitting within the narratives of the movies. The story centers on Detective David Tapp who awakens in a decrepit, abandoned asylum. He has been captured by his longtime nemesis, Jigsaw. Obsessed with catching this serial killer, Tapp's mission has consumed him and ruined his family, resulting in divorce, mental imbalance, and abandonment. Worse yet, this frantic hunt destroyed Tapp's career while he watched his long-time friend and partner get killed by one of Jigsaw's traps. Now Jigsaw has the upper hand and has captured the detective. Tapp must play a deadly game – the likes of which he has been investigating for years – to escape, and in order to do so he must survive the lethal traps and puzzles that Jigsaw has put in place for him and others. But each victim has a dark connection to Tapp. Will Tapp save them? Can he survive his obsession to find the Jigsaw killer?«[19]

Für das Apple Smartphone iPhone ist zudem ein Puzzle-Spiel basierend auf der TV-Serie *Dexter* (2006ff.)[20] vom Entwickler Ikarus Studios und Publisher Marc Ecko Entertainment angekündigt. Über den Inhalt und das Spielprinzip von *Dexter* ist derzeit noch nichts bekannt. Mit *Sherlock Holmes jagt Jack the Ripper* (2009; Frogwares) erscheint der sechste Teil der Videospielserie *The Adventures of Sherlock Holmes* (2002ff.). Das Spiel lässt sich sowohl als Point-and-Click-Adventure aus der Third-Person-Perspektive, als auch als Adventure aus der Ego-Perspektive spielen. Anfang 2010 publizieren Quantic Dream und Sony mit *Heavy Rain: The Origami Killer* (Quantic Dream / Sony) ein Killer-Spiel ausschließlich für die PS3. Aus Ankündigungen ist zu entnehmen, dass die Entwickler mit *Heavy Rain: The Origami Killer* in neue grafische und steuerungstechnische Dimensionen vorzustoßen planen. Über Ästhetik und Setting ist aus Interviews und von verschiedenen Webseiten bislang nur bekannt, dass es sich an erwachsene Spieler richtet und über eine Filmnoir-Atmosphäre verfügt.

Zu guter Letzt sind 2009 vier Online-Killer-Spiele im Flash-Format erschienen, die plattformübergreifend im Webbrowser gespielt werden. Bei ihnen handelt es sich um das Spiel *Saw*[21] sowie die Trilogie *Escape from Serial Killer*, *Serial Killer Part 2* und *Serial Killer 3* (allesamt von 123bee und auf deren Website publiziert[22]). Sie stellen so genannte Escape-Games nach dem Point-and-Click-Prinzip dar. In allen drei letztgenannten Spielen geht es darum, eine von einem Serienmörder gefangen gehaltene, gefesselte und gefolterte Spielfigur aus ihrem Gefängnis zu befreien. Dazu müssen in der richtigen Reihenfolge Items in deren Gefängnis angeklickt und miteinander kombiniert werden. Das Setting erinnert stark an die SAW-Filme – insbesondere die Vorrichtungen, mit denen die Opfer gefesselt sind.

Stefan Höltgen

Dichotomie und Interaktion: Strukturen und Diskurse des Killer-Spiels

Die vorangegangenen, detaillierten Beschreibungen der Geschichte des Serienmords im Videospiel sollten zeigen, welche Ursprünge und Verläufe das Motiv im gar nicht mehr so jungen Medium genommen hat. Der zentrale Unterschied des Videospiels im Vergleich zu vorangegangenen Medien ist natürlich seine Interaktivität und damit das partielle Bestimmen des Handlungsverlaufs durch den Spieler. Dies führt zu der Möglichkeit, verschiedene neue Erzählstrategien, Perspektiven und moralische Entscheidungen einzuführen, die in Literatur und Film auf diese Weise darzustellen nicht möglich gewesen ist.

Schon die Entwicklung des Serienmörderfilms hat vor Augen geführt, dass die Authentizität in dem Maße zunimmt, wie sich die Figuren von starren Verhaltensweisen entfernen. Bestand zu Beginn der Filmgeschichte zumindest noch der Versuch, die Trennung von gut, böse, schuldig und unschuldig eindeutig auf die Figuren von Täter, Opfer und Ermittler aufzuteilen, so ist dies seit der Schwarzen Serie, v. a. aber im modernen Serienmörderfilm ab 1960 zunehmend hinterfragt und unterlaufen worden. An einem Punkt der Diffusion mussten bislang jedoch alle Filme halt machen: Der Beobachter (Zuschauer) und seine moralische Rolle im Diskurs konnten stets nur als Passiva adressiert werden. Selbst ausgeklügelte selbstreflexive Plots, wie sie etwa in THE LAST HORROR MOVIE (2003; R: Julian Richards)[23] konstruiert wurden, können den finalen immersiven Sprung nicht leisten: Der Zuschauer bleibt stets außerhalb des Filmgeschehens – einzig durch seine mentale, hermeneutische Verarbeitung des Plots nimmt er teil. Im Videospiel ändert sich dies nicht nur, die Beteiligung wird zur medialen Prämisse.

Film-Videospiele wie *Halloween*, *The Texas Chainsaw Massacre*, *Friday the 13th*, *A Nightmare on Elm Street*, *Waxwork*, *Saw* oder *Dexter* adaptieren nicht bloß filmische Vorlagen für ein neues Medium, sie ergänzen diese. Die Spielhandlung von *Saw* wird beispielsweise zwischen die Erzählung des ersten und zweiten Films situiert. Damit wird der paratextuelle Kosmos der Filmserie bereichert. Darüber hinaus wird der Spieler in die Lage versetzt selbst den Verlauf des einstmaligen Filmplots zu beeinflussen und so ein Stück jener Autonomie und Aktivität (zurück) zu erlangen, die er als Filmzuschauer vielleicht vermisst. Die unter Filmfreunden häufig im Kopf ›durchgespielten‹ Fragen, was wäre, wenn nun etwas anderes geschähe als das, was der Film zeigt, erhalten so auf performative Weise ihre Antworten.

Serienmord – Serienverbot

Gerade aus dieser (Mit)Bestimmung des Spielverlaufs durch den Spieler (die natürlich in letzter Konsequenz auch nur dessen Annäherung an den vorgegebenen Code darstellt, wenn dieser auch immer komplexer wird und damit immer mehr Entscheidungsfreiheit suggeriert) erwächst die seit den 1980er Jahren zunehmende Angst vor dem neuen Medium Videospiel. Aufgrund seiner fortschreitenden mimetischen Annäherung an die außermediale Wirklichkeit nehmen seine Kritiker an, dass in Spielen Handlungen virtuell eingeübt werden, die danach auch real nachvollzogen werden. Die gesamte ›Killerspiel‹-Debatte beruht auf dieser monokausalen Wirkungstheorie. Das führt dazu, dass Spiele mit Gewaltdarstellungen bzw. virtuellen Gewalthandlungen als Ursache für ansonsten nicht (so einfach) erklärbare reale Gewalt der spielenden Jugend angenommen wird. Dieser Erklärungsmechanismus hat sich mittlerweile zu einem ›Selbstläufer‹ entwickelt, sodass nach jeder von Jugendlichen ausgeführten Bluttat zunächst einmal danach gefragt wird, welche Videospiele er oder sie denn gespielt hat. Lassen sich keine finden, wird dies nicht selten verschwiegen oder die ›Beweise‹ werden schlicht behauptet[24]; werden hingegen welche gefunden, so gehen die Erklärungsversuche damit weiter, dass eine Homologie zwischen der Bluttat und dem Spiel hergestellt wird. Dies gelingt in der Regel deshalb, weil die Gewalt in Videospielen ja ein reales Vorbild besitzt, welches in ihm digital kodiert wird; reale und virtuelle Gewalt sind einander also immer schon ähnlich – jedoch nicht dasselbe.

Medieninhalte mit Serienmord als Motiv hatten bereits in der gesamten Filmgeschichte mit denselben Problemen zu tun. Von der Befürchtung der Sittenverrohung durch zu starke Affizierung der Zuschauer über die angenommene ›sozial-ethische

Desorientierung‹ Jugendlicher durch Gewaltdarstellungen bis hin zum Vorwurf der Nachahmung (das bereits angesprochene *Copycat*-Phänomen) ist Serienmörderfilmen von DAS WACHSFIGURENKABINETT (1929; R: Paul Leni) bis in die Gegenwart alles unterstellt worden. Etliche dieser Filme wurden in Deutschland deswegen vorsichtshalber als jugendgefährdend indiziert und einige sogar wegen »Gewaltverherrlichung« als Straftat nach § 131 StGB gerichtlich verboten. Ihr Erwerb und Handel ist damit in Deutschland untersagt.

Es soll hier nun abschließend nicht darum gehen, die institutionelle Logik von Medien-Zensur und Verboten grundsätzlich zu hinterfragen (dazu ist sie viel zu selbstwidersprüchlich und willkürlich), sondern vielmehr deren Befürchtungen einer angenommenen Wirkung der Spiele zu eruieren und den Zensurdiskurs als Paralleldiskurs der Mediengeschichte[25] auf Basis der Rhetorik von Verbotsbeschluss-Texten nachzuvollziehen. Hierzu werfe ich nachfolgend einen Blick in die gerichtlichen Beschlagnahme-Beschlüsse der drei hierzulande verbotenen Killer-Spiele *Manhunt*, *Condemned: Criminal Origins* und *Condemned 2: Bloodshot*.

Der Richter am Münchner Amtsgericht, der am 19. Juli 2004 die Beschlagnahme des Spiels *Manhunt* beschlossen hat, verlässt sich bei der Zusammenfassung des Spielgeschehens auf die ihm übermittelte Darstellung der Bundesprüfstelle für jugendgefährdende Medien. Darin wird der Spielverlauf, v. a. aber die virtuellen Mordhandlungen dargelegt. Aufgrund dieser Beschreibungen kommt der Richter zu dem Schluss:

> »Das Spiel Manhunt ist geeignet, die Entwicklung von Kindern und Jugendlichen oder ihre Erziehung zu einer eigenverantwortlichen und gemeinschaftsfähigen Persönlichkeit zu gefährden (§ 18 Abs. 1 JuSchG). Es fordert den Spieler zur Vernichtung menschlicher bzw. menschenähnlicher Wesen auf und stellt diese Vorgänge detailfreudig und darüber hinaus so dar, dass die Tötungsvorgänge als besonders brutal eingestuft werden müssen.«[26]

Der Verfasser des Beschlusses kommt im Weiteren zu der Ansicht, dass »Held und Schurke des Spiels [..] eine nahezu identische Geisteshaltung«[27] haben, womit die Spielfigur (Held) und ihr Anstifter, der Produzent der Snuffshow (Schurke) gemeint sind. Genau hierin ließe sich ja nun der medienkritische Impetus von *Manhunt* sehen – er wird jedoch durch die Gewaltdarstellungen regelrecht ›verstellt‹, sodass der Verfasser zur Ansicht gelangt: »Das Spiel vermittelt in erster Linie [sic] die Botschaft, dass das Töten von menschlichen Wesen zu einem besonderen Spielspaß verhilft, der noch gesteigert wird, je höher das Maß an Gewalt ist«[28] und fährt fort:

> »Hinzukommt eine Glorifizierung der Selbstjustiz, die stets als jugendgefährdend einzustufen ist. Während Selbstjustiz zumindest noch ein gewisses, wenn auch verzerrtes Verständnis von Gerechtigkeit erkennen lässt, scheint Cash und Starkweather alles erlaubt zu sein. Irgendwelche Grenzen gibt es nicht mehr. Manhunt glorifiziert somit nicht lediglich Selbstjustiz, sondern gar die vollständige Loslösung von den grundlegendsten Regeln menschlichen Zusammenlebens.«[29]

Ähnliche (einmal sogar identische) Formulierungen finden sich in allen drei Beschlüssen – mit jeweils ausgetauschten Spieltiteln. Das Amtsgericht München hat sich, könnte man meinen, einmal eine Ansicht zum Thema ›Selbstjustiz im Videospiel‹ gebildet und argumentiert diese nun gegen jedes Spiel, in dem diese Form des Retributivismus auftaucht. Jedoch zeigt ein Vergleich aller drei Gutachten, dass diese – mit Ausnahme der Zusammenfassung der Spielgeschehen – offenbar konsequent aus immer denselben Textbausteinen zusammengesetzt sind; im Beschluss zu *Condemned 2: Bloodshot* wiederholt der Verfasser sich (bzw. seine Textbausteine) sogar mehrfach innerhalb desselben Textes.[30]

Markant ist darüber hinaus der Gebrauch normativer Zuschreibungen, mit denen der Verfasser seine Ansichten über moralische Gegenstände qua ›Beschluss‹ objektiviert: Attribute wie »grausam«, »unmenschlich«, »Brutalität«, »kaltblütig[]«, »sinnlos[]«, »menschenverachtend[]«[31] und Ähnliche finden sich undefiniert in allen Beschlüssen. Das ist besonders beachtlich, da es sich ja nicht um reale Gewalthandlungen, sondern deren virtuelle Simulationen handelt. Diese Differenz muss der Verfasser (ja, die Zensur überhaupt) aber notwendigerweise

Stefan Höltgen

überbrücken bzw. übersehen, damit Verbotsargumente zünden. Da wird von »grausame[n] oder sonst unmenschliche[n] Gewalthandlungen gegen *Menschen*«[32] geschrieben und der Übertrag von der Virtualität in die Realität gleich am Beispiel exerziert: »Zur Verharmlosung trägt auch bei, dass die vorrangig verwendeten Waffen Gegenstände des täglichen Lebens sind, auf die ein potentieller Nachahmer leicht und jederzeit zugreifen könnte.«[33]

Derlei verkürzte Medien-Ontologie, die Fragen, die die Beschluss-Texte angesichts der verwendeten Terminologie aufwerfen, und die Tatsache, dass sie mit Hilfe von Textbausteinen aus einem Fundus aus regelrechten ›Vorurteilen‹ montiert sind und das in Ermangelung adäquater Terminologie genutzte Begriffsinventar der Filmanalyse (»Nahaufnahme«, »Kameraperspektive«, ...) ließe sich nun als Geringschätzung gegenüber oder Unverständnis der Kunstgattung Videospiel verstehen. In meinem Zusammenhang ist jedoch die mögliche ›kulturpsychologische Intention‹ viel bedeutsamer. Beinahe wirkt das Copy-and-Paste-Verfahren wie eine wiederholte Litanei, mit der der verfemte Medieninhalt gebannt werden soll. Die (immerhin aktenkundigen) Texte scheinen in aller Eile abgefasst, nicht arm an Tipp-, Rechtschreib- und Grammatikfehlern. Auch dies wirkt nicht bloß unprofessionell, sondern ließe sich deuten.

Manhunt

Die bei kriminalistischen Genres ohnehin vorhandene Mimesis zwischen Wirklichkeit und ihrer medialen Abbildung findet im Motiv des Serienmords ihre schrecklichste Entsprechung. Serienmord ist ein Tattypus, der selten durch niedere Beweggründe wie Eifersucht oder Habgier begründet, oft genug jedoch mit dem Irrationalen, Wahnsinn und dunklen sexuellen Trieben in Verbindung gebracht wird. Wirklichkeitstreue Medien wie der Film und spätestens seit der sechsten Konsolen-Generation auch das Videospiel haben nicht mehr allein die Funktion dieses Irrationale durch Narrativierung zurück ins Reich des Verstehbaren zu holen. Längst (seit dem Film noir) sind die Ermittler selbst schon Täter geworden, wird den Opfern eine Mitschuld zugetragen und werden die Täter durch Psychopathologisierung zu Opfern ihrer Biografie und der gesellschaftlichen Umstände erklärt. Dass in einem solch verwirrend rhizomatischen Geflecht von Kausalitäten, Schuld, Unschuld und Mitschuld eine Sehnsucht nach monokausalen Erklärungen und der Wunsch, die erlebte Wirklichkeit mit der Fiktion zur Deckung zu bringen, besteht, kann man nicht einmal einem Amtsrichter übel nehmen.

Und dennoch hinkt die Zensur der Entwicklung auch in ihrem – wohlgemerkt hegemonialen – Bestreben, Einfluss auf sie zu nehmen immer schon hinterher. Medien dürfen hierzulande bislang nur ex post zensiert und verboten werden. In ihnen drückt sich zuerst die verwirrende Komplexität der Kultur, aus der sie entstammen, aus. Und wo sie zensiert und verboten werden, unterminieren sie diese Praxen durch Ausweichen (jedes der verbotenen Spiele lässt sich über das Ausland beziehen) oder Reflexion: Ein Spiel wie *Manhunt* nimmt die Mediengewalt-Debatte in sich auf und lässt sie den Spieler performativ nachvollziehen. Wird *Manhunt* nun zensuriert, reagieren die Programmierer des Spiels mit einer Persiflage: *Bully* aka. *Canis Canem Edit* (2006; Rockstar / Rockstar North)[34], in welchem die virtuellen Gewalthandlungen auf das Niveau von Schulbuben-Streichen heruntergebrochen werden.

Das Motiv des Serienmörders erweist sich im Videospiel wie auch in den Mediengattungen, in denen es zuvor aufgetaucht ist, als eines der innovativsten und gleichzeitig streitbarsten. Beides ist Vorder- und Rückseite derselben Medaille. Die künstlerische Auseinandersetzung mit dem kriminalistischen Phänomen wird weiter bestehen und sich im Spannungsfeld von Motivgeschichte und Zensurgeschichte auf jedes neue Medium ausdehnen. Wie vielfältig diese Auseinandersetzung ist, lässt sich bereits an den 30 vorgenannten Spielen ersehen, die das alte Motiv vielfach auf innovativste Weise ›interaktivieren‹. ❑

Anmerkungen

1. Das prominenteste Beispiel hierfür dürfte die zwischen 1991 und 1996 veröffentlichte Graphic-Novel-Reihe *From Hell* (in einem Band 1999 erschienen, in Deutschland 2004) von Alan Moore und Eddie Campbell über Jack the Ripper sein.
2. Das bekannte Portrait der Herzogin Elizabeth Barthory als junge Frau (Vgl. http://bathory.org/erzsorig.html, Abrufdatum 16.9.2009) wäre hier als frühes Beispiel aus dem 16. Jahrhundert zu nennen – das wahrscheinlich ohne das Hintergrundwissen ihrer Serientat entstanden ist. Bemerkenswert ist in diesem Zusammenhang auch die Kunst von Serienmördern (vgl. http://www.yuppiepunk.org/2005/01/killer-art-serial-killer-art-review.html, Abrufdatum 16.9.2009), hier v. a. die Bilder des Serienmörders John Wayne Gacy Jr., zumeist Selbstportraits, hinzuweisen, die dieser teilweise in der Haft gemalt und für nicht wenig Geld verkaufen lassen hat (vgl. http://www.museumsyndicate.com/artist.php?artist=475, Abrufdatum: 16.09.2009)v
3. Vgl. den Beitrag von Ivo Ritzer in diesem Band.
4. Neben Tatortfotografien finden sich v. a. künstlerische Auseinandersetzungen mit dem Serienmord, wie etwa bei dem deutschen Tatort- und Kunst-Fotografen Thomas Demand, der etwa den Hausflur vor der Wohnung des US-amerikanischen Serienmörders Jeffrey Dahmer in Miniatur nachgebaut und fotografiert hat. Vgl. Höltgen 2006a.
5. Ich verwende den Begriff Killer-Spiel ausschließlich als Motiv-Begriff, mit dem ich im Folgenden Videospiele, die das Motiv Serienmord oder Serienmörder enthalten, bezeichne. Ich grenze ihn damit gegen den in politisch-agitatorischer Absicht geprägten Begriff ›Killerspiel‹ ab, der als Sammelbegriff für alle Action-Shooter verwandt wird, denen man ›Gewaltverherrlichung‹ und zumeist eine zur Gewalt anstiftende Funktion unterstellt. Gleichwohl tauchen nicht wenige Killer-Spiele auch als ›Killerspiele‹ im Medienwirkungsdiskurs auf. Vgl. hierzu Höltgen 2006b.
6. Unterschieden werden dabei qualitative und quantitative Faktoren. Um mich nicht zu weit vom Gegenstand meines Textes zu entfernen, verweise ich hier auf die Fachdebatte, wie sie etwa von Stephan Harbort geführt wird. Vgl. Harbort 2006, S. 17–34.
7. Die erste Angabe nach dem Veröffentlichungsjahr nennt immer das Entwickler-Studio, die zweite den Verleger (vorzugsweise für Deutschland).
8. Die Quellenlage ist diffizil: Zum einen verlangt das Spielen der Spiele unterschiedlichste Spielplattformen (Konsolen, Computer und Handhelds), zum anderen sind Original-Softwaretitel v. a. aus den 1980er- und 1990er Jahren wie auch die Geräte, auf denen sie gespielt werden, heute nur noch schwer zu beschaffen. Wo es ging, habe ich auf Originalhard- und -software zurückgegriffen, mir mit Emulatoren beholfen oder – wenn es gar nicht anders zu lösen war – auf Beschreibungen der Spiele durch Hersteller und Spieler verlassen. Eine besondere Hilfe stellen die zahlreich auf YouTube zur Verfügung gestellten ›Longplays‹ dar: Filme von komplett durchgespielten Videospielen.
9. Vgl. http://de.wikipedia.org/wiki/Spielkonsole#Geschichte (Abrufdatum 16.9.2009).
10. Genuine Handy-Killer-Spiele, die zumeist als Java-Applikationen vorliegen, habe ich für diesen Text nicht untersucht.
11. Oder nur vom Titel her vage auf dem Film CITY KILLER (1984, R: Robert Michael Lewis)
12. Charles Whitman erschoss am 1. August 1966 von einem Turm der University of Texas (Austen) 17 Menschen und verletzte 66 weitere. Die Tat inspirierte u. a. den Regisseur Peter Bogdanovich zu seinem Film TARGETS (1968).
13. Erste Videospiel-Zensuren wegen ›Gewaltverherrlichung‹ durch die *Bundesprüfstelle für jugendgefährdende Medien* (damals noch *Bundesprüfstelle für jugendgefährdende Schriften*) finden seit 1984 (*Speed Racer*, 1983, T&F Software/Chris Warling) statt. Die erste Beschlagnahme durch Gerichte aus demselben Grund geht auf das Jahr 1994 (*Mortal Kombat II*, 1993, Midway Games) zurück. Zuvor wurden Videospiele zumeist wegen Verstoßes gegen § 130 StGB (»Aufstachelung zum Rassenhass«) beschlagnahmt.

Stefan Höltgen

14 In BRAINSCAN kommt der Serienmörder bezeichnenderweise aus einem Videospiel und treibt seinen jugendlichen Spieler unbewusst zum Morden. Vgl. Höltgen 2009a.
15 Vgl. den Artikel von Michaela Wünsch in diesem Band.
16 Zwei verschiedene kriminalhistorische Täter, die hier fälschlicherweise identifiziert werden. Vgl. Höltgen 2009b, S. 62.
17 In der Serienmörderfilm-Geschichte sind derartige schein-affirmative Medien-Kritiken von Beginn an fester Bestandteil des Motivinventars. Vgl. Höltgen 2009b.
18 Diesbezüglich hat 2007 das Videospiel *Bioshock* (2007f., 2K/2K Games) noch einmal Debatten ausgelöst – zumal die Entscheidungen dort das (Nicht-)Töten von Kindern (wenngleich zombiefizierten) betrifft.
19 http://www.konami.com/games/saw/ (Abrufdatum 17.9.2009)
20 Vgl. den Artikel von Hendrik Seither in diesem Band.
21 http://www.flashgames.de/index.php?onlinespiele=1466 (Abrufdatum 18.11.2009)
22 http://www.123bee.com/play/escape-serial-killer (Teil 1), http://www.123bee.com/play/serial-killer-part-2 (Teil 2) und http://www.123bee.com/play/serial-killer-3 (Teil 3).
23 Die Strategien, mit denen der Film vorgeht, habe ich detailliert in Höltgen 2009b (S. 308–321) untersucht.
24 Eine diesbezüglich interessante und vielbeachtete Recherche hat ein kritischer Journalist 2007 auf YouTube veröffentlicht: http://www.youtube.com/watch?v=R9JRm3iQQak (Abrufdatum 17.9.2009)
25 Vgl. hierzu den Beitrag von Roland Seim in diesem Band.
26 Amtsgericht München 2004, S. 2. Der Passus »menschenähnlicher Wesen« könnte an dieser Stelle als zynisch aufgefasst werden, ist jedoch auf eine Gesetzesänderung zurückzuführen, seit der es auch möglich ist, dargestellte Gewalt gegen Zombies und andere humanoide Monster zu inkriminieren. Dem vorausgegangen war der Versuch, das Verbot des Films THE EVIL DEAD (1982, R: Sam Raimi) aufzuheben, wonach das Gesetz so geändert wurde, dass der Film verboten bleiben konnte.
27 Amtsgericht München 2004, S. 2.
28 Amtsgericht München 2004, S. 2f.
29 Amtsgericht München 2004, S. 3.
30 Der Absatz zur »Glorifizierung von Selbstjustiz« findet sich dort wortgleich wieder. Beachtlich v. a., weil zwischen beiden Beschlüssen vier Jahre Zeit verstrichen ist. Vgl. Amtsgericht München 2008a, S. 3.
31 Alle: Amtsgericht München 2008a, S. 2.
32 Amtsgericht München 2008a, S. 2. (Hervorhebung durch mich) Vgl. auch Amtsgericht München 2008b, S. 3.
33 Amtsgericht München 2008a, S. 3.
34 *Bully* reagiert direkt auf die Vorwürfe, die der Spielreihe *Grand Theft Auto* (1999ff.) aus demselben Softwarehaus wie *Manhunt* regelmäßig gemacht wurden; die Debatte lässt sich jedoch genauso auf das ebenfalls vielfach inkriminierte *Manhunt* beziehen.

Literatur

Amtsgericht München (2004): *Beschlagnahme-Beschluss zum Spiel »Manhunt« (PlayStation 2)*. In: http://www.bpjm.com (Abrufdatum 19.9.2009).

Amtsgericht München (2008a): *Beschlagnahme-Beschluss zum Spiel »Condemned« (PC-Fassung)*. In: http://www.bpjm.com (Abrufdatum 19.9.2009).

Amtsgericht München (2008b): *Beschlagnahme-Beschluss zum Spiel »Condemned 2« (EU-Version für Xbox 360)*. In: http://www.bpjm.com (Abrufdatum 19.9.2009).

Höltgen, Stefan (2006a): *Tat Ort Bild. Kann ein juristisches Beweismittel Kunst sein?* In: telepolis, 15.8.2006, http://www.heise.de/tp/r4/artikel/23/23229/1.html (Abrufdatum 16.9.2009).

Höltgen, Stefan (2006b): *Killerspiele. Seit Wochen sind sie in aller Munde, aber was sind überhaupt: »Killerspiele«?* In: telepolis, 29.12.2006, http://www.heise.de/tp/r4/artikel/24/24228/1.html (Abrufdatum 16.9.2009).

Höltgen, Stefan (2009a): *Die Simulation unheimlicher Intelligenz. Der Computer im Film Teil 4: Videospiele im Film*. In: telepolis, 7.6.2009, http://www.heise.de/tp/r4/artikel/30/30201/1.html (Abrufdatum 16.9.2009).

Höltgen, Stefan (2009b): *Schnittstellen. Zur Konstruktion von Authentizität im Serienmörderfilm*. Dissertation, http://hss.ulb.uni-bonn.de/diss_online/phil_fak/2009/hoeltgen_stefan (Abrufdatum 16.9.2009).

Harbort, Stephan (2006): *Das Hannibal-Syndrom. Phänomen Serienmord*. München (5. Aufl.).

Über die Autorinnen und Autoren

Stephan Harbort, geb. 1964, Kriminalhauptkommissar und Diplom-Verwaltungswirt (FH), langjähriger Lehrbeauftragter an der FHöV Düsseldorf und Referent am Polizeifortbildungsinstitut Neuss, zahlreiche Veröffentlichungen in den Bereichen Kriminalistik, Kriminologie und Kriminalpsychologie, div. populärwissenschaftliche Publikationen, entwickelte international angewandte Methoden zur Fahndung nach Serienmördern und interviewte mehr als 70 Täter.

Stefan Höltgen, Dr. phil., geb. 1971, studierte Germanistik, Philosophie, Soziologie und Medienwissenschaften an der Friedrich-Schiller-Universität Jena. 2009 promovierte er mit einer Dissertation über »Medien- und Gewaltdiskurse im authentischen Serienmörderfilm« in Bonn. Seit 2009 lebt und arbeitet er in Berlin als freier Journalist und Publizist. Neben Buchpublikationen und Herausgeberschaften schreibt er regelmäßig Kritiken, Rezensionen und Artikel für Magazine und Zeitschriften wie *epd Film, Der Schnitt, telepolis* u. a. Seit 2001 gibt er das Magazin *F.LM – Texte zum Film* heraus und betreibt seit 2003 das kulturwissenschaftliche Internetforum *filmforen.de*.

Christian Hoffstadt, Dr. phil., geb. 1972, studierte Philosophie und Literaturwissenschaft an der Universität Karlsruhe (TH). 2008 promovierte er mit einer philosophischen Arbeit zur räumlichen Metaphorizität von Wissen und Theorie (»Denkräume und Denkbewegungen«; 2009 bei KIT Scientific Publishing als kostenlose Online- sowie als Printfassung erschienen). Er ist Begründer, Herausgeber und Veranstalter mehrerer interdisziplinärer Reihen zu den Themen Medizinphilosophie, Komik & Gewalt sowie zu medialen Darstellungen der Postapokalypse. Seit 2009 arbeitet er als Referent des Karlsruhe House of Young Scientists am KIT. www.christian-hoffstadt.de

Joachim Linder, Dr. phil., geb. 1948. Studium der Neueren deutschen Literatur, Rechtswissenschaft, Philosophie und Linguistik in München und Münster. Wissenschaftlicher Mitarbeiter und Lehrbeauftragter an den Universitäten München, Hamburg und Kiel. Lebt und arbeitet jetzt freiberuflich in München. Publikationen zu ›Verbrechen, Justiz und Medien‹ u. a.: »Feinde im Inneren. Mehrfachtäter in deutschen Kriminalromanen der Jahre 1943/44 und der ›Mythos Serienkiller‹«. In: *Internationales Archiv für Sozialgeschichte der deutschen Literatur* 28 (2003), S. 190–227; »Der Serienkiller als Kunstproduzent. Zu den populären Repräsentationen multipler Tötungen«. In: »Serienmord. Kriminologische und kulturwissenschaftliche Skizzierungen eines ungeheuerlichen Phänomens« (München 2004).

Arno Meteling, Dr. phil., geb. 1972, lehrt Neuere deutsche Literatur des 18.–21. Jahrhunderts, visuelle Narrative (Comic, Film) und Medientheorie. Letzte Veröffentlichungen sind »Genius Loci: Memory, Media, and the Neo-Gothic in Georg Klein and Elfriede Jelinek« in: Esther Peeren / María del Pilar Blanco (Hg.): »Popular Spirits. The Haunted Spaces of Everyday Culture« (New York, London 2010); »Comics and the City. Urban Space in Print, Picture and Sequence« (Hg. zus. mit Jörn Ahrens; New York, London 2010); »Monster. Körperlichkeit und Medialität im modernen Horrorfilm« (Bielefeld 2006).

Oliver Nöding, M.A., geb. 1976, studierte an der Heinrich-Heine-Universität Düsseldorf Germanistik und Philosophie. Er arbeitet derzeit als Lektor eines Weiterbildungsverlags in Düsseldorf und schreibt nebenbei regelmäßig über Film, u. a. als Redakteur für das Onlinemagazin *F.LM – Texte zum Film* sowie als freier Mitarbeiter für *Splatting Image* und *Der Schnitt*. Seiner großen Leidenschaft, dem Actionfilm, widmete er von 2006–2009 das Blog »Sauft Benzin, ihr Himmelhunde« (http://belmondosfunkhundd.blogspot.com), das im Magazin *Neon* zu den fünf besten Filmblogs weltweit gezählt wurde. Seine privaten Filmsichtungen protokolliert er akribisch in seinem Filmtagebuch »Remember it for later« (http://funkhundd.wordpress.com).

Über die Autorinnen und Autoren

Manfred Riepe, geb. 1960, Studium der Germanistik und Theater-, Film- und Fernsehwissenschaft in Frankfurt/Main, arbeitet als freier Journalist, Autor und Filmkritiker, u. a. für *epd Film*. Zahlreiche Veröffentlichungen zur Problematik medialer Gewalt sowie zur Lacan'schen Psychoanalyse, u. a. in *Psyche*, in der *Zeitschrift für psychoanalytische Theorie und Praxis* sowie in *RISS – Zeitschrift für Psychoanalyse. Freud–Lacan*. Monografien zu David Cronenberg (2002) und Pedro Almodóvar (2004).

Ivo Ritzer, Dr. phil., ist wissenschaftlicher Mitarbeiter am Seminar für Filmwissenschaft / Mediendramaturgie der Johannes-Gutenberg-Universität Mainz. Außerdem publiziert er als freier Autor und Essayist für die *Frankfurter Allgemeine Zeitung* und die *Süddeutsche Zeitung* sowie für die Magazine *Splatting Image* und *testcard*. Als Chefredakteur ist er für die Kulturzeitschrift *:Ikonen:* verantwortlich. Zahlreiche Aufsätze zu Filmgeschichte und -ästhetik.

Roland Seim, geb. 1965 in Münster; Kunsthistoriker (M.A.) und Soziologe (Dr. phil., Dissertation über Zensur in Deutschland), Verleger (www.telos-verlag.de) und Autor; Lehraufträge an der Universität Münster; Vorträge u. a. für die University of Toronto, das Goethe-Institut Libanon, die Deutsche Kinemathek; wissenschaftlicher Leiter des Projektes »Zensur-Museum für Kunst- und Pressefreiheit« (www.deutsches-zensurmuseum.de).

Hendrik F. Seither, M.A., geb. 1976 in Landau in der Südpfalz, war Mitte der 1990er Herausgeber der satirischen Hardcore-Punk-Zeitschrift *Active Detective Journal*. Umzug nach Köln zur Jahrtausendwende für ein Studium der Amerikanistik und Kommunikationsforschung in Bonn. Arbeitet seit acht Jahren als DVD-Manager für das Kölner Label Rapid Eye Movies und lebt in Köln und Istanbul. Sein Artikel basiert auf seiner Magisterarbeit »Serialität des Tötens. Zur Ästhetik des Serienmörders in der amerikanischen Fernsehserie *Dexter*« (2008).

Marcus Stiglegger, Dr. phil. habil., geb. 1971, lehrt Filmwissenschaft an der Universität Siegen. Zahlreiche Buchpublikationen und -beiträge über Filmästhetik, Filmgeschichte und Filmtheorie. Publikationen u. a.: »Sadiconazista – Sexualität und Faschismus im Film der siebziger Jahre bis heute« (St. Augustin 1999; 2. Aufl. 2000); »Ritual und Verführung. Schaulust, Spektakel & Sinnlichkeit im Film« (Berlin 2006); »Terrorkino. Angst/Lust und Körperhorror« (Berlin 2010). Herausgeber von *:IKONEN:*. Schreibt regelmäßig für die Zeitschriften *film-dienst*, *testcard* und *Splatting Image*.

Michael Wetzel, Dr. phil., geb. 1954, ist Professor für Literatur- und Filmwissenschaft am Institut für Germanistik, Vergleichende Literatur- und Kulturwissenschaft der Universität Bonn. Promotion mit einer Arbeit über »Autonomie und Authentizität« (Frankfurt/Main 1985). Habilitation an der Universität Essen mit einer Arbeit über »Mignon. Die Kindsbraut als Phantasma der Goethezeit« (München 1999); Lehrtätigkeiten an den Universitäten Kassel, Essen, Mannheim, Innsbruck und Wien; Arbeitsschwerpunkte: französische Philosophie, Psychoanalyse, Text-/Bildmedien, Autoren- und Künstlertheorien. Publikationen u. a.: »Die Enden des Buches oder die Wiederkehr der Schrift« (Weinheim 1990); »Die Wahrheit nach der Malerei« (München 1997); »Derrida. Grundwissen Philosophie« (Stuttgart 2010); »Der Autor-Künstler« (Frankfurt/Main 2010).

Michaela Wünsch, Dr. phil, geb. 1973, studierte Kulturwissenschaft und Gender Studies an der Humboldt Universität zu Berlin, wo sie 2008 mit einer Dissertation über »Den Serienkiller als Medium des Unbewussten« promovierte. Lebt in Berlin, ist dort u. a. Verlegerin bei b_books, war bis vor kurzem Fellow am Institute for Cultural Inquiry Berlin und an der Jan-van-Eyck-Academie Maastricht. Verschiedene Lehraufträge in Bochum, Wien, Graz, Los Angeles, Berlin.

Index

A

Aaron, Paul 111, 115
AC/DC 91
Adorno, Theodor W. 68, 70
Adventures of Sherlock Holmes, The (Game) 147
Aja, Alexandre 62
Almodóvar, Pedro 48
ALRAUNE 61
American Psycho (Bret Easton Ellis) 78, 101
Amiel, Jon 65, 131
Annaud, Jean-Jacques 101
ANNIE 127
ANTROPOPHAGUS 134
APOCALYPSE NOW 66–68, 111
Argento, Dario 132
Aristoteles 122
ARMAGEDDON 99
AUGEN DER ANGST 9, **39–49**, 130

B

Bachtin, Michail 93, 94, 123
Balázs, Béla 58
Barthes, Roland 96, 97
Barthory, Elizabeth 151
Bartsch, Jürgen 9, 17, 71, 72
Baßler, Moritz 100
Bataille, Georges 8
Batman: Arkham Asylum (Game) 140, 147
Baudelaire, Charles 17
Baudrillard, Jean 20, 90, 97
Bay, Michael 99, 115, 137
Beasts of Bourbon (Band) 95
BEHIND THE MASK: THE RISE OF LESLIE VERNON 125
Belvaux, Rémy 126
Benjamin, Walter 91, 98, 101
Benz, Julie 78
Bigelow, Kathryn 39, 46, 47
Bioshock (Game) 152
Blanchard, John 128
Bloch, Robert 133
BLUTGERICHT IN TEXAS 10, **130–138**
BLUTMOND 80, 105, 110

Bogdanovich, Peter 151
Böhm, Karlheinz 39, 40, 130
Bohrer, Karl-Heinz 61
Bont, Jan de 99
Bonzel, André 126
Boston Strangler 92, 93
BRAINSCAN 143, 152
BRAINSTORM 47
Brando, Marlon 66
BRENNENDE RACHE 132
Breton, André 17
Bronson, Charles 111, 114
BUIO OMEGA 132
Bully s. *Canis Canem Edit* (Game) 151, 152
Bundy, Ted 32, 114, 121, 130
Buñuel, Luis 17
BURNING, THE 132
Burnout (Game) 139
Burr, Jeff 136
Büsser, Martin 101
Buttgereit, Jörg 136

C

C'EST ARRIVÉ PRÈS DE CHEZ VOUS 126
Caesar, Richard 99
CALLING, THE 99
Cameron, James 120
Campbell, Eddie 151
Canis Canem Edit (Game) 151
Canterbury Tales (Geoffrey Chaucer) 102
Carpenter, John 50, 133, 140
Carroll, Noël 123
Cave, Nick 95
Caves du Vatican, Les (André Gide) 62
CELL, THE 39, 46, 47, 48
Chapelle, Joe 57
Chaucer, Geoffrey 102
CHILD'S PLAY 123
CHUCKY – DIE MÖRDERPUPPE 123
Church of Misery (Band) 97
Cimino, Michael 111
CITY COBRA, DIE 111, 115, 116, 119, 120
CITY KILLER 151
City Killer (Game) 140, 141
Clarice Starling (Character) 63, 64
Clock Tower – The First Fear (Game) 143
Clock Tower (Game) 143, 145

Clock Tower 2 – The Struggle Within (Game) 143
Clock Tower 3 (Game) 144, 145
Clover, Carol 50
COBRA 111, 115, 116, 119, 120
Cocteau, Jean 41
Cold Case (TV-Serie) 78
Colonel Kurtz (Character) 66, 67, 68, 69, 70
Condemned (Game) 145
Condemned 2: Bloodshot (Game) 145, 149
Condemned: Criminal Origins (Game) 145, 146, 149
Conrad, Joseph 66, 69, 70
Cook, Dane 64
Coppola, Francis Ford 66–70, 111
COPYCAT 65, 131
COPYKILL 65, 131
Cosmatos, George Pan 111, 115, 116, 119, 120
Costello, Elvis 95
Costner, Kevin 64
Craven, Wes 50, 122, 123, 131, 145
Cronenberg, David 9
Cross, Joseph 65
CSI (TV-Serie) 78, 131
Cunningham, Sean S. 50, 128
Curtis, Jamie Lee 50

D

D'Amato, Joe 132, 134
Dahmer Is Dead (Song) 91
Dahmer, Jeffrey 130, 151
Dante Alighieri 102, 104, 107
DANTE'S PEAK 99
Darkly Dreaming Dexter (Jeff Lindsay) 78
Davis, Gene 114
DAWN OF THE DEAD 67
DEADLY FORCE 111, 115
DEATH WARRANT 111, 118–121
DEATH WISH 114
DEATH WISH 2 114
DEEP IMPACT 99
DEER HUNTER, THE 111
Deleuze, Gilles 95
DELTA FORCE 2 : THE COLOMBIAN CONNECTION 118, 121
Demand, Thomas 151
Demme, Jonathan 62, 110, 119, 131, 145
DENN ZUM KÜSSEN SIND SIE DA 131

155

Index

Derrida, Jacques 107
Descartes, René 62
DEUTSCHE KETTENSÄGENMASSAKER, DAS 137
Dexter (Character) **78–89**
Dexter (Game) 147, 148
Dexter (TV-Serie) 10, **78–89**, 131, 147
Dialektik der Aufklärung (Theodor W. Adorno / Max Horkheimer) 68, 70
DIE DURCH DIE HÖLLE GEHEN 111
DIE HARD 117
DIEB VON BAGDAD, DER 39
DIRTY HARRY 111, 117, 120, 121
DIRTY HARRY IV – DIRTY HARRY KOMMT ZURÜCK 120
Divina Commedia (Dante Alighieri) 102, 104
DON'T OPEN 'TIL CHRISTMAS 132
Donaldson, Roger 99
Donner, Richard 117, 121
Doors, The 68
Doré, Gustave 102
DRIVE IN MASSACRE 132
DRIVE-IN KILLER 132
Duchamp, Marcel 137
Dupin, Auguste 107
Dyer, Richard 50

E

Earl Brooks (Character) 64
Eastwood, Clint 120
Eco, Umberto 101
Eichhorn, Johann 18, 29, 33, 34, 71, 72, 76
Eilbacher, Lisa 114
Electra, Carmen 128
Eliot, T.S. 66, 68
Ellis, Bret Easton 78, 101, 137
Emmerich, Roland 99
END OF DAYS 99
Evans, Bruce A. 64
EVIL DEAD, THE 48, 152
EXORCIST, THE 99

F

Fahrenheit (Game) 146
FENSTER ZUM HOF, DAS 40
Fincher, David 10, 61, 62, 99, 101, 114, 131, 145
Fisher, Carrie 125
Fiske, John 84
Fleder, Gary 131

Flynn, John 143
FORKE DES TODES 132
Foster, Jodie 63
Foucault, Michel 90
Fourniret, Michel 130
Fourniret, Monique Olivier 130
Franco, Jesus 132
Frazer, James 66
Freddy Krüger (Character) 142
FREITAG, DER 13. (1980) 50, 128, 131, 141
FREITAG, DER 713. 128
FRENZY 130
Freud, Sigmund 43–46, 49, 123
FRIDAY THE 13TH 50, 128, 131, 141
Friday the 13th (Game) 141, 142, 148
Friedkin, William 99, 121
FRÖHLICHE WEIHNACHT 132
FROM HELL 8
From Hell (Comic) 151
From Ritual to Romance (Jessie L. Weston) 66
Frye, Northrop 91, 92, 96
Fulci, Lucio 132

G

Gacy, John Wayne 130, 151
Galeen, Henrik 61
Gardenia, Vincent 114
Gein, Edward 130, 133
Genet, Jean 17
GHOST DAD 127
Gibb, Cynthia 118
Gide, André 17, 62
Glosserman, Scott 125
Glover, Danny 121
GODZILLA 99
Golden Bough, The (James Frazer) 66
Golden Palominos (Band) 91
Grammophon – Film – Typewriter (Friedrich Kittler) 100
Gramsci, Antonio 97
Grand Theft Auto (Game) 152
Griffith, David Wark 61
Guattari, Félix 95
Gutenberg, Johannes 100, 105, 108

H

Haarmann, Fritz 7, 13, 130
Hall, Michael C. 78

HALLOWEEN 50–52, 55, 57, 58, 131
Halloween (Game) 140, 141, 148
HALLOWEEN: RESURRECTION 52, 53
HALLOWEEN: THE CURSE OF MICHAEL MYERS 52, 57
Hanks, Colin 65
HANNIBAL 63, 64, 131
Hannibal Lecter (Character) 63, 64, 71, 110
HANNIBAL RISING 63
Hansen, Gunnar 132
Harbou, Thea von 34
Harlan, Veit 61
Harris, Thomas 81, 105
Hauser, Wings 115
HAUTE TENSION 62
Heart of Darkness (Joseph Conrad) 66
Heavy Rain: The Origami Killer (Game) 147
Hegel, Georg Wilhelm Friedrich 96
Heidegger, Martin 67
Henkel, Kim 136
HENRY: PORTRAIT OF A SERIAL KILLER 131, 132
HERO (1988) 111–113, 117–121
HERO AND THE TERROR 111–113, 117–121
Hickox, Anthony 142
High Fidelity (Nick Hornby) 99–101
HIGH TENSION 62
Hillman, William Byron 132
Hitchcock, Alfred 40, 120, 123, 130, 133
HITCHER, THE 62
Hoblit, Gregory 65
HOFFMANNS ERZÄHLUNGEN 39
Holland, Tom 123
Homer 9, 137
Hooper, Tobe 10, 131, 133–135, 141
Hopkins, Anthony 63, 64, 110
Hopper, Dennis 135
Horkheimer, Max 68, 70
Hornby, Nick 99, 100
HOSTEL 62, 131
HOSTEL 2 62, 66
Hurt, William 64
Huston, John 127
Huysmans, Joris-Karl 17
Hyams, Peter 99

Index

I
I KNOW WHAT YOU DID LAST SUMMER 128
I SPIT ON YOUR GRAVE 132
ICH SPUCK AUF DEIN GRAB 132
ICH WEISS, WAS DU LETZTEN SOMMER GETAN HAST 128
Indigo Prophecy (Game) 146

J
Jack the Ripper 7, 8, 13, 17, 32, 96, 97, 130, 140
Jack the Ripper (Character) 142, 143
Jack the Ripper (Song) 95, 96, 97
Jackson, Mick 99
Jagger, Mick 93
Jahnn, Hans Henny 101
Jameson, Fredric 91
John Doe (Character) 103, 108
Jones, Amy Holden 132
JUD SÜSS 61
Jung, Carl Gustav 52

K
Kalteis (Andrea Maria Schenkel) 9, **18–38**
Kaminski, Janusz 99
Kaufman, Charles 132
Kayser, Wolfgang 93, 94
Kierkegaard, Søren 52, 111
KILL BILL 101
Killer Kaczynski (Song) 91
KILLERS, THE 120
Kilpatrick, Patrick 118
KISS THE GIRLS 131
Kittler, Friedrich 100, 101, 105, 108
Kleist, Heinrich von 32
Kracauer, Siegfried 101
Kürten, Peter 7, 13, 71, 72

L
Lacan, Jacques 9, 43, 44, 53–56, 58
Landis, John 121
Lane, Diane 65
Lang, Fritz 34, 40, 61, 101, 130
LAST HORROR MOVIE, THE 8, 125, 148
Lautréamont, Comte de 17
Law & Order (TV-Serie) 78
LEATHERFACE – TEXAS CHAINSAW MASSACRE III 136

Leatherface (Character) 132, 133, 137, 141
Leder, Mimi 99
Leni, Paul 8, 149
LETHAL WEAPON 117, 121
Leuschner, Peter 18, 19
Libby, Brian 113
Lieberman, Jeff 128
Liebesman, Jonathan 137
Lindsay, Jeff 78
Little, Dwight H. 52
LOST SOULS 99
Lucas, Henry Lee 130
Luhmann, Niklas 7, 20
Lustig, William 132

M
M – EINE STADT SUCHT EINEN MÖRDER 34, 40, 101, 130
MANN BEISST HUND 126
Macabre (Band) 97
MADIGAN 110
Malick, Terrence 61
Mando Diao (Band) 91
MAN-EATER – DER MENSCHENFRESSER 134
Manhunt (Game) 144–150, 152
Manhunt 2 (Game) 145, 146
MANHUNTER 80, 105, 110
MANIAC 132, 134
MANN OHNE GNADE – DEATH WISH II, DER 114
MANN SIEHT ROT, EIN 114
MANN WIE DYNAMIT, EIN 111, 113, 114, 119, 121
Mann, Michael 105, 110
Manson, Charles 130
Marischka, Ernst 130
Mark Lewis (Character) 39–49
MATADOR 48
Mayer, Hans 7
Maylam, Tony 132
McLean, Greg 62
McLuhan, Marshall 100, 101
McTiernan, John 117
METROPOLIS 61
Meyers, Dave 62
MICHAEL BAY'S TEXAS CHAINSAW MASSACRE 136
Michael Kohlhaas (Heinrich von Kleist) 32
Michael Lewis, Robert 151
Michael Myers (Character) 50–58, 140

Midnight Rambler (Song) 91–95
Mikos, Lothar 123
Miller, Michael 111–113
Milton, John 102
MIT STÄHLERNER FAUST 111, 118–121
Moore, Alan 8, 151
Morrison, Jim 68
Morrison, Toni 51
Mortal Kombat II (Game) 151
MOTHER'S DAY 132, 134
MR. BROOKS 64
Murders in the Rue Morgue, The (Edgar Allan Poe) 27
MUTTERTAG 132, 134
Mystery of Marie Rogêt, The (Edgar Allan Poe) 27

N
Name der Rose, Der (Umberto Eco) 101
NATURAL BORN KILLERS 131
NEUN PFORTEN, DIE 99
NEW YORK RIPPER, DER 132
Nielsen, Brigitte 117
Nietzsche, Friedrich 61, 62, 90, 130
Night Prowler (Song) 91
Night Slasher (Character) 116
NIGHTMARE – MÖRDERISCHE TRÄUME 50, 123, 131, 141
NIGHTMARE ON ELM STREET, A 50, 123, 131, 141
Nightmare on Elm Street, A (Game) 142, 148
NINTH GATE, THE 99
Nispel, Marcus 136
Noack, Eddie 94–96
Norman Bates (Character) 40
Norris, Aaron 118
Norris, Chuck 111–113, 117, 118
Norris, Joel 79
NUR NOCH 72 STUNDEN 110

O
O'Halloran, Jack 117
Oates, Joyce Carol 78
OSCAR 121
Owen Reilly (Character) 65

P
Paradise Lost (John Milton) 102
Parson's Tale, The (Geoffrey Chaucer) 102

Index

Peckinpah, Sam 110
PEEPING TOM 9, **39–49**, 130
Pickton, Robert 130
Pitschuschkin, Alexander 130
Platon 112
Pleasence, Donald 50
Plessner, Helmuth 122
Poe, Edgar Allan 27–29
Poelvoorde, Benoît 126
Poitier, Sidney 127
Polanski, Roman 99
Powell, Michael 9, **39–49**, 130
Praz, Mario 61
PROWLER, THE 132
PSYCHO 39, 40, 123, 130
Psycho (Robert Bloch) 133
Psycho (Song) 94, 95
PSYCHO KILLER 132
Psychokiller (Gabriele Meierding) 132
Purdom, Edmund 132

Q

Quincey, Thomas de 17

R

Rabelais, François 94, 101
Raimi, Sam 48, 152
Rais, Gilles de 13, 17
RAMPAGE 121
Ray, Gilles de 130
Reagan, Ronald 110, 112, 116
REAR WINDOW 40
Red Dragon (Thomas Harris) 105
RED SHOES, THE 39
RETURN OF THE TEXAS CHAINSAW MASSACRE, THE 136
Richards, Julian 8, 125, 148
Rolling Stones 91–96
Romero, George A. 67, 133
Rose, Mickey 128
Rosenkranz, Karl 130
Rosenthal, Rick 52
ROTEN SCHUHE, DIE 39
Roth, Eli 62

S

Sade, Marquis de 7, 9, 17, 101
SADO – STOSS DAS TOR ZUR HÖLLE AUF 132
SÄGE DES TODES, DIE 132
Sarafian, Deran 111, 118
SATAN'S LITTLE HELPER 128
Savini, Tom 135

SAW 131, 147
SAW II 147
Saw (Game) 147, 148
SCARY MOVIE 128
Schenkel, Andrea Maria 9, **18–38**
Schiller, Friedrich 7, 27–29
Schleiermacher, Friedrich 107
Schlingensief, Christoph 137
SCHMALE GRAT, DER 61
SCHREI, WENN DU WEISST, WAS ICH LETZTEN FREITAG DEN 13. GETAN HABE 128
Schwarzenegger, Arnold 111, 120
SCHWEIGEN DER LÄMMER, DAS 62, 110, 112, 119, 131, 145
Scorsese, Martin 39
Scott, Ridley 63, 131
SCREAM 128, 131
SCREAM 2 122
SE7EN 10, 99, 101–108, 114, 131, 145
Segall, Stu 132
Seltzer, Mark 19, 20
Serial Killer (Game) 140, 147
Serial Killer Part 2 (Game) 147
Serial Killer 3 (Game) 147
SERIAL MOM 123, 127
Shadow Man (Game) 143
Shakespeare, William 16, 137
Sheen, Martin 66
Shenar, Paul 115
Sherlock Holmes jagt Jack the Ripper (Game) 147
SHOCKER 145
SHRIEK IF YOU KNOW WHAT I DID LAST FRIDAY THE THIRTEENTH 128
SIEBEN 10, 99, 101–108, 114, 131, 145
Siegel, Don 110, 117, 120, 121
SILENCE OF THE LAMBS, THE 62, 110, 112, 119, 131, 145
Silent Hill (Game) 144
Silent Hill 2 (Game) 144
Silent Hill 4 – The Room (Game) 144
SILENT RAGE 111–113, 119, 121
Singh, Tarsem 39, 46, 47
SISSI 39, 130
Sluizer, George 129
SLUMBER PARTY MASSACRE 132
Smith, Adam 106
Sole, Alfred 128
Spacewar! (Game) 139

Speck, Richard 121
Speed Racer (Game) 151
SPOORLOOS 129
Spottiswoode, Roger 121
Spring Heeled Jack (Character) 143
SQUARTATORE DI NEW YORK, LO 132
Stallone, Sylvester 111, 116
Steinhäuser, Robert 132
Stevens, Andrew 114
STIGMATA 99
Still Life (Game) 145, 146
Still Life 2 (Game) 146
STIRB LANGSAM 117
Stone, Oliver 131
STOP! ODER MEINE MAMI SCHIESST 121
STOP! OR MY MOM WILL SHOOT 121
STRANGE DAYS 39, 46, 47, 48
STUDENT BODIES 128
STUMME UNGEHEUER, DAS 111–113, 119, 121
SUDDEN IMPACT 120
Suffering, The (Game) 144, 145
Suffering 2: Ties that Bind, The (Game) 146

T

TALES OF HOFFMANN, THE 39
Talking Heads 10
Tannen, William 111, 117
Tannöd (Andrea Maria Schenkel) 9, **18–28**
TANZ DER TEUFEL 48, 152
Tarantino, Quentin 101, 123
TARGETS 151
Tatort (TV-Serie) 42
10 TO MIDNIGHT 111, 113, 114, 119, 121
TENEBRE 132
TERMINATOR, THE 120
TEXAS CHAINSAW MASSACRE, THE 10, **130–138**
TEXAS CHAINSAW MASSACRE 2, THE 135
Texas Chainsaw Massacre, The (Game) 140, 141, 148
TEXAS CHAINSAW MASSACRE: DIE RÜCKKEHR 136
Thayer, Brynn 117
THIEF OF BAGDHAD, THE 39
THIN RED LINE, THE 61

Index

Thompson, Brian 116
Thompson, J. Lee 111, 114, 119
TOD EINES KILLERS, DER 120
TODESSCHWADRON 111, 115
Truffaut, François 120
Trumbull, Douglas 47
Tschikatilo, Andrej 130
Turing, Alan 100, 105, 108
TWISTER 99

U

UNTRACEABLE 65

V

Van Damme, Jean-Claude 118
Verbrecher aus verlorener Ehre (Friedrich Schiller) 28, 29
Victim (Song) 91
Villiers de l'Isle-Adam, Auguste 17
Violent Femmes (Band) 91
VOLCANO 99

W

WACHSFIGURENKABINETT, DAS 8, 149
Wainwright, Rupert 99
WAS MACHT DER TOTE AUF DER WÄSCHELEINE? 128
Waste Land, The (T.S. Eliot) 66
Waters, John 123
Waxwork (Game) 142, 143, 148
Wayans, Keenen Ivory 128
Webber, Peter 63
Weston, Jessie L. 66
White, Hayden 91
Whitman, Charles 151
WILD BUNCH, THE 110
Wilde, Oscar 17
Wilson, Colin 90
Winner, Michael 114
WOLF CREEK 62
Wray, Link 95, 96, 97
Wulffen, Erich 33

Z

Zarchi, Meir 132
Zito, Joseph 132
Žižek, Slavoj 55, 56
ZODIAC 61
Zodiac (Character) 62
ZOMBIE 67
Zombie (Joyce Carol Oates) 78
ZWEI STAHLHARTE PROFIS 117, 121

Filmliteratur bei Bertz + Fischer

 978-3-86505-301-5
 978-3-86505-307-7
 978-3-86505-303-9
 978-3-86505-305-3

Thomas Elsaesser
Hollywood heute
Deep Focus 1
272 Seiten, 157 Fotos
Paperback, 17 x 22 cm
€ 19,90 [D] / € 20,50 [A]

Ivo Ritzer
Walter Hill
Deep Focus 2
288 Seiten, 107 Fotos
Paperback, 17 x 22 cm
€ 25,- [D] / € 25,70 [A]

Marcus Stiglegger
Ritual & Verführung
Deep Focus 3
240 Seiten, 65 Fotos
Paperback, 17 x 22 cm
€ 25,00 [D] / € 25,70 [A]

Rayd Khouloki
Der filmische Raum
Deep Focus 5
192 Seiten, 356 Fotos
Paperback, 17 x 22 cm
€ 19,90 [D] / € 20,50 [A]

 978-3-86505-306-0
 978-3-86505-308-4
 978-3-86505-309-1
 978-3-86505-310-7

Elisabeth K. Paefgen
Wahlverwandte
Deep Focus 6
168 Seiten, 105 Fotos
Paperback, 17 x 22 cm
€ 19,90 [D] / € 20,50 [A]

Harald Steinwender
Sergio Leone
Deep Focus 7
400 Seiten, 363 Fotos
Paperback, 17 x 22 cm
€ 25,- [D] / € 25,70 [A]

Christian Schmitt
Kinopathos
Deep Focus 8
192 Seiten, 124 Fotos
Paperback, 17 x 22 cm
€ 25,- [D] / € 25,70 [A]

Antje Flemming
Lars von Trier
Deep Focus 9
256 Seiten, 183 Fotos
Paperback, 17 x 22 cm
€ 25,- [D] / € 25,70 [A]

 978-3-86505-311-4
 978-3-86505-312-1
 978-3-86505-701-3
 978-3-86505-703-7

Grob / Kiefer / Ritzer (Hg.)
Mythos DER PATE
Deep Focus 10
ca. 220 S., ca. 100 Fotos
Paperback, 17 x 22 cm
€ 19,90 [D] / € 20,50 [A]

Demny / Richling (Hg.)
Sex und Subversion
Deep Focus 11
ca. 224 S., ca. 100 Fotos
Paperback, 17 x 22 cm
€ 19,90 [D] / € 20,50 [A]

Marcus Stiglegger
Terrorkino
Kultur & Kritik 1
108 S., 45 Fotos
Pb, 10,5 x 14,8 cm
€ 9,90 [D] / € 10,20 [A]

Stefan Höltgen
Killerspiele
Kultur & Kritik 2
ca. 108 S., ca. 50 Fotos
Pb, 10,5 x 14,8 cm
€ 9,90 [D] / € 10,20 [A]

www.bertz-fischer.de
Bertz + Fischer, Wrangelstr. 67, 10997 Berlin
Tel. 030 / 6128 67 41, Fax 030 / 6128 67 51
mail@bertz-fischer.de

BERTZ+FISCHER